英語語法学をめざして
Toward a Systemic Explanation of Current English Usage

奥田隆一 著

関西大学出版部

【本書は関西大学研究成果出版補助金規程による刊行】

まえがき

　従来から「英語語法研究」には、理論がないと批判されて来た。これに応えるため、著者は英語学の成果を踏まえた体系的な「英語語法学」を追求して来た。この本では、従来の「英語語法研究」を英語学の成果に基づいて体系化した「英語語法学」を構築するための基礎を提示する。

　ある表現の裏には、複数の要因が絡み合っている。この要因を解きほぐし、各々の表現を体系的に説明するのが著者の考える「英語語法学」である。従来の「英語語法研究」の問題点を検討し、それを改善するための「英語語法学」による分析とはどういうものかを考えてみたいと思い、この本を出版する事にした。

　振り返ってみると、語法研究に最初に出会ったのは、小西友七先生の英文法の授業だった。この授業で、高等学校までに学んできた英文法が現実の英語の一側面しかとらえられていないことを知り、ネイティブ・スピーカーが使う英語の背景にある使い分けのルールを教わった。これは新鮮な驚きだった。小西先生の授業の課題レポートで、著者は前置詞の使い分けを取り上げたところ、小西先生は「君のレポートは面白かったよ。でも、分析がもう一歩だね。来月号の『英語教育』に書いておいたから読んでみなさい」とコメントを下さった。早速読んでみると、著者のあげた例を使いながら、緻密な分析がなされ、実に見事に解説されていた。「難しいことを、易しく誰でも分かるように解説しなさい」という小西先生のモットーが実践されていた。

　この時、小西先生の語法研究の鋭さと深さを知ると同時に、身近な用例を集めることで、自分で問題点を見つけることが出来るということに気づかされた。そこから、どんどん語法研究の面白さに引かれて行った。

　語法研究をするには、用例を収集しなければならない。大学時代、小説、エッセイ、新聞、映画などで出会った英語の気になる表現や面白い表現などを集めて行った。用例カードに一例ずつ書き写し、見出しを付けて整理した。この時に、用例収集で刺激を受けたのが、同時通訳で有名な國弘正雄先生だった。

まえがき

　先生の講演会などに参加し、お話を伺っているうちに懇意にしていただき、当時 *Student Times* に連載していた Kunihiro's Americana（後に『現代アメリカ英語—クニヒロのアメリカーナ(1)(2)(3)』）や『アメリカ英語の婉曲語法(上)(中)(下)』の用例をどう収集しているかを詳しく説明していただいた。さらに、東京の國弘事務所で先生の膨大な量の用例カードと、用例を整理してあるキャビネットを実際に見せていただいたことも実践的な語法研究に拍車をかけた。この点で國弘先生にはとても感謝している。

　今では、用例カードを使っている人はほとんどいなくなったと思われるが、例をカードに書き写しながらもう一度その例を吟味する事で、その例が使われている状況や文脈等をじっくり確かめられるのが利点である。また、コンピュータが発達し、例をコンピュータに入力しておくだけで、ソフトウエアによって目的の語や表現を検索できるようになったので、非常に便利になった反面、最近の研究では用例の吟味がじっくりされなくなってきている事は残念である。

　さらに、今ではインターネットを通じて利用できるコーパスもあり、Googleを利用して用例を検索することも可能だ。小西先生の専門辞書をお手伝いした折、用例が見つからないので先生に相談すると「20冊以上の本を読んでそれで用例がないというのなら分かるが、2、3冊の本だけで判断してはいけないぞ」とたしなめられたのも懐かしい思い出である。このことは、コーパスを使った研究でも同じことが言えて、特定のコーパスだけに頼ったり、少ない用例で分析したりすると、判断ミスを犯すことがあるので注意しなければならない。

　用例収集とともに必要なのは、インフォーマント・チェックだ。これについても、色々な問題があり、英語のネイティブ・スピーカーに、問題の表現について直接的に意見を求めて失敗した事も多い。一般的に、英語のネイティブ・スピーカーなら、英語の事を知っているだろうと彼らに表現の使い分けを聞いてしまう。ところが、ネイティブ・スピーカーは、無意識に表現を使い分けているため、その違いを説明して欲しいと言っても、いい加減な答えが返ってくることがある。言語学を専攻しているネイティブ・スピーカーに尋ねると、色々

まえがき

な文脈や場面を思い浮かべてくれて適切なコメントが返ってくるが、そうでない人に尋ねると驚くほど見当はずれの答えに出くわすこともある。しかし、ある表現が自然か不自然かを判断してもらうと、思いもかけなかったことが見えてきたりする。英語の語法についてネイティブ・スピーカーと語り合う場合、こちらの分析に彼らがなるほどと納得してくれたりすると、何とも言えないうれしい気持ちになる。こんな時に、語法を研究してきてよかったと感じる。

　これまで英語を研究し論文を書いてきたが、語法研究の用例収集により英語の小説を読む楽しみを味わい、語法の実態をインフォーマントに聞いて調査する事により英語で会話を楽しんできた。また、その結果をもとに、色々分析する事により英語そのものについての特徴などが少しずつ理解でき、それを講義などで学生に伝えて英語を教える事も楽しんできた。英語の語法を研究する事により、言葉の面白さや日本語と英語の違いや日本人と英米人の考え方や表現の仕方の違いなど興味深い事を色々学んできた。研究者としては、あまり学会に大きな貢献は出来てはいないが、個人的には研究を本当に楽しくやって来ることが出来た。改めて、この分野に著者を誘っていただいた故小西友七先生に感謝の念を表しておきたい。

　冒頭に述べたように、この本では「英語語法学」というものを追求してみたのだが、「英語語法学」というものをつきつめていくと言語学になってしまう気がする。つまり、「英語語法学」というのは最終的には言語学そのものなのかもしれない。色々な言語現象に気を配りながら、その裏にあるその用法を支配するルールとその選択理由を見て行くというのは、言語学の言語研究と何ら変りがないのではないかという思いにとらわれた。

　「英語語法研究」には、理論がないと批判してきた連中は、理論化しやすいところだけを取り扱っているにすぎないだけで、現実の言語使用を分析して行こうとすると、まだまだ分からない事が多く、ある特定の理論だけ説明できないのではないだろうか。この本で提示した「英語語法学」は、英語表現の裏にある様々なファクターを言語学の色々な分野の成果を用いながら、体系的に整理しようというものなのである。この考えが正しいかどうかについては、読者

まえがき

の方々のご批判を待つ事にしたい。

　このような本を出版することを計画していながら、様々な事に時間を割かれ、実現できないままになっていた。ところが、2011年に急に体調を崩し、自分の人生を振り返る機会を持つ事となった。今まで考えてきた事をまとめなければ、自分の学者としての存在を誰にも分かってもらえないのではないかという思いで、関西大学の出版助成に応募し、採用され出版できる事となった。ところが、まだ構想がきちんとまとまっていない時点での執筆となり、関西大学出版部の藤原有和氏には多大なご迷惑をおかけした。特に出版課の井上絵理奈さんには何から何まで助けていただき、感謝の意を表する次第である。

　この本で読むに値するのは「英語語法学とは」という章だけなのかもしれないが、今まで自分なりに語法というものを考えて分析してきた論文も収録してある。自分のこれまで書いた論文を読み返してみて、全面的に書き換えたい思いに駆られたが、実情にあわない部分だけは書き直したが、大半はもとのものを採用してある。

　この本を読んでいただきご意見を伺いたかった方々でお亡くなりになった方がたくさんおられる。まず恩師の故小西友七先生（神戸市外国語大学名誉教授）。先生には、この本で提示した「英語語法学」という考え方に対してぜひご意見を承りたかった。次に、大学院時代から語法について色々な話題を提供して下さり、刺激していただいた故久保喜代治先生。また、学者としての研究態度の模範を示していただき、興味を持って話を聞いて下さった故宇野惇先生（広島大学名誉教授）。さらに、英語語法学について深く考える機会をたくさん提供して下さった故柴田正先生（椙山女学園大学教授）。最後に、いつも批判的な観点を持って私の研究にきついコメントをくれた故内木場勉氏（富山大学教授）。以上の方々にはこの本の感想をお聞き出来ないのが非常に残念である。さらに、前著『英語観察学』の出版の時に大変喜んでくれた母、奥田澄子も亡くなり本著を見せてやれないのが残念である。

　なお、本書を書くにあたり、資料の提供をしていただき、励ましていただいた林桂子先生（広島女学院大学教授）にもお礼を申し上げる。また、本書の出

まえがき

版の構想の段階でお世話になった西川盛雄先生（熊本大学名誉教授）と山本英一氏（関西大学教授）には、改めてここに多大な感謝の念を記しておく事にする。

2013年3月
奥田隆一

目　次

まえがき …………………………………………………………………… i

Ⅰ．英語語法学という考え方
1．英語語法学とは ……………………………………………………… 1
2．英語語法学の資料の取り扱い方について …………………………… 37
3．コーパスを使う場合の問題点 ………………………………………… 51
4．スピーチレベルと容認度の説明 ……………………………………… 69
5．語法現象の背景にあるもの …………………………………………… 87

Ⅱ．事例研究
1．形容詞の位置と語法学 ……………………………………………… 105
2．アメリカ英語とイギリス英語の違いの調査の一方法 ……………… 117
3．語法変化調査方法の一考察 ………………………………………… 135
4．envy の語法学的分析 ………………………………………………… 149
5．worth の語法学的分析 ……………………………………………… 173
6．over の語法学的分析 ………………………………………………… 187
7．Nice to meet you. という表現の語法学的分析 …………………… 215
8．be interested to do の語法学的分析 ……………………………… 227
9．It's time ... という表現の語法学的分析 …………………………… 247
10．be short of/on ... という表現の語法学的分析 …………………… 259
11．According to me の語法 …………………………………………… 277
12．連語研究と語法学的分析 …………………………………………… 291

参考文献 ………………………………………………………………… 301
あとがき ………………………………………………………………… 311
索　引 …………………………………………………………………… 313

Ⅰ．英語語法学という考え方

　ここでは、「英語語法学」というものがどのようなものであるかという事を、今までの語法研究と比較しながら、どういう手法を取るべきかなどを考察する。

1．英語語法学とは

　ここで考える「英語語法学」とは、端的に言うと「英語の用法の体系」を探る学問のことである。現象の記述は従来の語法研究とあまり変わらないと考えていいであろう。しかし、どこが違うかと言えば、色々な英語の語や表現の使い分けを体系的にまとめて行こうとするところである。もちろん、共時的に表現を選択するにあたっての選択理由や裏で働いているルールも探る事を目標とするが、通時的に用法の変化を見て行き、その裏で働いている変化の要因までも考えて体系化して行こうとするものである。

１．英語の「文法」と「語法」

　Klammer, Schulz & Volpe (2013) *Analyzing English Grammar* は Grammar Versus Usage の項で、言語は変化し続けるもので、それを制御しようとする試みはことごとく失敗してきた事を述べ、「変種 (varieties)」と「標準 (standard)」について次のように説明している。

　　As a result of the diverse needs it must serve, there are as many varieties of English as there are groups of speakers. Each group follows a slightly different subset of the rules by which the language operates, and each bends the rules a bit to meet specific needs. Over time, the adaptations or creations of one group of speakers or another may enter the language and become acceptable to all, that is, become **standard.** ── pp.6-7

　つまり、言葉に対する多様な必要性のため、集団の数だけの「変種」が存在し、それぞれの集団は自分たちの必要性に応じて少しずつ違ったルールに従っ

Ⅰ. 英語語法学という考え方

ている。そして、「標準」というのは、ある集団に属する話し手が採用したり、つくり出した英語が長い間にみんなに受け入れられるようになったものだと言うのである。また、標準英語のルールをすべて身に付けている人が非常に少ない事を述べ、I seen it というようなみんなに非難される表現を使わない限り、標準英語を話していると見なしているという実態も説明している。

　この「標準」を主に扱っているのが「文法」で、「変種」にまで目を向けようとするのが「語法」だと考えていいであろう。「語法」とは、usage を訳したもので、「用法」や「慣用法」とも訳されているが、実際に使われる英語の色々な用法が「語法」だと考えていいであろう。用法といっても多種多様なものがあるが、この色々なものをひっくるめて「語法」と呼ぶことにする。

　「英文法」を地図と考えると、「英語語法研究」は実地調査のようなものだとも言える。一般的に言われていることと、現実の状況とを照らし合わせて、そのギャップを埋めて行くことが「英語語法研究」の１つの目標である。

　さらに、「文法」と「語法」の違いを次のようにとらえることもできるのではないだろうか。

　　　「文法」とは、ある表現が「言えるか言えないか」を規定するもので、一方、「語法」とは、ある表現を「言うか言わないか」までも規定するものである。

　文法的に正しい文であっても、その文が何か不自然であるということはよくある。この原因は、文法以外の色々な要素が同時に背後で働いているからだ。この背後に働いている文法以外の色々な要素がどういうもので、どう絡み合っているのかということを解き明かし、整理して行くのが「英語語法学」の１つの大きな目標だ。つまり、英語学、言語学の知識を総動員して、ある１つの表現の背後にある、その表現を選択した理由を解き明かそうというのである。

２．「英語語法研究」の分野と「英語語法学」の関係

　一般的に、語法研究の分野としては、以下のようなものがあると考えられる。

(1) 語の文法の研究：生成文法でいうLexiconにあたる部分の研究であって、各語の統語的特性を調べる。
(2) 語・表現の意味の研究：ある語・表現と別の語・表現との意味の違い、英語の単語と日本語の単語との対照比較など。シノニム研究。
(3) 用法変化の研究：ある語・表現の使われ方の変化を歴史的、年代的に調べる。
(4) 連語の研究：ある特定の語と共起関係にある語を調べる。
(5) 語・表現の変種の研究：英語の地域的、階級的、場面的違いなどを研究する。
(6) 語・表現の使われ方の研究：ある語・表現がどういう状況で使われるかを調べる。
(7) 文化語の研究：英米で使われている製品などの名前や今使われはじめた新語を説明したりする。
［奥田（1998：147）を修正したもの］

以上が従来からの「英語語法研究」の分野であり、これらについて研究されてきている。

それでは、「英語語法学」が扱う分野はこれとどう違うのかと問われれば、同じであると答える事が出来る。次に、「英語語法研究」と「英語語法学」の違いは何かと問われれば、その研究分野や対象は「英語語法研究」と変わらないが、違う点は、これらの現象の背景にある「ルール」や「ルールの背景にあるものの体系」を見つけ出し、説明を加える事を目標としている点である。

それでは具体的に、上であげた分野の例をざっと見て、それにどのような視点を加えれば「英語語法学」となりうるのかを見てみることにしよう。

(1) 語の文法の研究

生成文法などで、どのような文型を取るかとか、どのような前置詞を取るかに関してはかなり細かく研究されてきているが、ある特定の理論的な枠組みに

Ⅰ. 英語語法学という考え方

依存しない情報を整理すべきだし、「語法」の観点から実際に使われているかどうかも考慮して研究を進める必要がある。

(2) 語・表現の意味の研究

　キーティング『英語正誤用例事典』(p.262) には、× pass away として「こうした婉曲表現はあまり効果がないので使わないようにする」という説明があり pass away を die にかえている。これでは、説明不足で、2つの表現の使い分けがわからない。pass away はどういう場合に避けるべきで、なぜ避けた方がいいのかを理由をはっきり示さねばならない。これに関しては、新聞報道という「言語使用域 (register)」という情報が示されていないことが問題で、普通のコミュニケーションの場では、「婉曲語法 (euphemism)」として die の代わりに pass away を使うのは普通である。これは、英語に限らず日本語にも当てはまり、報道では「死亡」が使われ、日常の会話では、「あの人は死んだ」というより「あの人はお亡くなりになった」という表現が普通に使われるのと同じである。このように、言語学的な「言語使用域」、「婉曲語法」などの概念を取り入れて行くと「英語語法学」になって行くと考えられる。

(3) 用法変化の研究

　現代のアメリカ英語を見ると、変化している部分が様々見受けられるが、ここ20年ほどの間に変化したのは、次のような表現における前置詞の使用である。以前は、I haven't seen you *for* a long time. というように、前置詞は for を使っていたが、今では以下の例のように in が使用されている。

(1) "They're loose-fitting and *I haven't seen you in years*——not since Málaga in the early seventies, I think. I couldn't very well have clothes tailored for you, and I'm glad I didn't try——you are not as I remembered you, Ramirez."　── Ludlum, *The Bourne Ultimatum*, p.418

(2) "So, Robbie, what's doing?" he asked neutrally. "*I haven't seen you in*

a while. I was surprised to see you called." ── Turow, *Personal Injuries*, p.88

　この分野の研究は、このように変化した事実を述べるにとどまっていることがほとんどである。この分野の研究を「英語語法学」では、そのように変化した理由の考察や、イギリス英語やオーストラリア英語などでは同じような現象が見られないのかどうかの検証や、その理由などについても考察すべきだと考える。

(4) 連語の研究
　この分野の研究では、連語のリストを作るにとどまっていることが大半である。このリストを作る事だけでもかなり英語教育の分野においては貢献できるのだが、「英語語法学」としては、ある種の語と結びつかないのはなぜかとか、なぜそのような連語関係が形成しやすいのかを考える事も視野に入れて行くべきであろう。

(5) 語・表現の変種の研究
　この分野に関しては、よくアメリカ英語とイギリス英語の違いが取り上げられているが、それは典型的なものばかりで、まだまだ違いをきちんと把握する必要があるであろう。案外取り上げられない例を1つ。ワイシャツの袖を cuff というが、アメリカ英語ではズボンの裾の折り返しの事も cuff と呼んでいる。ところが、イギリス英語ではズボンの裾の折り返しは turn-up と呼んでいる。もう1つあげると、「魔法瓶」の事を thermos flask と言うが、これはイギリス英語で、アメリカ英語では thermos bottle または単に thermos と言う。
　また、文法面での英米豪の違いなどもあまり詳しく研究されていない。スピーチレベルと語・表現の関係もこの分野の研究では重要なテーマである。これは(2)とも係わってくるが、例えば、シノニムと言われる job と profession、luck と fortune、hard と difficult、end と terminate、smell と odor などは、

Ⅰ. 英語語法学という考え方

前者がくだけた場合などに使われるが、後者は改まった場合やフォーマルな場面で使われる。なぜ各々の単語がそう分類されるのかとか、その違いの背景にはどのような要因があるかを調べることが「英語語法学」としては追求すべきであろう。1つの観点は、歴史的な観点である。つまり、前者に分類される単語はゲルマン語源の単語で、後者に分類される単語はラテン語源の単語なのである。このように、なぜそのように用法が分かれているのかを考えることも「英語語法学」の目標なのである。

(6) 語・表現の使われ方の研究

この分野は、(4)(5)と重複するところもあるが、例えば at night と in the morning の使い分けについて、『スーパー・アンカー英和辞典』(p.1110) には夜の12時を過ぎると at night と言わずに in the morning と表現すると記載されている。実情を調べるために、時を表す〜 o'clock とどのような表現が一緒に使われるか COCA と BNC の2つのコーパスで調べてみると、以下のようになる。

	COCA	BNC
one o'clock at night	0	1
five o'clock at night	0	5
six o'clock at night	8	7
seven o'clock at night	6	7
eight o'clock at night	13	15
nine o'clock at night	18	14
ten o'clock at night	19	33
eleven o'clock at night	21	20
twelve o'clock at night	5	2

two, three, four には o'clock at night が続く例はなかった。

これから分かるように、通例、夜の6時から12時について表現する時に at night が使われるのである。さらに、in the morning, in the afternoon, in the evening は何時の表現で使われるかを調べると次のようになる。

	in the morning	in the afternoon	in the evening
one	56	28	0
two	84	28	0
three	102	20	0
four	57	23	10
five	52	13	7
six	27	1	12
seven	37	0	10
eight	38	0	7
nine	36	0	11
ten	35	0	5
eleven	14	0	0
twelve	0	0	0

これで分かるのは、in the morning が使われるのは深夜の1時から午前11時までで、in the afternoon が使われるのは午後1時頃から6時頃までで、in the evening が使われるのは午後4時頃から10時頃までということだ。また、表から分かるように午後5時から6時頃は in the afternoon とも in the evening とも結びつく錯綜する部分である事がわかる。[1]

さらに、「英語語法学」的に考えると、one o'clock at night という表現が使われても不思議でないのではないかという疑問が出る。というのも、「夜の6時から12時について表現する時に at night が使われる」のであれば、深夜1時から4時を表現する時に、at night を使っても誤解される事がないはずで、使えないはずはなく、日常的には使わないだけだと考えられる。

Ⅰ. 英語語法学という考え方

　そこでもう少し用例を調べてみると、古い書物の中に限定されるが、実際、以下のように使われているのがたくさん見つかる。

(3) The meetings would generally end about ***one o'clock at night***, and after that I would pace up and down the cloisters of Nevile's Court for hours with one or two other members. ── Bertrand Russell, *Autobiography*, p.66

(4) About ***three o'clock at night*** I was aroused from my sound sleep by my son's voice: 'Come on deck, father,' he said. ── William R. Moody, *The Life of Dwight L. Moody*, p.404

つまり、昔は使われていたが、現代は使われなくなってきているのである。そこで、何が原因でこのような表現が使われなくなったのかを調べるのも「英語語法学」の守備範囲なのである。

(7) 文化語の研究
　この(7)の分野は(3)と重なっているが、特に現代の英語の中に現れる語法現象に注目するものである。例えば、Google という検索エンジンが有名だが、これが以下のように動詞として使われるようになっている。

I ***Googled*** his name and found that he was a senior executive at one of the largest companies in India. ── Bruce L. Katcher, *An Insider's Guide to Building a Successful Consulting Practice*, p.95

　これは日本語でも Google で検索する事を「ググる」と動詞として使用しているのと似ている。
　さらに、最近若者に人気のある Facebook であるが、これは固有名詞として

1．英語語法学とは

使われるのは当然の事だが、これも以下のように動詞として使われるようになってきている。

> College's A-level report will read 'couldn't do better' after students achieved an unbeatable 100% pass rate, with 70% A* to C grades. It was just smile after smile from students as they collected their results – and then phoned home, tweeted and ***Facebooked*** their happy news. —— *Evening Gazette* (Middlesbrough, England), August 22, 2012

つまり、固有名詞が動詞として使われるようになるという「用法の普遍性」を探る事ができるのである。

　以上のように「語法研究」という名のもとに、いろいろな研究がなされて来ているが、これらの現象のほとんどのものが、言語学のいろいろな分野でも研究されている。ここで我々がしなければならないのは、言語学や英語学の成果を取り入れて、語法現象をじっくり観察する事ではないだろうか。つまり、言語事実をきちんと整理し、それを捉え直すことが「英語語法学」の目標である。上辺だけの現象の記述だけでなく、なぜそうなっているかの解明を目指すところが従来の「語法研究」とは違うところである。また、個別のルールを支配する大きなルールがあるかどうかも見て行こうとするのである。

3．「英語語法学」という概念について

　「英語語法学」に関しては、柏野健次『英語語法詳解 英語語法学の確立に向けて』が出版された。副題が示すように「英語語法学」が扱われているため、本書の原稿の大部分が完成していた時点だったが、同じような考え方なら、この本の出版する意義はないと思い早速読んでみた。しかし、柏野氏の考える「英語語法学」は、私の「英語語法学」の捉え方とはかなり異なる、狭義の概念である事が分かった。

　まず、柏野氏の「語法研究」についての考え方を見てみよう。語法研究を(1)

Ⅰ. 英語語法学という考え方

「例文を提示するだけの語法研究」、(2)「辞書・教科書の記述に似た語法研究」、(3)「自分の意見まで述べた語法研究」の３つのタイプに分けていて、(1)に関しては「例文提示のように、誰が行っても同じ結果が得られる『研究』というのは、少なくとも人文科学にあっては学問ではない」(p.4)と述べている。しかし、本当にそうだろうか。ネイティブ・スピーカーも気づかないうちに使っている新しい用法に目を向け、その具体例をあげるだけでも学問的価値はあるのではないだろうか。(2)に関しては「他の文献に書いてある事を並べ立てるだけで語法研究になると誤解している向きもあるが、これは論文とは呼べずレポートでしかない」(p.4)と書かれている。これはその通りであるが、それから抜け出すのはなかなか難しい事であると思われる。肝に銘じなければならない。(3)に関しては、「ネイティブ・スピーカーをインフォーマントとして活用し、さらに各種文献に当たった上で、自分の頭で考え抜き結論を出していく必要がある。こういうふうに方法論的に生じ、なぜかを追求する語法研究こそが真の意味での語法研究である」(p.6)と書かれているが、この点に関しては全くその通りであると同意せざるを得ない。

ここでもう一度、柏野氏のあげる３つのタイプの語法研究を考えてみよう。タイプが３つあるのではなくて、研究過程の分析の深さを言っているにすぎないのではなかろうか。私見だが、みんなが気づいていないある新しい現象を発見してそれを例示するだけでも、研究の価値はあると考える。そしてその事に関連する論文などを見つけて、問題点をまとめるのが次の段階で、これも十分に語法研究と言えるのではないだろうか。もちろん、「自分の頭で考え抜き結論を出し」ていければそれに超した事はない事は言うまでもない。

柏野氏の考える「語法研究」は、「理論研究が一般化を急ぐあまりに切り捨てていった、あるいは過度に単純化していったものを再検討し、言語記述の中に改めて組み込む役割を担っている。」(p.7)という見解から明らかなように、文法項目を細かく見ていく事に中心があるようである。『英語語法詳解』を読む限りにおいては、文法項目に関する大まかなルールに付随する細かいルールの発見が目的のように思える。

1．英語語法学とは

　私が考える「英語語法学」というのはもっと広い観点から、英語の変種までも含めて、英語の用法を見て行こうとするもので、文法の細部を解説する事だけを目的にする柏野氏の立場とは大きく異なるものである。というのも、語法研究の醍醐味は用法の裏にあるルールの発見である。ある表現や現象の裏には、複数の要因が絡み合っている。この要因を解きほぐし、各々の表現や現象を体系的に説明するのが私の考える「英語語法学」なのである。

4．従来の「英語語法研究」の問題点

　ここでは、従来から行われている「英語語法研究」の問題点を探って行く事にする。もともと「語法研究」は語法書をベースに始まったため、規範的な観点で分析され、語法書のようにこれが正用法であると示せばよかった。その名残があるため、「英語語法研究」というと、英語の用法が正しいか誤りかということや、新しい用法はこれだということを提示する事だと考えられてきた。そして、その根拠は、ネイティブ・スピーカーの意見や用例によるものだった。

4．1．ネイティブ・スピーカーの問題点

　まず、ネイティブ・スピーカーに関する問題点を探ってみる事にする。一般的に「語法研究」ではネイティブ・スピーカーの意見を参考に研究を行うのだが、書かれた書物を参考にしたりインフォーマント調査を行ったりして分析をしている。この手法での問題点を探ってみたい。

4．1．1『その英語、ネイティブにはこう聞こえます』について

　最近よく目にするのが、デビット・セイン氏の一連の著書である。その最初の著書『その英語、ネイティブにはこう聞こえます』によると、以下のようになっている。

(1) こんにちは。調子はどうですか。(目が合ったときのあいさつ)
　　× Hello. How are you?

I．英語語法学という考え方

　　（こう聞こえる）こんにちは。ごきげんいかがでござる。

　　目が合ったら、気軽にあいさつするようにしたい。しかし、学校で習うこの定番表現は、実際、ネイティブの間ではあまり使われない。

　　（こう言う）Hi! How are you doing?

(2) ひさしぶり！

　　× I haven't seen you for many years.

　　（こう聞こえる）あなたにはもう何年もお会いしていません。

　　単に事実だけを述べていて、感情がこもっていないように聞こえる。

　　（こう言う）How have you been?

(3) それじゃあ、またね。

　　× Good bye.

　　（こう聞こえる）あばよ。

　　イントネーション（「グッバイ!!」と強く言う）によっては、捨て台詞のように聞こえる。あまりフレンドリーなあいさつではないので、他の表現を使った方が無難。

　　（こう言う）See you!

(4) 私は田中明子と申します。

　　× My name is Akiko Tanaka.

　　（こう聞こえる）余の名前はア・キ・コ・タ・ナ・カなり。

　　My name is ～で始める言い方はスピーチ向きで、普通の自己紹介としてはやや不自然である。

　　（こう言う）I'm Akiko, Akiko Tanaka.

　この本を売らんがための衝撃的な事実が示され、読者は今まで学校で学んできた英語の表現はすべて間違いなのではないかとまで思ってしまうのではないだろうか。一般人は、英語のネイティブ・スピーカーが言っている事なので間違いはないだろうと考えるであろう。では、本当にこれらの表現は不自然なのだろうか。以下に、映画・小説からの例をあげる。

(5) Tessa: ***Hello***, Tim. ***How are you?*** Hi. Are you struggling through without Maude tonight?
　　　Tim: One of her party headaches.
　　　── *The Constant Gardener* (2005) ［映画シナリオ］

これは映画の一場面だが、テッサがパーティで知り合いのティムを見つけて声をかけているところだが、「ごきげんいかがでござる」というような状況ではない。

(6) "Hello, Alan," she said, "***I haven't seen you in a dog's age!*** Where you been?" ── King, *Needful Things*, p.74

これは、アランに対して「本当に久しぶりだわね」という調子で発言している場面だ。事実だけ述べて感情がこもっていないという指摘は当たらない。

(7) The gray-haired man's face had a sad look to it. It was almost as if he hated to leave. "***Good-bye,*** Dirk Pitt. Until we meet again."
　　　"***Good-bye***, Clive Cussler. Stay healthy, and never age."
　　　── Clive Cussler, *Dirk Pit Revealed*, p.30

これは、カッスラーが自分の作り上げた小説の中のキャラクターであるダークピットと会ったという設定の小説の一場面。「あまりフレンドリーなあいさつではない」という説明も当たってないように思われる。この二人は作者と登場人物という親しい関係だからだ。

(8) Fischer: I'm sorry, who did you say you were?
　　　Cobb: Rod Green from marketing.
　　　Fischer: That's not true at all, is it?

Ⅰ．英語語法学という考え方

  Cobb：***My name is Mr. Charles***. You remember me, don't you?
  —— *Inception*（2010）［映画シナリオ］

この場面もスピーチではなく、「余の名前はア・キ・コ・タ・ナ・カなり」というような固い雰囲気の場ではない。

 このように、×として取り上げられている表現が実際には使われている。まず問題なのは、使える表現に×を付けている点である。ネイティブ・スピーカーに表現の判断を頼むと、このような事が往々にしてある。つまり、自分の基準しか考えないのである。例などで分かるように、実際には使える○の表現であるのに、あたかも使えない表現のように示されている。

 セイン氏の判断基準はどうも英語の「話し言葉の英語（spoken English）」で、しかも「親しい間柄」で普通に使うかどうかだと思われる。ここでは本から引用したが、ネイティブ・チェックをしても同じような判断が下され、それをもとに「語法研究」をしている場合がある。この点に関しては、十分な注意が必要である。また、言語学を専攻したネイティブ・スピーカーに表現について尋ねると、色々な状況を想定してくれて、ある場合には使えるが別の場合には使えないという情報をもたらしてくれる事が多い。

4．1．2．『世界に通用しない英語』について

 さらにもう１つ、ネイティブ・スピーカーを使った語法研究の例をあげておこう。現在、語法研究の第一人者と言われている八木克正氏は次々と語法関係の書物を出版されている。ところが、八木克正（2007）『世界に通用しない英語――あなたの教室英語、大丈夫?』に関しては、かなり気になる記述があるので、それを取り上げてみたい。

 この本はタイトルからして刺激的なもので、日本では世界に通用しない英語を教えているというのである。そしていくつかその例をあげているのだが、「本当に通用しないの？」と疑ってしまう項目も見られる。what と who に関する氏の記述を検討してみたい。八木『世界に通用しない英語』（p.113）には(1)

1．英語語法学とは

She is not（　）she was ten years ago. という表現に関して、16人のインフォーマント（英、米、加、NZ、豪）に、（　）の中には who を入れるか what を入れるかの調査をしています。その結果を次のように書いています。

（1）ではどちらでもよいという４人を含めて16人全員が who を選びました。どちらでも良いという人でも、what を使った場合は she が人ではなく別物になったとか、全く別の仕事についたとかいうような解釈ができるが、単に人が変わったという場合は who を選ぶと思います。(p.113)

そして、次のように結論づけています。

（1）は日本の英語教育では what で教えてきました。これは誤った認識に基づいているようです。who を選ぶ理由は、人のことを述べているからです。who にも what と同じような先行詞を含んだ独立した関係代名詞としての用法があります。それが(1)の（　）に入る who です。(pp.113-4)

この論証の仕方に違和感を覚えないだろうか。what を使うと「世界に通用しない英語」になってしまうというのである。なぜ、what を使うと教えていた日本の英語教育は間違いだということになるのだろうか。「どちらでもよい」と判断した４人は「世界に通用しない英語」を使っているのだろうか。なぜこのような結論に至ったのかを考えて、氏の著書を読んでいるとその原因を見つけた。氏は八木（2011）『英語の疑問 新解決法』(p.28)で、次のようなことを述べている。

私が取る手法は、当然のことながら、何らかの問題意識をもとに、その問題意識に対して経験と勘から仮説を作り、さまざまな手法によって入手したデータを使ってその仮説を検証するというものだ。大きな理論をもとに仮説を作るか、日頃の問題意識から特定の問題についての仮説を立て、それを検証

Ⅰ. 英語語法学という考え方

するかという違いはあるだろうが、私は演繹的手法をとっており、純粋に下から積み上げるボトムアップに方法をとっているわけではない。(p.28)

つまり、あらかじめ仮説を立てて、それを検証する方法をとっているのである。そして、次のようにも述べている。

仮説を検証するのに適切なコーパスがない場合もある。このような限界を超えるには、やはりインフォーマント調査を書かすことができない。(p.29)

では、氏はなぜ用例を示さずに、インフォーマント調査をして、結論を出したのであろう。それは、is not what she was や is not who she was という例が COCA にも、BNC にも一例も見当たらないからだ。また、なぜ氏は who が正しくて what が正しくないと判断したのであろうか。考えられるのは、氏が「演繹的手法」を取っているからだと思われる。氏の仮説の裏にあるのは、「主語の she が人なので関係代名詞は who になる」という仮説を立てたと思われる。実際、アメリカ英語では、先行詞が人なら who を使い、物なら that を使う傾向がある。特にジャーナリズムの英語では、先行詞が人なら必ず who を、物なら that を使うように厳しく決めている。人も物も先行詞に取る that の使用を認めていない。なので、それに基づいて仮説を立てた物と思われる。

ところが、イギリス英語では先行詞が物の時には which と that が、先行詞が人の時には who と that が使われている。つまり、イギリス英語では人が主語であっても who だけでなく what も使うのではないかということが考えられる。

COCA と BNC コーパスでは用例が見つからないが、別のコーパスや書物を探すと両方の用例が出て来る。

(9) But Shearer left Owen on the bench at Anfield nine days ago and with hope of a home breakthrough fading, Owen simply had to make way

again. ***He is not what he was***. It is not a fact anyone enjoys admitting.
— *The Independent* (London, England), May 12, 2009

(10) "Some people have criticised him and said ***he is not what he was*** but I have been well pleased with him."
— *Sunday Mercury* (Birmingham, England), January 10, 2010

(11) Perhaps ***he is not who he was***, but if so, he is not yet someone else. He must make himself in a new image, and though he has taken a few steps in that direction, he may not succeed, and the original portrait may suffice after all. — Jesse Kalin, *The Films of Ingmar Bergman*. (Cambridge University Press), p. 82

(12) All this is understandable. Arenas is returning from an interminable rehabilitation process. ***He is not who he was***. And getting back to who he was will not be easy on him or his teammates, not when he has the ball in his hands so much of the time. — *The Washington Times* (Washington, DC), November 23, 2009

以上のように、実際に he is not what he was という表現も he is not who he was という表現も、両方とも見つける事ができる。ところが、(9)(10)からわかるように、he is not what he was という表現は主にイギリス英語で見つかるのである。実際に、イギリス英語では十数例 he is not what he was という形の例が見つかった。そこで、アメリカ英語の例も探してみると、少ないが、以下のように見つけることができる。

(13) ***He is not what he was*** in the '80s or early '90s, as it could be said during his second go-around with the Bulls.
— *The Washington Times* (Washington, DC), January 2, 2001.

(14) Strickland, lost as ever, is running out of shelf life at 34. ***He is not what he was*** as a player, and he is with a team that is several seasons

away from being revitalized, and that, too, is on his mind. — *The Washington Times*（Washington, DC), December 31, 2001.

　ということは、両方が用いられているので、she is not what she was は「世界に通用しない英語」ではないことがわかる。これを確かめるために、ネイティブ・チェックをしてみると、アメリカ人の何人かのインフォーマントはどちらも使えるが意味の差はほとんどないということであった。また、what を使う方が古い響きがありフォーマルな場面で使うという人もいた。

　どちらにしても、コーパスで例が見つからない時に、インフォーマントの反応を独自の「仮説」によって曲解するのは避けるべきであろう。「どちらでもよい」という 4 人の反応に注目し、なぜそう反応するのかを考えるのが「英語語法学」の取り上げたいポイントである。どれが正しい用法かを決めることが重要ではなくて、なぜそのようなバラつきが見られるのか、その裏にはどのような原因があるのかなどに注目するのである。

4.2．視野を狭めすぎるための問題

　次に取り上げたいのが、「英語語法研究」における視野を狭めすぎるために起こりうる問題点である。森本勉『入門 オージー・イングリッシュ』はオーストラリア英語の特徴を解説した本である。色々な特徴を解説しているが、以下のような記述に注目してみたい。

　文尾に置く but
　標準語法とは見なされないが、接続詞 but（しかし）が文章の終わりにくることがある。It's a sunny day; cold, *but*.（日差しがあっていいね。少し寒いけど）．well や like にも同じ用法がある【⇒ BUT】—— 森本（1987：13）

　だが、これはオーストラリア英語特有のものであろうか。同じ事を指摘している Todd & Hancock（1986）の Australian English の項目を見ていただきたい。

1. 英語語法学とは

3 the tendency to distinguish between you (singular) and youse /juz/ (plural).
Many Australians also use *but* at the end of a sentence：
　I like him **but**.
　I didn't do it **but**.
as a sentence **modifier**, equivalent to *though*. <u>This usage is also found in New Zealand and in northern Britain.</u>　（下線は筆者）
—— Todd & Hancock（1986：75）

　この下線部を引いた部分を見ていただきたい。つまり、文尾の but というのはオーストラリア英語特有のものではなく、ニュージーランド英語やイギリス英語にも見られるものなのである。さらに、次の語法書の下線部の解説とその後の例を見ていただければ、もっと広くこの用法が見られる事が分かる。

9 **Miscellaneous uses**. (a) *but* at end of sentence. One of the most surprising and largely uncharted modern uses of *but* is its occurrence as a qualifying adverb at the end of sentences. <u>Taking a lead from the Scots and the Irish, not-quite-standard speakers in Australia, in some parts of South Africa, and perhaps elsewhere provide evidence of this construction</u> which has not yet entered the standard English of England: e.g. '*He should have left the key with me,*' she said. '*I'm his wife.*' '*I didn't ask for it, but.*' —— M. Richler, 1980 (Canad.); '*I been waiting round for years and years and I still don't know what it is, but.*' —— M. Eldridge, 1984 (Aust.); '*Yes, I told 'im. Not the whole of it, but,*' —— D. Malouf, 1985 (Aust.); '*That was a lovely cat, but*' [= that was a truly lovely cat] —— R. Mesthrie, 1987 (SAfr.); '*She's lovely*' '*Isn't she but,*' said *Jimmy* Sr. —— R. Doyle, 1991 (Ir.); '*I like your café,*' I said truthfully

Ⅰ．英語語法学という考え方

> for something to say. 'I'm not staying but,' she said. —— R. Scott, 1993 (NZ).
> —— Burchfield, R.W. (1998) *Fowler's Modern English Usage*, Oxford, p.122

さらに、森本氏は次のような yous という語もオーストラリア英語の特徴としてあげている。

> **二人称複数の yous(e)**：現代標準英語には、you に単複の区別がない。オーストラリア英語では非標準的用法ながら、you に -s または -se を付けて複数にする。What's *yous* doing today?（きみたち、きょうは何をするつもりかね？）【⇒ YOUS】—— 森本（1987：13）

これに関しても、Peters, *The Cambridge Guide to Australian English Usage* の記述を見ていただきたい。

> **youse** or **yous** <u>This is a slang form of *you*, often addressed to a group of people</u>. The spelling yous suggests that it's plural, on the analogy of regular nouns. The analogy is imperfect, however, seeing that the word is a pronoun; and dictionaries allow either spelling, with the *Oxford Dictionary* (1989) putting yous first, and *Webster's* and the *Macquarie Dictionary* (2005) making it youse. In Australian documents on the internet (Google 2006), youse is clearly in the majority.
>
> Its status and the meaning of yous(e) are unsettled. Although it seems to fill a gap in the English pronoun system (see further under ye and you), it's not invariably used in plural situations, as the major dictionaries show. Webster's notes its occasional use to address one person as representing "another or others". Its number value is therefore somewhat indeterminate, and its use may have more to do with informality of style than with

exactness over the number of people being addressed. Yet its informality is such that it's unacceptable as a general-purposeform of address, and dictionaries enter it with restrictive labels or cautionary notes. *The Oxford Dictionary* dubs it "dialectal", while the *Random House Dictionary* associates it with the speech of northern US cities, such as New York, Boston and Chicago. In Australia it's heard in casual exchanges in both metropolitan and country speech, but still associated with a shortage of education.— Peters (2007 : 878-9)

二人称の yous に関しても、下線部を見ていただければ分かるように、オーストラリア英語特有のものではなく、アメリカ北部の英語でも見られる。このように、この本ではオーストラリア英語の特徴と言いながら、別の英語でも見られる現象が散見される。なぜこのようになったかを考えると、オーストラリア英語だけを見ていたからだと考えられる。以下の Todd & Hancock (1986：75) の記述を見ていただきたい。

The grammar of Australian English reflects the educational background of a speaker. The written language of an educated Australian is indistinguishable from that of an educated English person. Working-class Australian English reflects many of the characteristics of working-class English throughout the world (下線は筆者)：
1 the tendency to reduce the number of verb forms：
　I do I done I have done
　I see I seen I have seen
　I go I went I have went
2 the use of them as a plural demonstrative adjective：
　Gimme **them** boots.

Ⅰ. 英語語法学という考え方

　この下線部のところを読んでいただければ分かるように、オーストラリア英語の労働者の英語の特徴は、世界中の労働者の使う英語の特徴と同じような物が見られるというのである。つまり、森本氏はオーストラリア英語の特徴を見ようとしていながら、結局は、労働者が使う英語の特徴をオーストラリア英語の中から取り出していたということになる。このようなことを避けるためには、もう少し広い視野を持つ事が必要になるし、社会言語学の研究にもっと注目すべきなのである。特に、最近の研究では、色々な地域で話されている非標準の英語の中に同じような英語の特徴が見られることが注目され始めている。社会言語学者の Chambers（1995：242）が提唱している "vernacular universals" という概念である。この研究がさらに進めば、各地の英語固有の特徴と世界で見られる共通の英語の特徴の区別がはっきりとしてくるだろうと思われる。この点から考えても「英語語法学」はもっと広い視野を持って、社会言語学の成果も取り入れて分析すべきなのである。

4．3．何をどう取り上げるか

　従来の英語語法研究の場合、何でも個別に取り上げて説明すれば良いと考えているふしがある。例えば、柏野健次『英語語法ライブラリ』の第Ⅰ部語法・文法編 56（p.61）に I'm not here. が取り上げられている。

　この表現は Tell him/them I'm not here. の前の部分が省略された形で「ここにいないことにしてくれ」という意味である。

　確かに、そういう意味を持つ表現だが、言葉には「〜という事にしておいて下さい」という場合に使う事があると知っておけばすむ事なので、このように一つ一つの表現を取り上げているときがない。というのも、どのような文章でも「〜という事にしておいて下さい」という場合に使えるからである。例えば、He is twenty years old. という文でも、文脈を与えれば「彼は20歳だという事にしておいて下さい」という意味で使える。一番簡単なのは、その後に

OK? という表現を付け加えればいい。He is twenty years old. OK? と言うとその意味がはっきりする。同じような状況でよく使われる You never saw me. の例を、映画の一場面から見てみよう。

Cole：Now I want this to be a surprise for the groom, so ***you never saw me***, OK?
Jumbo：No problem.
—— *Bachelor Party*（1984）［映画シナリオ］

この文の you never saw me の後の OK? に注目していただきたい。このような用法の OK? は語用論で研究されているであろう。同じように、OK? の代わりに次の例では Did you get it? や Can you dig it? が使われている例を見てみよう。

Sarah：And how the hell do you know?
Derek：I know.
Sarah：***You never saw my face***.
John：<u>Did you get it?</u>
—— *Terminator：The Sarah Connor Chronicles*：Season 2, Episode 10

'I heard you were leaving town,' he said.

'Scrubbed,' Rainbird said. 'And you never saw me this morning at all, Louis.'

Louis looked at him doubtfully.

'***You never saw me,***' Rainbird repeated. 'After five this afternoon I don't give a shit. But until then, you never saw me. And if I hear you did, I'm going to come after you and cut me some blubber. <u>Can you dig it?</u>'
—— Stephen King, *Firestarter*, p.243

Ⅰ. 英語語法学という考え方

もちろん、OK? という表現がなくても you never saw me は「私に会わなかった事にするのだぞ」という意味でよく使われる。

Calmly, she watched him go. She bent over, picked up the cell phone, and put it in her pocket. Then she turned to Mallory. "Go back to work."
He hesitated.
"You did a good job. ***I never saw you. You never saw me.*** Now go."
Mallory turned and walked to the back-stairs door. Behind him, he heard the woman slam the van door, and when he glanced back, he saw the van racing up the ramp into the glare of the street. The van turned right, and was gone. —— Crichton, *State of Fear*, p.24

柏野氏のあげている I am not here と You never saw me が一緒に使われた例もある。

I am not here. You never saw me. I'm just the cleaning lady. So sorry.
—— *A Home at the End of the World*（2004）［映画シナリオ］

では、I am not here や You never saw me が「～という事にしておいて下さい」という場合の典型的な例なのであろうか。いや、そうでない事は上で述べた He is twenty years old. の例でも分かるであろう。例えば、「この話はなかった事にして下さい」という表現が日本語にあるが、英語では次のように表現する。

We never spoke.
We didn't have this conversation.
This conversation never happened.

1．英語語法学とは

　このような表現を一々取り上げて「〜という事にしておいて下さい」という意味で使われる事があるという説明を加える事はあまり生産的ではない。先に述べたように、言葉には「〜という事にしておいて下さい」という場合に使う事があるという説明で十分であろう。

　それでは、I'm not here という表現を語法学的に見ればどのような事が言えるであろうか。もちろんの事ながら、「私はここにはいません」という意味で使われる。これは、留守番電話などで「ただ今電話に出る事ができません」という場合に使われる。

Hello, it's Dr. Howard. *I'm not here right now*. Please leave a message.
—— *Knocked Up*（2007）［映画シナリオ］

　もちろん、この場合には right now という副詞語句が後ろに付く事の方が多い。次の例も電話に向かって「留守ですよ！」と言っている場面である。

It was two o'clock in the afternoon when I finally returned to my West End home and heard Bertha mopping in the kitchen. She cleaned for me every Saturday and knew from past instruction not to bother with the phone, which had just begun to ring.
"***I'm not here,***" I said loudly as I opened the refrigerator.
Bertha stopped mopping. "It was ringing a minute ago," she said. "Rang a few minutes before that, too. Same man."
"No one's home," I repeated.
"Whatever you say, Dr. Kay."
—— Cornwell, *All that Remains*, p.3

　さらに、I'm not here には目的を表す不定詞や for 〜 が後に付けられて使われる事が多く、その場合には「〜するために来たのではないぞ！」という意味

Ⅰ. 英語語法学という考え方

を表す。

> ***I'm not here to fight.*** I just need to talk. ―― *Scream* (1996)［映画シナリオ］
> No, no, ***I'm not here to arrest you.*** ―― *Catch Me If You Can* (2002)［映画シナリオ］
> 'Look' ―― Marino leaned forward, resting his arms on the table ―― '***I'm not here to argue with you***, Doc. I'm just telling you that things aren't looking good. ―― Cornwell, *From Potter's Field*, p.176
> "Dr. Stvan," I said, "obviously ***I'm not here for a friendly chat*** or to dabble into what your M.E. system is like over here. We both know that."
> ―― Cornwell, *Black Notice*, p.167

　以上のように、「英語語法学」ではどこに注目するかを他の言語現象と対比し、それは個別の現象なのかどうかを検討しながら研究を進めるという事を目指すのである。

５．英語語法学の可能性
　以下では、「英語語法学」という考え方を押し進めていけばどのような事が説明できるのかを考えてみたい。

５．１．語法の裏にある複数要因と英語語法学
　ある表現を見て行くと、いくつかの要素が絡まり合って、その表現が選択されていることがわかる。奥田（1990）『英語観察学』で取り上げた biro という語をもう一度見てみよう。

> Features of good practice include：
> ・the use of red and black ***biro*** only；
> 　・a consistent adherence to the system of symbols for marking set out in

> the front of each register; ...
>
> ── Ken Reid, *Tackling Truancy in Schools,* p.163

　この語は、上の例のように使われるが、アメリカ英語では biro という表現は使われないので、イギリス英語特有の表現だということがわかる。また、この語は「ボールペン」のことを指しているが、イギリス英語には ballpoint pen という語もある。それでは、biro と ballpoint pen はどのように使い分けられているのだろうか。Gannon & Czerniewska（1980：47）によると、biro の方はほとんどの場合何の制約もなく使われるが、ballpoint pen の方は A ballpoint pen must not be used in this examination. のように、より正式な（more formal）場合に限られる。また、次のように biro は、Biro と頭文字だけ大文字で書くこともある。

> "I started with black ***Biro*** and then moved to green, blue and red. Then I discovered a pack of 20 Biros and started experimenting with them to do full colour pieces.（後略）"── *The Journal,* July 19, 2012

　大文字で書かれることがあるということで、固有名詞から派生したのであろうと推測できるが、調べると、もともと Biro という語は、これを発明した Lazolo Biro の名前からつけられた登録商標である。それが一般名詞化し、biro と小文字で書かれるようになった。つまり、固有名詞が普通名詞としても使われるようになったのだ。

　以上の例で分かるように、biro という単語の使用に関しては、その人がアメリカ人かイギリス人かで使用が分かれ、フォーマルな場面かどうかで ballpoint pen を使うか biro を使うかが選択されている。また、Biro とするか biro と語頭の文字を小文字にするかは、その人が製品名を意識しているか普通名詞と考えているかが反映している。

　このように、用法の背景にある要素に共通点を見つけ、それらをもとに一般

Ⅰ. 英語語法学という考え方

化して行くことで、「英語語法研究」というものをもう少し深める事が出来る。これが「英語語法学」のエッセンスなのだ。この方向は、一般の言語理論のルールから出発する方向と全く逆なのだが、この方向での一般化がうまくできれば、言語理論よりももう一歩踏み込んだ言語の用法の本質が見えてくると思われる。

　ハリデーのSystemic Functional Grammarでは、文法の要素の選択を中心に言語を見ているが、「英語語法学」でも同じように「語と表現の選択」に関与するルールとその要因を考察して行こうというのである。

５. ２. 新しい用法の発見とその発展予測
　ここでは、「英語語法学」の観点から、新しい用法の発見とその発展の予測について、yesterday, copy, graduate という語を用いて説明する。

５. ２. １. yesterday
　yesterday は誰でも知っている「昨日」を表す語であり、過去時制で用いられるが、よく観察してみると、現代アメリカ英語では現在時制で次のように使われる。

　　Burke：Now, Denny, you knew that LVAD wasn't a cure.
　　Denny：I want to go home. I want to go home ***yesterday***.
　　Burke：I know this is hard to hear, but that's just not an option at this
　　　　　point.
　　　── *Grey's Anatomy*, Season 2, Episode 22 ［テレビドラマ・スクリプト］

　この例を見れば明らかなように、wantedではなくて want と現在形で使われている事から明らかなように、「昨日〜がしたかった」という意味ではなく、「今〜がしたい」という意味を表している。つまり、この yesterday は「昨日」の事を言っているのではなくて、「すぐに」という意味を強調した言い方であ

1．英語語法学とは

ることがわかるのである。もう一例見てみよう。

> Harry Tang：Chuck! Get over here! Now! Look at this. What happened?
> Chuck：Well, way to go, Jeff. You do realize we don't work for Large Mart. They're our competition.
> Harry Tang：Can you imagine the shame if some Large Mart fiend or Costco stooge put out a display on our Buy More green?
> Morgan：So this has to come down, right?
> Harry Tang：**_Yesterday_**.
> ── *Chuck*, Season 1, Episode 2［テレビドラマ・スクリプト］

　これは、腹を立てた店長のハリーが店員に、商売敵のLarge Martの商品をなぜ目立つところに陳列しているのだと問いただし、主任のチャックが店員のジェフに「Large Martは商売敵だぞ」と叱りつけると、店員のモーガンが「これは取り払わなくてはなりませんか」と尋ね、それに店長がYesterday.と答えている。「すぐにだ！」という意味で使っている。

　この表現はImmediately.やRight away.などよりきつい意味である。つまり、「昨日にはしておかなければならなかった事なんだぞ」という意味を表しているからである。この用法を考えると、日本語の「おととい来やがれ！」という表現と共通するところがある事が分かるであろう。この表現では「今来ても遅すぎる。ずっと前にくるべきだった」という事を表している。

　「英語語法学」はこのような英語の用法から、言語一般的な用法の特徴を探ることをしようとするのである。つまり、類似の表現や用法が他にないかどうかを見て行こうとするのである。それにより、新しい用法の発見や一般化がさらに進むと考えられる。

5.3. copy

　copyという動詞は「写し取る」という意味から、「まねる」「理解する」と

Ⅰ. 英語語法学という考え方

いう意味に広がり、無線などで「受信する」という意味で使われている。例を見てみよう。

  At that moment, Mitchell's strained voice broke in.
 "Gettysburg, Key West station has a power outage. They are making an effort to light the runway with vehicles. We are directing your approach from the east to land on a westerly heading. Your runway is seven thousand feet. If you overshoot you wind up in a recreation park. ***Do you copy? Over.***"
 "***Roger***, Control. ***We copy.***"
 "We show you at 11,300 feet, Dave. Speed 410. One minute, ten seconds and six miles to touchdown. You are go for full manual, over."
 "Roger, going to manual."
 —— Clive Cussler, *Cyclops*, p.292

この例を見れば分かるように、特殊な場面で Do you copy? という表現が使われている。「聞こえますか」という意味の表現で、通信の終わりを示す Over. が使われ、「了解」を示す Roger. が使われ、「聞こえています」という意味の We copy. という表現が使われている。もう1つ例を見よう。

Casey：China's top spy is here in Los Angeles. We don't know why she's here, what she's planning to do. (offscreen, as camera pans to Chuck) You, my friend, are the only one who can figure that out. (slams his hand on the folder still in Chuck's chest) That's your priority. ***Copy?***
Chuck：(squeaking) ***Copy.***
 —— *Chuck*, Season 1, Episode 5 ［テレビドラマ・スクリプト］

この例の中では、Copy? に対して Copy. が使われているが、「聞こえるか」

という意味から「分かったか」という意味に広がってきている。もう1つ例を見てみよう。

Casey : Your professor sees you there. He'll be more inclined to cooperate. ***Copy?***
Chuck : Yeah, except that I wasn't exactly the professor's star pupil.
── *Chuck*, Season 1, Episode 7

この場面は、諜報部員である Casey が Chuck に一緒に来て欲しいと頼んでいるところで、Chuck が行くと大学時代の Chuck の先生がもっと協力的になるだろうからと説明して、「分かったか？」という意味で Copy? と使っている。この場面では、もはや通信機器を使わず、面と向かって話しているのだが、Copy? という表現が使われている。つまり「分かったか？」という意味で一般の会話で使われているのである。

以上の例から分かるように、「意味拡張」から「用法拡張」という現象が語法現象から読み取れるのである。「用法拡張」に関しては、特殊な「通信」という状況から「くだけた会話」で使われるようになってきている事が分かる。この現象は英語語法全般に見られる事である。「英語語法学」では、このように用法の説明や体系化を目指す事が重要なのだ。

5.4. graduate

graduate に関しては、語法研究ではどこでも取り上げられている。ここでは、同じ作家の作品を見る事により、同じ人が時代とともに用法を変えているのを見てみたいと思う。ここでは、Sidney Sheldon を取り上げる事にする。彼の全作品の中で動詞 graduate をどのように使っているのかを見た。作品の年代順に用例をあげる事にする。

(1) He was forty-five years old, ***had been graduated from*** Princeton

Ⅰ. 英語語法学という考え方

summa cum laude, had started an advertising agency, Fraser Associates, which had become one of the most successful agencies in the business, and had taken a leave of absence a year ago at the request of the President, to work for the government
── Sidney Sheldon, *The Other Side of Midnight*, p.83（1973）

(2) He **had been graduated from** Brown University and was bright and well-read. ── Sidney Sheldon, *Rage of Angels*, p.58（1980）

(3) When Kevin Parker **was graduated from** Churchill High School, Goodspell sent him to the University of Oregon. ── Sidney Sheldon, *The Doomsday Conspiracy*, p.267（1991）

(4) Lara was looking over her resume. "You **were graduated from** Wellesley College?"
"Yes." ── Sidney Sheldon, *Stars Shine Down*, p. 281（1992）

(5) When Tyler **was graduated from** law school he could have practised in Boston, and because of the family name he would have been welcomed on the boards of dozens of companies, but he preferred to get far away from his father. ── Sidney Sheldon, *Morning, Noon and Night*, p.20（1995）

(6) The month before she **was graduated from** college with a B.A. in journalism, Dana went down to the local newspaper, the Claremont Examiner, to see about a job as a reporter. ── Sidney Sheldon, *The Best Laid Plans*, p.81（1997）

(7) Leslie attended Bryan Station High School and **was graduated from** the University of Kentucky *summa cum laude*. ── Sidney Sheldon, *The Best Laid Plans*, p.9（1997）

　*graduate summa cum laude　首席［最優秀の成績］で卒業する

(8) I had **graduated from** Marshall Field grammar school and had a job at Afremow's drugstore. ── Sidney Sheldon, *The Other Side of Me*, p.262

1．英語語法学とは

By the time Lois had ***graduated from*** the University of Toronto, she had had enough of the teasing. *If Mr. Wonderful is looking for a real woman, I'm here.* —— Sidney Sheldon, *Are You Afraid of the Dark?*, p.42 (2004)

(9) Andrew ***graduated from*** college *summa cum laude* and immediately accepted an offer to work at a think-tank. —— Sidney Sheldon, *Are You Afraid of the Dark?*, p.70 (2004)

(10) He had ***graduated*** grammar school and was ready for high school. —— Sidney Sheldon, *The Other Side of Me*, p.1510 (2004)

以上の例を見てみると、(1)〜(7)まででは、be graduated from ... という表現を使っている。そしてこれは1973年から1997年までの作品と重なるのである。ところが、(8)(9)では受け身形では使われずに、graduate from ... という形が使われている。(10)では graduate ... と他動詞として使われています。(8)(9)(10)は同じ年代に書かれたものである。

ここで考えられるのは、graduate の用法が時とともに変化していき、Sheldon 自身もそれに合わせて用法を変えているという事である。つまり、

be graduated from 〜　→　graduate from 〜　→　graduate 〜

というふうに変化してきていると見る事ができる。この観察は *American Heritage Dictionary* の記述にも当てはまる現象である。

◆USAGE NOTE: Traditionally, the verbgraduaytes denotes the action of conferring an academic degree or diploma, and this sense has often been conveyed in the passive voice, as in *They were graduated from Yale in 2010*. This usage still exists, though it is somewhat old-fashioned and may be slipping away. In our 1988 survey, 78 percent of the Usage Panel accepted this sentence, but almost half the Panel found it unacceptable in our 2006 survey. <u>Nonetheless, this older use of the verb is both acceptable and widespread when the verb is expressed in the active voice and the institution is the subject:</u> *The university graduated more computer science majors in 2010 than in the entire previous decade.* Another transitive use, in which the student is the subject and the institution is the object, as in *She garduated Yate in 2010,* does not find favor with the Panel. Some 77 percent objected to this usage in 1988 and again in 2006. The intransitive, and most frequent, use of the verb, as in *They graduated from Yale in 2010,* was ruled acceptable by 97 percent of the Panel in 2006. —— *AHD*[5]

また、上の引用の下線部を見ていただきたいが、graduate の他動詞の受け身用法が古くなってきても、他動詞の用法の主語が学校などの場合に能動形で広く使われているという記述は興味深い。なお、アメリカ人のインフォーマントによると、主語が人である graduate の他動詞用法は現代の若者の中で広まりつつあるようであるが、まだ主流にはなっていないようである。これは、上の *AHD*[5] の記述と合致する。それでは、なぜこのような他動詞用法が出てきたのかが問題になる。原因の1つとして考えられるのは、「大学に入学する」という時には enter the university と他動詞が用いられるので、それに対応する「大学を卒業する」という場合にも他動詞で使おうという単純化が起きているのではないだろうかということである。さらに、be graduated from ... と graduate from ... の間の違いに付いては Ohashi（1978）の記述がスピーチレベルと関連していて興味深い。

He will never be graduated from college.
He will never graduate from college.
Graduate originally meant "grant a diploma or degree to"; therefore, be graduated is more logical than graduate and thus sounds more formal.

1．英語語法学とは

—— Ohashi（1978：38）

　「英語語法学」としては、このような変化を記述することがまず必要である。その次に必要なのは、なぜこのような変化が起こりうるのかという「語法変化の要因」を見つけ出すことが重要になってくる。一個人の中での用法の変化は社会全体の用法の変化に対応するものである。このような1人の作家の用法変化を見れば、社会全体の用法変化を見る事ができるので、これも「英語語法学」の研究手段として使う事ができるのではないかと考えている。

6．まとめ

　この章では「英語語法学」というものが「英語語法研究」とはどう違うのかという事を具体例をあげながら説明してきたが、ポイントを整理すると次のようになる。

　「英語語法学」とは、今までの「英語語法研究」にさらなる言語学の知見を生かし、その用法を使用する要因を広い視野から突き止め、体系的に整理するものである。

注

(0) この章はこの本のために新たに書き下ろされたものである。
(1) ここでは単純化するために o'clock との連語関係を中心に見たが、時刻と共に調べても同じような結果が得られる。例えば夜の1：30 は次のように in the morning と共に用いられる。

　　"No sooner did I get in the car and the driver says, 'You know what? I don't have any gas. Can we stop for gas?' It's ***1:30 in the morning*** and we're looking for gas," she said. —— *New York Times*, May 23, 2001

　　さらに、英語では深夜の0：15の事を次のように12：15 in the morning と表現する事も興味深い。

　　They went on and on, beginning at 10 pm on the Columbia Broadcasting

I. 英語語法学という考え方

System and ending around *12 : 15 in the morning.* — *New York Times*, May 16, 1972

また、*LDOCE* などの morning の定義を見ると、1. the early part of the day, from when the sun rises until 12 o'clock in the middle of the day 2. the part of the day from 12 o'clock at night until 12 o'clock in the middle of the day というふうに２つの意味が示されている。しかし、どう使い分けるかに関しては細かい記述がない。しかし、よく観察してみると1.の意味は日本語の「朝」にあたり、2.の意味は「午前」にあたる事が分かるであろう。つまり、morning は、普通は「日の出から正午までの事を指して使われるが、a.m. の代わりに使われる場合には「深夜の０時から正午までの事」を表すのである。

2. 英語語法学の資料の取り扱い方について

　かつて、長年に渡り変形生成文法理論の研究が盛んに行われた。そして色々な問題点が指摘されてきたにもかかわらず、その分析における資料の取り扱いの問題は依然として存在し続けているようである。そこでこの章では、かなり古くなったがこの変形生成文法理論での資料の取り扱い方を例にあげ、英語語法学での資料の取り扱いの参考にすべき点を明確にしたいと思う。

1. Varieties の現実と資料

　1つの表現をとってみても、ある人は使うがある人は使わないというふうに、個人差や方言差があることがある。またある表現を使うことは使うが、かなりくだけた会話でしか使わないということもある。

　このように、言語の使用にはかなりの varieties があることは今まで伝統文

```
                          ┌ Idiolect   ┌ Temporal  ┌ Current
                          │            │           │ Archaic
              ┌ Dialectal │            │           └ Obsolete
              │ Varieties │            │
              │ 'User'    │            │           ┌ British English
              │           └ Dialect    ┤ Geographic┤ American English
              │                        │           └ Commonwealth English
              │                        │
              │                        │           ┌ Upper class (Educated) Standard
              │                        └ Social    ┤ Middle class (Vernacular) Common
              │                                    └ Working class (Uneducated) Substandard
  Varieties ┤
              │           ┌ Field of discourse     ┌ Non-technical
              │           │                        └ Technical
              │ Diatypic  │
              │ varieties ┤ Mode of discourse      ┌ Spoken
              │ (Register)│                        └ Written
              │ 'Use'     │                        
              │           │                        ┌ Frozen
              │           │                        │ Formal
              └           └ Style of discourse (Functional) ┤ Consultative
                                                   │ Casual
                                                   └ Intimate
```

図1

―太田他『文法論I』p.287

Ⅰ. 英語語法学という考え方

法家や語法家によって研究されてきた。また今日では、社会言語学者によって研究されている。そして、「使い手の違い」と「使う状況の違い」に分けることができる。この varieties を図示すると図1のようになる。

　この図からわかるように色々な varieties があるのだが、これら全部を説明できる文法があればそれにこしたことはない。しかし、同じ英語の中でも全く相反するような分布を示すものもあり、これら全部を文法理論を立てるための資料にすると、文法の記述がうまくいかなかったり、例外ばかり出てきたりすることになる。

　そこで一般的には、いわゆる 'standard English' を扱うことになるのだが、この 'standard' というのにもかなりの問題が含まれている。というのも何が 'standard' かということに対して明確な答えができないからである。

　理論と資料の関係を図示すると、図2のようになるのだが、矢印の(1)(2)の両方が成立するのが一番理想的である。ところが実際は、(2)の矢印を中心に考えざるを得ないのである。

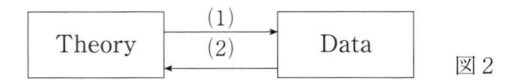

```
        (1)
Theory ──→── Data
        (2)
       ←──
```
図2

そして、できるだけしっかりとした資料をとるには、図1のすべての varieties の共通部分、つまり図3のDのような部分をとるのが一番いいであろう。

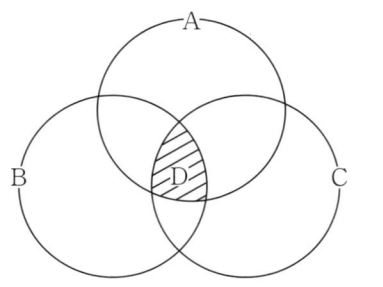

図3

しかしながら、この方法もあまり厳密にやるとDの部分にあたるものがほんの少ししかなくなってしまうのである。そのため、例えば Current, American English, Middle class, Nontechnical, Spoken, Consultative というふうに代表を選び、その共通部分とするのがいいであろう。

このような資料を基にして理論を立てるのが理想的であると思われるのだが、変形生成文法ではどういう資料の扱い方をしてきたのかを、以下で見てみたいと思う。

2. 変形生成文法の手法

チョムスキーは Chomsky (1957) で次のように文法を規定している。

The fundamental aim in the linguistic analysis of a language L is to separate the *grammatical* sequences which are the sentences of L from the *ungrammatical* sequences which are not sentences of L and to study the structure of the grammatical sequences. **The grammar of L will thus be a device that generates all of the grammatical sequences of L and none of the ungrammatical ones.** (p.13)

つまり、すべての正しい文だけを生成し、すべての非文を排除するものが文法なのである。ここでわかるようにこの文法の基礎になる非文、正文というのは資料で決まるのである。

ところでこの資料は、どこからとられるかというと、Chomsky (1965) で次のように述べられている。

Linguistic theory is concerned primarily with **an ideal speaker-listener**, in a completely homogeneous speech-community, who knows its language perfectly and is unaffected by such grammatically irrelevant conditions as memory limitations, distractions, shifts of attention and interest, and errors

I. 英語語法学という考え方

(random or characteristic) in applying his knowledge of language in actual performance. (p.3)

A grammar of a language purports to be a description of **the ideal speaker-listener's intrinsic competence**. (p.4)

つまり、理想的な話し手・聞き手の内部にある言語能力を記述するのが文法なので、資料というのは「理想的な話し手・聞き手」である。では、「理想的な話し手・聞き手」とは誰かというと、結局はチョムスキー自身なのである。また、変形生成文法を実践している各文法家なのである。

ところが Chomsky (1957) の文法の定義でうまくいかないところが目立ってきた。次の各文を見ていただきたい。

*He wants to hire a woman, it's possible. —— Hooper (1975)
?He wants to hire a woman, possibly. —— Hooper (1975)
??Mary was told by John about himself. —— Kuno (1977)
?*Sam was made uneasy by Horace's drunkenness. —— Ross (1972)
?*I went to see Mary$_i$'s husband$_j$ and his$_j$ wife. —— Kuno (1977)

つまり各文法家が、?/??/?*/*/**などの記号を使いだし、文法性の度合いを示しだしたのである。また文法家同士で、*か OK かで対立することもあった。つまり、図1でいう idiolect というのが「理想的な話し手・聞き手」にもでてきたのである。

チョムスキーは一貫した態度をとり続け、*か OK かの2分法を採用していて？とか??は絶対に使っていない。というのも、文法は正文だけを生成し、非文は排除するものとしたからである。しかしながら、やはり?/??などの存在は確かであって認めざるを得ず、これらの文は有標のものであり、言語の周辺的なものとして片付けようとする核心文法 (Core Grammar)[1] という考え

を発表しなければならなかった。

　この核心文法というのは、無標の構造を生成し、非核心文法というのは、有標の構造を生成するという考えである。そして、ある現象に関して、①言語・方言・スタイルによるずれがある、②語彙による違いや文法外の要因の影響をうけやすい、③文法性に関する判断に個人差がみられる、④安定性に欠ける、⑤比較的あとの段階で習得がなされるような場合には有標と考えるということである。

　このチョムスキーの考えは、概ね、上で我々が見てきた資料の問題と同じであると考えてよいであろう。

　どちらにしても正文か非文かを決定するのは、文法家自身であるというのが変形生成文法の1つの問題点であることは確かだ。次に具体的に問題点を探ってみよう。

3．資料取り扱いの具体例

　変形生成文法において資料の取り扱いの難しさに気づいた者もいることは、いるのである。それは、先ず、ランゲンドンである。彼は、よく知られているように *Essentials of English Grammar* の中で tag question の varieties について述べ、取り扱いの難しさを示している。また Fillmore（1972）でも次のような例をあげ、人によってバラつきが見られることを示している。

　a．Somebody's out there, isn't there?
　b．Somebody's out there, isn't he?
　c．Somebody's out there, aren't they?

　また、Sadock（1974）では、次のように文の前にdを付けることにより、これは方言（dialect）では容認可能（acceptable）であるということを示すことをしている。つまり資料をより厳密にしているのである。

I．英語語法学という考え方

    a． John left already.
    b． ᵈJohn didn't leave already.

このように資料に気を配るものもいるのだが、あまり吟味しない者もいるようだ。以下はその例である。

3．1．Let's について

Let's については、語法的には色々問題があるのだが、Cole（1975）では次のような例文をあげている。

    a． Let's you and me go to show tonight.
    b． Let's us go to the show tonight.
    c． Let us consider the following possibilities.
    d． *Let's you wash the dishes and me dry them.
    e． *Let us us consider the following possibilities.

ここで考えなければいけないのは、Let's you and me と Let's us と Let us が全部 OK という判断が与えられ、その文法性の度合いには差がないとして扱っていることと、Let's you and me / Let's us は口語で、しかもスピーチレベルのかなり低いところでしか使われないということが示されていないということである。

つまりこのような資料をもとにして文法理論をたてていくと、かなり例外のある偏った文法理論になるであろうと考えられる。

3．2．Have Got について

現代英語においても have got という表現は、かなり色々な問題をかかえているようだ。イギリス英語からアメリカ英語に入ったものだが、口語では頻繁に用いられる。

2．英語語法学の資料の取り扱い方について

LeSourd (1976) では、この have got を次のような例を示して取り扱っている。

1. Archibald has got a blue Mercedes.
2. Archibald has a blue Mercedes.
3. Archibald has gotten a blue Mercedes.

この1.～3.を見ると、1.と2.は非常によく似た意味を持ち、3.だけが違った意味を持つ。というのも1.2.は状態の意味を持ち、3.は動作の意味を持つからである。そしてまた以下のような例をあげ、got は現在形の have/has としか共起しないことと、不定詞の have は have got と代えることはできないことを示し、gotten とは違うことを示している。

4. a. Dr. Kohler has a problem.
   b. Dr. Kohler has got a problem.
   c. *Dr. Kohler got a problem.
5. a. Dr. Kohler had a problem.
   b. *Dr. Kohler had got a problem.
6. a. Dr. Kohler seems to have a problem.
   b. *Dr. Kohler seems to have got a problem.
7. a. Dr. Kohler might have a problem.
   b. *Dr. Kohler might have got a problem.

そして最終的には、これらの論拠より、Got Insertion という rule をもうけることがこれらの文を説明するのに最もよい方法であるとする。

ところがこれに対して Fodor & Smith (1978) は、次のような例をあげて反論する。

a. In 1960 I'd got only one child and one car.

Ⅰ. 英語語法学という考え方

    b．John seems to have got a lot of pots.
    c．He may have got a key to the safe.

つまり、これらの文は、4．～7．の文の反例になっていて、これらの文は、イギリス英語で見られる。つまり、LeSourd の方法では、これらの文が説明できないということである。また次のように述べ、LeSourd を批判する。

LeSourd discussed VP Deletion at some length, but his data unfortunately represent only one of a range of current American dialects. These dialects can be ordered from the most conservative (and most like British English) to the most innovative. (p. 53)

つまり、アメリカ英語の一部分しか取り上げていないのがいけなく、次のようなものすべてを説明できなくてはいけないというのである。

  Ⅰ．Conservative
    このタイプは、have got に対して have というものを対応させるものである。
  8．a．John's got a swimsuit but I {haven't / *don't}.
    b．John's got a swimsuit, {hasn't / *doesn't} he?

  Ⅱ．Middle of the Road
    このタイプは、have got に対して have も do も認めるものである。
  9．a．John's got a swimsuit but I {haven't / don't}.
    b．John's got a swimsuit, {hasn't / doesn't} he?

  Ⅲ．Innovative
    このタイプは、have got に対して do の方しか認めないものである。
  10．a．John's got a swimsuit but I {*haven't / don't}.

b．John's got a swimsuit, {*hasn't / doesn't} he?

Ⅳ．Advanced
　　このタイプは、do got という形を認めるものである。
11．a．Do you got one?
　　b．You don't got one.
　　c．Lucy gots one.

　以上のようなタイプ全部を説明できなくてはいけないとして Got Insertion に反論しているのだが、Ⅳのようなタイプの英語まで説明できなければいけないのだろうか。このⅣのタイプの英語はかなりくだけた英語で、図1で見れば、Working class や Intimate な口語でしか見られないものである。そして Fodor & Smith も言っているとおり、Ⅳは黒人英語でみられるものである。
　また Fodor & Smith (1978) は、子供が次のような文を発するところからⅣを説明できる自分たちの理論には psychological reality（心理的実在）があるというのである。

　　a．Tommy gots one.
　　b．I don't got one.
　　c．Do you got one?

　彼らの理論では、これらの資料を説明するために to got という動詞を認めるというのである。というのも子供の発話にも現れるからである。そして、have got の形は、Have Insertion というのを考えるというのである。
　ここでじっくり考えなければならないのは、Fodor & Smith が Advanced と呼ぶⅣである。つまり、Advanced と呼べば聞こえがいいが、いわゆるこれは、non-standard と呼ばれるもので、一般の人は使わない表現である。このように一般の人の多くが使わない表現や方言を中心にそれを資料として分析し、理

Ⅰ. 英語語法学という考え方

論を進めていっていいのだろうか。もう少し考える必要があると思われる。

3．3．比較と wh-movement

変形生成文法では wh-movement の研究が盛んだったが、Chomsky（1977）は、比較構文も wh-movement として考えてよいとした。そこで次のような議論の進め方をした。

For some dialects of English, there is direct evidence for such a rule, as Noted in Bresnan (1972). Thus many dialects of American English normally have such comparatives as (51):
  (51) a. John is taller than what Mary is.
    b. John is taller than what Mary told us that Bill is.
For such dialects, the comparative rule is virtually identical to the general rule of wh-movement. (p. 87)

つまり、方言で比較構文が一般の wh-movement の規則と同じような特徴を見せているので、比較構文も wh-movement と考えるというのである。
　ここでも問題にしなければいけない事は、論拠に方言を用いていることである。ここでチョムスキーの Core Grammar の考えを思い出していただきたい。自分で核心文法では無標の文を、非核心文法では有標の文をと述べておきながら、有標の文であるはずの方言を中心に無標の文の base にもってきているのである。つまり理論的にはすばらしい事を言っているのだが、いざその資料となると少し問題を含むものを扱っているのである。
　また Chomsky（1977）は、次のような例もあげている。

Mary isn't different than what she was five years ago.

この different than も近年アメリカ英語で認められるようになった用法で、今

までは、非標準英語とみなされてきた。[2] このような方言や非標準英語を資料に用いた場合の問題点を次に考えてみよう。

3．4．方言・非標準英語を用いた場合の問題点

　方言や非標準英語を用いると色々な問題点が生じると考えられる。というのも、私の考えでは（cf. 奥田（1979））、方言というのは意味が同じものは形態を同じようにしようとする傾向があるからである。またこれは、非標準英語にも言える。

　例えば、非標準（non-standard）な英語では、否定に対してはすべて ain't を用いるという傾向が次のように見られる。

```
isn't     ⎫
aren't    ⎬  ain't
haven't   ⎪
hasn't    ⎭
```

しかしながら肯定では、is, are, has, have は、そのままの形を残しているのである。また次のような二重否定を使って否定を表わす用法も普通だ。

He ain't seen nobody.
　(=He hasn't seen anybody.)

このような方言や非標準の英語を資料にしたり、最近使われるようになってきた表現を基礎にして理論を立てていくとかなりの例外が生じるであろう。
　もっと例をあげると、近年使われるようになってきた can't seem to や be not about to, look at / listen to ＋O＋〜ing のようなものを資料の中心に置くのはどうかと思われる。というのも、人によってかなりの容認度（acceptability）の差が見られるからである。[2]

Ⅰ. 英語語法学という考え方

　これら方言や非標準英語すべてを説明できるような文法というのは理想だが、そんなに簡単には、求めることはできないように思われる。いや不可能に近いのではないだろうか。つまり方言や非標準英語では意味というものが大きな役割を占めると思われるのだが、それをいわゆる標準英語の体系で記述しようとすると、全く相反する現象が出てきたりすることは必至で、かえって標準英語の全体も説明できなく、中途半端な理論になってしまいそうである。

4. まとめ

　以上見てきたように、変形生成文法理論の中で用いられている資料には、まだ考えなければならない点がいくつか含まれているように思われる。

　変形生成文法が非文・正文の区別に基礎を置いている限り、資料を適切なものにすることは重要であろう。そのためには、方言や非標準英語を資料にとることは避けるべきであろう。またもっと厳密にするためには、written と spoken も分けて考えていいと思われる。しかしながら、次のような wanna, hafta という口語を論拠に構造を説明するような手法は有効と思われる。

　つまり、Bresnan（1978）は、構造的に切れ目のあるものは、口語であっても want to / have to という連鎖が wanna / hafta とはならないというのだ。

12.　a．I want to go.　　　　　　I wanna go.
　　　b．I want you to go.　　　　*I wan you (t)a go.
13.　a．I have to do something.　　I hafta do something.
　　　b．I have something to do.　　*I haf something ta do.
14.　a．There's something I hafta do.
　　　b．There's something I have to do.
15.　a．Who do you wanna visit?（誰を訪問したい？）
　　　b．Who do you want to visit?（誰に訪問してほしい？）

　これらは、口語のレベルの資料だけど文法理論の論拠としては、かなり妥当

性があるようだ。

　このように考えていくと、文法理論のための資料として有効なのは、図3でみたように、ある代表的な Corpus ABC......をとってきてその共通部分のDであり、またそこでは正文、非文が相補分布（Complementary distribution）をなしているものであろう。そしてその資料を基に文法規則を立て、あとの資料は、その規則に別の規則を適用して説明できるようにすればいいであろう。その場合に図1の各 variety を考えていくことは、非常に大切な事になるであろう。また今まで語法家によってやられてきた語法調査の成果も取り入れることも必要になってくるであろう。

　どちらにしても、資料に関してもっと注意を払うことがこれからの文法理論には、必要であると思われるし、そうしなければこれからの進展はないであろう。[3]

　この章で見てきたことから言えることは、英語語法学がこの変形生成文法と同じような姿勢を取らないことが必要だということである。つまり、かつて語法研究で盛んであった「正用法」か「誤用」かということを中心に研究を進めないことである。ある状況では使えるが別の状況では使えないという語法現象は、現実にかなり見られる。それをある用法は間違いだという判断をしてしまうと、規範文法の考え方を実践してしまうことになる。私たち語法現象を研究するものにとっては、記述文法的な考え方が必要であろう。その場合に必要なのは、その表現がどのような所でどのような人によってどのような状況で使われるのかをきちんと把握することである。このような事に敏感になり、実際の例を考察することにより語法現象を的確に捉えることができるようになると思われる。

注
(0) この章は、奥田（1981）「文法理論とその資料―変形文法を中心に」に修正を加えたものである。

Ⅰ. 英語語法学という考え方

(1) この核心文法（Core Grammar）については、Chomsky（1980; 1981a; 1981b; 1981c），Chomsky and Lasnik（1977）などを参照の事。
(2) 特に少し前までは使われなかったのに、最近になって使われだしたというような文法的問題があり容認度に差が出るようなものを扱う場合には、十分な注意が必要になってくる。最近になって使われだした米語の表現については、奥田(1980)「現代アメリカ英語における簡略化の傾向」を参照。
(3) 変形生成文法では、理論的枠組の設定に関しては、厳密に取り組んでいる割に、資料に対しては比較的ルーズなので特にこのような配慮が必要であろう。

3．コーパスを使う場合の問題点

　この章では、ますます盛んになってきているコーパス言語学を、用法研究という観点から考えてみる。コーパスが手軽に利用できるようになり、用法研究がやりやすくなった反面、思いもかけないような間違った結論を出してしまうこともあり得ることを、具体例を取り上げながら考察したい。

１．従来の用法研究とコーパスを使った用法研究
　まず、従来の用法研究と最近の用法研究の違いはどのようなものであろうか。用法の調べ方に違いが見られ、大まかにまとめてみると以下のようになる。

　　ａ．従来の用法研究：文法書・語法書＋用例カード＋ネイティブ・チェック
　　ｂ．最近の用法研究：文法書・語法書＋コーパス＋（ネイティブ・チェック）

　つまり、従来の用法研究の「用例カード」のかわりに「コーパス」が使われるようになったのである。また、「ネイティブ・チェック」もされないことが多いようである。この研究方法の長所は、

　（1）大量の偏りのないデータを使用できる
　（2）新しい現象の発見の可能性がある
という２点である。(1)により、データの客観性が増し、従来のように偏ったデータになることを防ぐことができるようになった。また、(2)のように、新しい連語関係など、要素と要素の関連性をコンピュータを使うことにより発見できるのも、新しい用法研究の強みである。
　しかし、いいことばかりではない。やはり、次のような欠点も存在する。

I．英語語法学という考え方

　（3）データに対する深い考察の不足
　（4）ネイティブ・チェックの軽視

　(3)に関しては、コンピュータを使うことにより、簡単に用例を探すことができ、その用例の膨大さに圧倒されて、一つ一つの用例をじっくり考察することが少なくなってきており、そのために間違った結論を下すということがよくみられる。(4)も同様のことで、用例だけで判断することになり、ネイティブ・スピーカーからの重要な情報を得ようとしない傾向が見られるようになった。
　つまり、コーパスを使う用法研究の問題は、「考察をするのは人間なので、鋭い観察眼を持たなければ、誤った結論を簡単に引き出してしまう可能性がある」ということである。

2．コーパスと語法研究
　従来の語法研究とコーパスを使った語法研究との違いについて分かったところで、コーパスを使った用法研究とはどのようなもので、どのようなことができるのかを見て行くことにする。

2.1．語法研究の分野
　語法研究の分野に関しては上で見たが、この分野の中で、コーパスを使って研究すると、今まで以上に成果が期待できる分野を考えてみた。それを、成果が期待できる順に、数字の前に☆☆、☆、△で示してある。

　☆☆（1）語の文法の研究
　　☆（2）語の意味の研究
　　☆（3）用法変化の研究
　☆☆（4）連語の研究
　　☆（5）語の変種の研究
　　△（6）語の使われ方の研究

3．コーパスを使う場合の問題点

△（7）文化語の研究

上のように、コーパスを使う用法研究では、従来の用法研究の分野と同じ分野をすべてカバーすることができる。そして、特に、「語の文法の研究」や「連語の研究」に関しては従来の用法研究以上の成果が期待できるのである。

2．2．コーパスを使って何を調べるのか

分野に関しては問題がないことが分かったが、コーパスを使って具体的に何を調べるのかについて考えてみたいと思う。まず、ここでは、誰でも使える身近なコーパスとして、インターネットで利用できる、以下の2種類のコーパスを使うことにする。

(1) British National Corpus (Simple Search of BNC-World) http://sara.natcorp.ox.ac.uk/lookup.html
(2) Collins COBUILD Corpus (Concordance Sampler) http://titania.cobuild.collins.co.uk/fonn.html

この2つのコーパスは代表的なコーパスだが、インターネット利用できるのはその一部分である。しかし、これだけでも十分、用法研究には使用できると思われる。特に、Collins COBUILD Corpus の方は、イギリス英語とアメリカ英語のコーパスを別々に検索できるので、イギリス英語とアメリカ英語の違いを調べるときにも役に立つのである。

それではどういうことを簡単に調べることができるのか、具体例を見て行くことにする。まず簡単に調べられるのは、「頻度（frequency）」や「容認度（acceptability）」である。つまり、ある表現が、一般的な表現かどうかとか、和製英語かどうかとか、どの国で使われる英語かというようなことがコーパスを使えば簡単に調査できるのである。

I．英語語法学という考え方

例1：「リストアップ」というのは和製英語か

　「リストアップ」というのは和製英語かどうかを調べるのは、list up、lists up、listed up という表現がコーパスで見つかるかどうかを調べればよい。この文字列を検索すると、Collins COBUILD Corpus（Concordance Sampler）の方では、

　　*There were no instances of your search pattern found in the corpora you selected.
　　[COBUILD]

という結果が得られた。これは、British National Corpus（Simple Search of BNC-World）でも同じで、「リストアップ」というのはイギリス英語とアメリカ英語で使われていないため、和製英語であろうと判断できる。

例2：shaved ice, shave ice という表現はハワイ英語か？

　ハワイに行けば、「かき氷」のことを shaved ice や shave ice と呼んでいるが、ハワイだけに限られた表現なのかどうかをコーパスを使って調べることができる。ハワイで shaved ice や shave ice と呼んでいることは、インターネットのサイトを検索すれば、ハワイの店のサイトに次のような広告などが出てくることですぐに分かる。

(1) Products for ice cream, snowball or ***shaved ice*** businesses. Toppings, syrups: slush, Hawaiian, concentrate, diet, ice shavers, ice cream cones, cups, spoons, napkins, straws, banners, etc. ——koldkiss. com

(2) Hawaiian Snow Shave Ice, a favorite Hawaiian treat, is fluffy and finely shaved ice served with delicious flavors formulated ... delicious flavors fonnulated specifically for ***shave ice***.
　　—— www.hawaiiansnowshaveice.com

3. コーパスを使う場合の問題点

　しかし、イギリス英語やアメリカ本土でこの表現が使われているのかどうかはわからない。このことは、コーパスを用いれば簡単に調べることができる。イギリス英語とアメリカ英語のコーパスを別々に検索できるCollins COBUILD Corpus (Concordance Sampler) がこの調査には最適で、次のような結果が得られた。

(3) [COBUILD] British books, ephemera, radio, newspapers, magazines (26m words) I British transcribed speech (10m words)
　　*There were no instances of your search pattern found in the corpora you selected

(4) [COBUILD] American books, ephemera and radio (9m words)
　　He had gulped down the flavored **shaved ice** and seemed content until he saw handle to create amound of fluffy **shaved ice**. Both units come with flavor

　このことによって推測できることは、shaved ice というのはイギリス英語では使われず、アメリカ英語で用いられる表現であるということである。なお、shave ice という表現はアメリカ英語のコーパスに登場してこないことから、ハワイ英語に限られるものではないかと推測できる。ただ、ここでも留意しておかねばならないことは、あとでも述べることになるが、絶対にそうであるとは断言できないことである。というのも、別のコーパスを検索するとその表現が出てくるかもしれないからである。
　つまり、コーパスがその威力を発揮するのは「連語関係（collocation）」を調べるときである。つまり、これを用いて「類義語・類似表現との違いを探る」ことや「用法の特徴を見る」ことができるのである。

Ⅰ．英語語法学という考え方

例3：kilos というのは kilograms と kilometers の両方の略語として使われるのか？

　このことに関して、コーパスを検索すると次のような結果が得られた。ここでしなければならない事は、その語の前後にどのような語が来ているかを探ることである。この例を見て行くと、斜字体の語が前後に共起しており、重さを表していることが分かる。このことから、kilos という表現は、通例、kilograms の略語として用いられると判断できるのである。

　　　　on behalf or a man running 400 **kilos** of *cocaine* might appear to be. Two
　　　in awe and admiration. A thousand **kilos** *of powder* was ascore brokers
　　　two brothers who would have 250 **kilos** on the *load*. The brothers, Juan and
　　　exceed the *baggage allowance* of 20 **kilos** per person. [p] The reason given by
　　　armour, which *weighs* less than two **kilos**, should be light enough to be worn
　　　　the council for *collection*, and 600 **kilos** was collected last year. [p]
　　　　here? How much did those 100 **kilos** we *seized* really cost Pablo Escobar
　　　tons（two thousand two hundred **kilos**）, will be used to maintain
　　　get broilers to a market *weight* of 2 **kilos** within 7weeks. This is very good.

　以上のように、少し見ただけでも、従来の研究ではかなり時間と労力がかかった用法研究が、瞬時に出来てしまうのである。

3．どういう研究をすべきか

　用法研究にコーパスを用いることについては、以上で見てきたように有効性がはっきりしたと思われる。この手法を用いれば、誰でも簡単に用法研究ができ、用法研究が驚異的に発展するのだろうか。この質問に対しては、積極的にそうであるとは答えられないのが現状である。

　というのも、コーパスを使った研究の主流が、「今まで問題になった用法の確認」の要素が強いからである。代表的なものが、田島松二編（1995）『現代

3. コーパスを使う場合の問題点

英米語法研究』であるが、今までに問題になった語法表現を取り上げて、コーパスを検索し、現在の状況を報告するという手法を取っている。これはこれでいいのだが、この手法だけを取っていると何も新しい用法が浮かび上がってこないし、用法研究が発展しないのである。

重要なのは、「新しい用法の発見」や「用法の変化の観察」で、その裏にひそむものの考察である。また、「語や表現の統語特性の研究」に関しても、コーパスを用いてもっと研究すべきだと思われる。

ここでは、「新しい用法の発見」や「用法の変化の観察」の例を見てみることにしたい。

例１：「コップ１杯の水」は a glass of water で、a cup of water は間違いか？

一般的に、「コップ１杯の水」というときには a glass of water で、a cup of water とは言わないと説明されている。もちろん、コーパスを検索すると、次のように a glass of water はたくさん例が出てくる。

> chew or suck helpful. Some drink **a glass of water** every time they want a
>
> I guarantee you could balance **a glass of water** on his head, and it
>
> as I told Churchill He was like **a glass of water**. Nothing Victor is a
>
> my mind. There was that sight of the glass of water on the table — nothing in
>
> [p] Rose fetched the aspirins and **a glass of water**. [p] When he had swallowed
>
> set them in front of her along with **a glass of water**. `What's the matter,

しかし、次のように a cup of water という表現も見つけることができる。つまり、a cup of water という表現も使われるのである。でも、ここからが重要なのである。この例をじっくり考察する必要がある。４番目の例の She dropped a tea bag into a cup of water を見れば明らかなように、この water は湯（hot water）であることが分かる。普通、水のように冷たいものはグラスで飲むので a glass of water を使い、コーヒーのように温かいものはカップ

I．英語語法学という考え方

で飲むのでa cup of coffeeと使うと説明されている[1]ので、a cup of waterは「湯」の場合に使われるという結論を出してしまいそうである。しかし、1番目の例のBoil（for one）a cup of waterは、「湯」ではなくて「水」だと考えられる。これはどう説明したらいいのであろうか。じっくり考察すると、これは「コップ1杯の水」ではなくて、料理で使われる「カップ1杯の水」だということがわかる。

will make ugah. Boil (for one) **a cup of water**; when it is boiling,
he never returned. Jahdo poured Meer **a cup of water** - it was indeed clean, even
she said aloud. On her table stood **a cup of water**. She picked it up, swirled
thought. She dropped a tea bag into **a cup of water** and held it to her lips,
there. She came back with a plastic cup of water that she handed him after
too," Robin said, bringing her **a cup of water**, `or you might have broken

「カップ1杯の水」という時に、「湯」でなくてもa cup of waterが使われることは、以下の用例でも裏付けられる。つまり、以下の用例ではcold waterとなっているからである。(a)は料理の例で、(b)は化学の実験の例である。

(a) Heat enough olive oil to coat skillet (about 1 tablespoon) and brown brisket well on all sides, about 20 minutes. Remove meat and deglaze pan by adding 1/2 ***cup of cold water*** to meat juices and scraping up browned bits clinging to pan. — *Los Angeles Times*, August 8, 1996

(b) **FMR** 1107 If they've been changing the pipes or digging them up or something they often flush it through with a load of chlorine, the water of or b Boil it erm As water get's hotter, and something like sugar, would you get would you find, Let's say you get **a cup of cold water** and you try and dissolve as much sugar as you can in it, and then you try hot water, try disolv [BNC]

3．コーパスを使う場合の問題点

FMR Tutorial lesson: GCSE chemistry (Educational/informative). Recorded on 9 April 1993 with 3 participants, totalling 13611 words, 1125 utterances.

例2：「ホテルにチェックインする」は、check in at a hotel か？

和英辞典を見ると、どの辞典にも「ホテルにチェックインする」はcheck in at a hotel となっている。この表現が使われることは以下の例でも明らかであろう。

(a) check in at：11例

```
        Shuttle Executive passengers can check in at the Super Shuttle departure
          their Gold membership card can check in at Executive Club Gold desks.
       for the drive to Leipzig, where you check-in at the Hotel Merkur. During the
            when Pearl Dean executives check in at hotels. `Pa-paa pa-paa
     [p] Every three months I have to check in at the British Embassy," she
   Well-being [f] begins with a 3:00 pm check-in at Guest Lodge I or II, a review
       the &dollar; 33-a-day range. Plan to check in at the clinic at least 5 times a
      or "patient counselors" or both, you check in at the Rice House, 111 North
         and a local pearl farm. Midday, we check-in at the Cable Beach Resort
        in Lisbon in the early evening for check-in at the Tivoli Hotel. Evening at
             held at Nordstrom, Old Orchard. Check-in at the Customer Service Center
```

ところが、check と hotel が共起する文脈を検索してみると check into という表現がよく出てくる。そこで、check into という表現を検索してみた。すると、次のように、check in at よりも頻度が高いということが分かるのである。このように、今まで注目されていない用法を発掘できるのである。

59

Ⅰ. 英語語法学という考え方

(b) check into：24例

arrive in Paris around lunchtime to **check into** our Hotel. The rest of the day
arriving Blackpool mid-afternoon and **check into** the Elgin Hotel, a very
those on the First-Class package **check into** the Hotel Schloss Cecilienhof
Vermont craft shop. This afternoon **check into** your Burlington, Vermont
of my earlier acquaintance keen to **check into** the barracks）, but it's not
the day, throw up, sober up and **check into** the studio for the night. [p]
Ike terrorized her. What I did was **check into** the swankiest hotel in town,
payment procedure was stressful You **check into** the hospital and immediately
of humour about it all-they would **check into** hotels as Mr and Mrs Simon

例3：「掲示板」は、アメリカ英語でbulletin board、イギリス英語でnotice boardか？

　日本の和英辞典や英和辞典には、どの辞典にも、「掲示板」はアメリカ英語でbulletin boardと言い、イギリス英語でnotice boardと言うと説明してある。その通り、コーパスを検索すると、次のようにアメリカ英語ではbulletin boardが、イギリス英語ではnotice boardの例が多数見つかる。

(a) British books, ephemera, radio, newspapers, magazines（26m words）／British transcribed speech（10m words）22例

Swimming time [p] [p] See Concourse **Notice Board** for details of following
will keep you informed by using our **notice board** displays, the public address
of this catalog is displayed on the **notice-board** adjacent to the vdt1 dumb
there late, a note will be on the **notice board** saying where the canvassing
to Levines. We leave a note on the **notice board** at the entrance saying where

(b) American books, ephemera and radio（9m words）1例

made to accompany a lighted acrylic **notice board** as an aide to making your own

3．コーパスを使う場合の問題点

しかし、アメリカ英語でも notice board の例が、イギリス英語でも bulletin board の例が以下のように見つかる。特に注目したいのは、アメリカ英語の notice board の例は１例しかないのに、イギリス英語で bulletin board の例が多数見つかるという点である。

(c) **American books, ephemera and radio（9m words）29例**

  root beer were absent now, but the **bulletin board** —— the same one Walker once
over Camel Lot. On a squadron room **bulletin board**, an airman tacked up a
  a note phase: the usually barren **bulletin board** on the back door was covered
    as an object of ridicule on the **bulletin board**. One day, when Teddy refused
    in black and white on the chore **bulletin board** in the kitchen. The foal

(d) **British books, ephemera, radio, newspapers, magazines（26m words）**

    all Internet or other <u>electronic</u> **bulletin board** users or service enthusiasts
  just need to submit post" on the **bulletin board**) your own e-mail address.
  [p] In the foyer I saw an empty **bulletin board** above an American country
    the antique side table under the **bulletin board**. [p] I waited until they
    that had been tacked up on the **bulletin board**. They were pictures of what
down the other photographs from the **bulletin board**. It wasn't the diplomatic
    up as lifeless nerds and sassy **bulletin-board** savants grates; it is like
  sell prices for shares on the Seaq **bulletin board**. [p] As the amount of
heavily on its Seaq International **bulletin board** for cross-border share
    prices on the Seaq <u>electronic</u> **bulletin board** and offering to trade. [p]

(e) **British transcribed speech（10m words）**

  horses knocking about the various **bulletin board** <u>systems</u> that attack the
use it. Does everybody know what a **bulletin board** is? Is there anybody here
  here that doesn't know what a **bulletin board** is? Is there anybody brave
man. [X0X] [tc text=laughs] [M02] A **bulletin board** <u>system</u> is a computer which
  rule is er if you're going to use **bulletin board** <u>software</u> seek er expert help

Ⅰ．英語語法学という考え方

a <u>computer</u> you're perhaps accessing **bulletin board** <u>software</u> or you're using
ZG0] [tc text=pause] All right. No **bulletin board** <u>software</u> basic rule and if
caution. Er if you get it from **bulletin board** <u>systems</u> respectable bulletin
bulletin board systems respectable **bulletin board** <u>systems</u> you're probably
<u>virus-free</u> and certainly on the **bulletin board** side of things it's not

　以上の例から、アメリカ英語で notice board が使われるのはまれで、イギリス英語では notice board と同様に bulletin board が普通に使われると結論づけていいのであろうか。
　(e)の例文の前後に出現する語をじっくり考察するとわかるように、bulletin board の用法には制限があるのである。下線を施した electronic, computer, software, system という語に注目していただきたい。つまり、日本語で言うインターネットの「電子掲示板」の事を言う場合に electronic bulletin board という表現を使い、その electronic が省略されても「電子掲示板」の意味で bulletin board が普通に使われているのである。これはインターネットというものがアメリカ中心に発展してきて、その electronic bulletin board（電子掲示板）という専門用語がそのまま輸入されて使われている事によるもので、普通の掲示板は notice board と呼び、電子掲示板は bulletin board と呼んでいるからである。
　このようにコーパスを用いて用法研究をすれば、観察力がありさえすれば、新しい言語事実を発見でき、用法研究を加速的に発展させることが可能であると思われる。問題は、用法に対する観察眼をきちんと持つことができるかどうかにかかっているようである。

4．コーパスに関わる問題点
　ここでは、コーパスを使って用例研究をする場合の問題点を考えてみたい。コーパスを使えば簡単に用例が収集でき、簡単に結論が得られると考えている

人が多いが、それほど簡単なものでもない。色々な場合の問題が考えられるが、専門家でも間違った結論を出してしまう可能性がある、用例が出てこない場合の例を取り上げてみることにしたい。

4.1. 用例が出てこない場合の判断

　用例が出てこない場合、その表現が使われないと考えていいのであろうか。専門家が誤った判断をした2つの例を考えてみることにする。

例1：tired from はイギリス英語では使われないのか？

　tired from という表現に対して、八木（1996：73）は、Brown Corpus と LOB Corpus を使い、その用例を検索し、次のような結論を出している。

> 「Brown には、tired from の例はある。しかし、LOB には、of 以外の例はない。したがって、（（英））では from はふつうでないと考えてよいであろう。」——八木（1996：73）

　もちろん、この結論が間違いであるのは明らかで、この表現がイギリスで使われるのは、次の例がコーパスから見つかることからも証明できる。

British books, ephemera, radio, newspapers, magazines（26m words）
British transcribed speech（10m words）　9例

　　in he shouted I love you [p] She grew **tired from** her disturbed nights. The cyst
　　　　　to concentrate. They may feel **tired from** lack of sleep because they
Even an able-bodied person would have **tired from** all the engagements she was
holding up my heavy head my back gets **tired from** sitting in one position my
　　[p] IT'S 5pm and you're coming home **tired from** work when you remember that

　八木の本が出版された1996年には、もっと新しいコーパスがあったのに、そ

I. 英語語法学という考え方

れを調べなかったことが誤った結論に至った原因だと思われるが、イギリスで出版されている作品を少し探してみれば用例が見つかったと思われるし、ネイティブ・スピーカーに聞けば、この表現がイギリスでも使われるのはすぐに分かったはずである。

このように、用例が見つからないときに、短絡的に「この表現は使われない」と結論することは考えなければいけない。さらに、もう少し複雑な例を見てみよう。

例2：She died lonely. とは言わないのか？

この件については、少し複雑な要素が絡み合っているので難しいが、じっくり見て行きたい。『英語教育』のクエスチョン・ボックスに She died lonely. という表現の容認度に対する質問があり、それに対して村田勇三郎氏が次のように答えている。

「*die lonely とは言いません。die alone が普通です。（中略）die alone は、BNC で 7 例検索されましたが、die lonely は皆無でした。（中略）She died alone. は、客観的に事実を述べたものですが、はたして彼女が 'lonely' であったかどうかは、他人が主観的に推量するのみです。したがって、She died lonely. とは言わないのではないかと思われます。逆に、feel lonely とは言えますが、*feel alone とは言いません。」── 村田勇三郎『英語教育』2000年8月号の Question Box 28. (pp.72-73)

この回答の中で、村田氏は BNC を使ってその中に用例がないから「*die lonely とは言いません。」と結論づけている。そして、die alone は用例が見つかるので普通の表現だと述べている。また、feel lonely と言うが、feel alone とは言わないとしている。本当にそうだろうか。試しに、*Collins COBUILD Corpus* を見てみることにする。

3．コーパスを使う場合の問題点

(a) feel alone 3 例

　aware of their desperation. They **feel alone** and very lonely, afraid to draw too

　　in 1976, Ms Warwick says To **feel alone**, especially after ten years of

　　　the joint from him. Yeah I **feel alone** here! Everybody should have a place

(b) feel lonely 8 例

　moment, which would make her **feel lonely** and inadequate again. After a few

　　policies, may have begun to **feel lonely** as one of the few remaining liberal

　Nobody cares about me." You'll **feel lonely**, isolated and desperate, and the

　これを見れば明らかなように、feel alone も実際に使われている。また、村田氏が検索したという BNC にも、次のように、feel alone の例が見つかる。村田氏は feel lonely と feel alone だけを検索したのかもしれない。どちらにしても、feel alone も feel lonely も普通に使われるのである。

(a') felt alone 8 例　[BNC]

　　　A68 683 Hoskyns, sitting at meetings of the faculty, **felt alone.**

　　　　　　　　　　　　G0Y 2045 He **felt alone.**

　　　HGD 4135 Where once she had felt secure she now **felt alone.**

　　　　　　　　　　　　HTY 2621 He **felt alone.**

　　　　　J0X 7 In the dark ——; so I got up, **felt alone,**

　　　　　　　JY6 4389 ';You must have **felt alone.**

　それでは、die alone と die lonely はどうであろうか。確かに、BNC では die alone はあるが、die lonely の例はない。また、*Collins COBUILD Corpus* を検索しても、次のように、die alone の例は見つかるが、die lonely の例は見つからない。

65

I. 英語語法学という考え方

(c) die alone 3例

 respectful of privacy that our elderly **die alone** and lie undiscovered

   fear is that one will be left to **die alone** and that they should not pull

 it means facing the fact that one must **die alone**. Often fears of separation

(d) die lonely 0例

　それでは、村田氏が述べているように、「She died alone. は客観的に事実を述べたものですが、はたして彼女が 'lonely' であったかどうかは他人が主観的に推量するのみです。」という説明が当たっているのであろうか。もしそうであれば、次のような例をどう説明するのであろうか。

(1) Medical researchers have recently shown that hundreds of thousands of Americans annually ***die lonely*** and in unnecessary pain, undergoing futile treatments, often attended by physicians who know virtually nothing about their lives, never mind their feelings about death. These are the victims of modern medicine's "frustrated mastery," as the ethicist Daniel Callahan views it. — *Los Angeles Times*, June 27, 1997

(2) Rebeck's life is interrupted by Michael (Jim Harlow), a 30-ish writer who has died under mysterious circumstances; Gertrude (Carolyn Cohen), an elderly widow who has come to visit the remains of her late husband; and Laurie (Deidre Fisher), a woman of Michael's age who ***died lonely***. — *Los Angeles Times*, May 8, 1997

　この2つの例を見ても分かるように、主観的とか客観的ということはこの表現には関係ないようである。村田氏が BNC だけに頼って自分なりに結論を出したのだが、これは1つのコーパスだけに頼って判断することの危険を物語っている。それでは、なぜ die alone は普通に使うのに、die lonely は頻度が少ないのだろうか。die と lonely が共起する文脈を探ってみた。すると、次のよう

な例が見つかった。

(e) die a lonely death / die a lonely man

　　　[p] mcgarry says: He **died a lonely** and friendless **man**.

　　out by fatigue and anxiety, **died a lonely death** in the deserts of Sindh. [p]

(f) die lonely *Los Angeles Times* の例

Deborah was a leader of one of the black consciousness student organizations owing allegiance to the philosophy of Steve Biko, himself to ***die a lonely and miserable death*** from brain injuries, naked, in a police cell a year later.

—— *Los Angeles Times*, August 29, 1999

これらの例を見れば明らかなように、die lonely よりも、die a lonely death や die a lonely man という表現が普通に使われているのである。つまり、die a lonely death や die a lonely man という表現があるために、die lonely という表現が使われることがまれなのである。これは、this morning, this afternoon, this evening が言えるのに、普通 tonight という表現が使われるため、this night が使われないという lexical blocking という現象に似ている。die lonely は、die a lonely death という表現に block されていると考えられる。

もちろん、feel alone / feel lonely や die alone / die lonely は、alone と lonely の意味の違いを反映しているので、意味が同じではないことを確認しておきたい。

5．まとめ

　以上、コーパスを使った用法研究について、その有効性と問題点を、具体例を見ながら考察してきた。その際、用例の吟味の仕方について詳しく説明しておいた。コーパスとは両刃の剣のようなものであり、使用するためにはいくつかの条件をクリアーしなければならないのである。上で考察した例からも分か

Ⅰ. 英語語法学という考え方

るように、コーパスをうまく使えば、今まで見過ごされてきた用法に関する新しい発見をすることができるのである。ところが、細かいところまで配慮がなされていなければ、誤った結論を出す可能性が大きいということである。誤った結論を導き出す事を避けるためには、用法研究者が鋭い観察眼を持たなければならないのである。大規模なコーパスとコンピュータにだけ頼っていてはダメなのである。この点に絶えず気を配っていなければ、コーパスを使いながら従来の用法研究よりも格段に劣った研究をしてしまうことになりかねない。

注
(0) この章は奥田（2004）「コーパスを使った用法研究を考える」を修正したものである。
(1) 『オーレックス英和辞典』の cup の説明には「取っ手のついた、通例温かい飲み物用の容器。冷たい飲料用のコップは glass」と書いてある。また、安井泉『ことばから文化へ』には「英語では、cup は温かい飲み物を入れる器、glass は冷たい飲み物を入れる器という文化感覚がある。」(p.161) というふうに説明されている。

4．スピーチレベルと容認度の説明

　この章では、今まで行われてきたスピーチレベル研究というものの考え方を取り上げ、その欠点や弱点を考察したい。特に語彙の面でのスピーチレベルの研究は盛んだが、それだけではいけないことを見るためにOhashi (1978) とSilva & Zwicky (1975) を中心にして、スピーチレベルと容認度 (acceptability) との関係を探ってみる。そしてこれからのスピーチレベル研究のあり方というものを考えてみることにする。

1．今までのスピーチレベル研究

　今までのスピーチレベルの研究というのは、だいたいが、スピーチレベルを何段階に分けるかというのが議論の中心であった。[1]

　Formal, general, informalの3つに分ける学者や、Joos (1967) のように、frozen, formal, consultative, casual, intimate と5つに分類する学者もいる。そしてよく引用されるのが次のような例である。

　Frozen : Visitors should make their way at once to the upper floor by way of the staircase.
　Formal : Visitors should go up the stairs now.
　Consultative : Would you mind going upstairs, right away, please?
　Casual : Time you all went upstairs, now.
　Intimate : Up you go, chaps!
　── P. D. Strevens & M. Gregory, *Papers in Language & Language Teaching*

Ⅰ. 英語語法学という考え方

　このように文レベルでスピーチレベルを示したものは多いが、どういう基準でこういうふうに分類するのかは、明確には示されていない。つまりこれらの判断の基準は、直観力に依っているように思われる。
　文レベルの例を示したが、我々にもっとなじみの深いものは、語レベルのものである。そして最近の学習辞典では、ほとんど formal, informal の表示がされている。例えば、*Longman Dictionary of Contemporary English* では、

doc/dɒk‖dɑk/n. [N ; (the) +R ; (*AmE*) A] ***infml*** DOCTOR[1](2)

とか、

recrudescence /ˌriːkruːˈdesəns/ n [c9, esp. of] ***fml*** ...

というように formal（=fml）とか informal（=infml）とかが記されている。同じようなことが、*Chambers Universal Learners' Dictionary* などにも言える。
　このような記述に接すると、文や語は、きれいに5つまたは、3つに分類することができるように思われる。しかしながらスピーチレベルというのは、そううまくはいかない。次の例を見てみよう。

　(1) Excuse me, could you tell me the right time, please?
　(2) What time is it, please?
　(3) What's the time?
　(4) How's the enemy?
　(5) Time?
　(6) How much longer have we got?
　(7) My watch seems to have stopped ...
　── W. R. O'Donnell and L. Todd (1980)

　これらの例を見るとわかるように5つまたは、3つに分類することは、困難であることは明白である。

4．スピーチレベルと容認度の説明

　またスピーチレベルの事で誤解してはいけない事は、すべての文や語がどれかのスタイルのみに属するわけではないということである。例えば、this という語を取り上げて、これは、formal, informal, general のうちのどれかということを決定することは、できないのである。わかりやすいように図示してみよう。

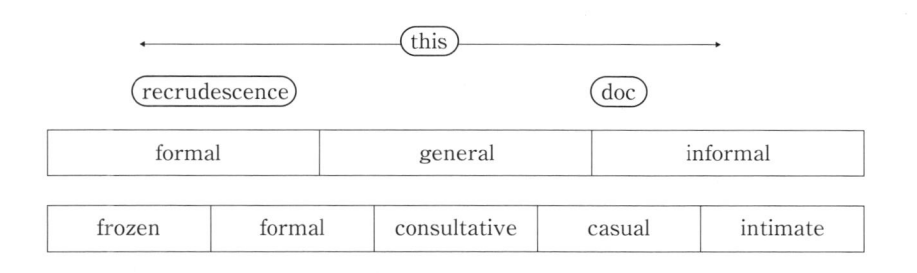

```
                    ←――――――( this )――――――→
       ( recrudescence )              ( doc )
  |   formal    |      general      |   informal   |
  | frozen | formal | consultative | casual | intimate |
```

つまり、this というような語は、どのレベルでも用いられるのである。このように文または、語は、あるスタイルだけに属すものもあれば、どのスタイルでも用いられるものもあることをしっかり認識しておくべきであろう。

　また今までスピーチレベルの研究が上のような、いくつのレベルに分類するかとか簡単な２、３の文例をあげて説明を加えるというようなものが主体だった理由について考えてみると、ほとんどがネイティヴ・スピーカーによる主観的な手法によって行われたものだったことが原因だと考えられる。その理由は、自分たちにとっては、細かい研究をする必要がなく、大まかにとらえるだけでよいというところからきているのである。例に関しては、彼らが自分自身でいくつもあげることができるため、かえって厳密に１つずつの表現を研究しようとは、しなかったのである。このため、ある程度以上のスピーチレベルの研究はほとんどなされていないのである。以上のようなことが今までのスピーチレベルの研究の大まかなところで、ノン・ネイティヴ・スピーカーにとっては、まだまだ説明が必要であるというのが実状である。

Ⅰ．英語語法学という考え方

2．Ohashi（1978）の方法

　ここでは、Ohashi(1978) *English Style: Grammatical and Semantic Approach.* を紹介したい。Ohashi のスピーチレベルへのアプローチ方法は、フォーマルさの度合いを判断する７つのルールから成り立っている。その７つのルールとは以下のようなものである。

> Rule 1: Condensed expressions are more formal than their non-condensed equivalents.
> Rule 2: Words, or groups of words, with fewer references or uses are more formal than those with more references or uses.
> Rule 3: More grammatical forms are more formal than their less grammatical equivalents.
> Rule 4: Non-contracted forms are more formal than their contracted equivalents.
> Rule 5: Sentences containing nominalizations are more formal than their equivalents containing no such nominalized forms.
> Rule 6: a) Periodic sentences are more formal than their loose equivalents.
> 　　　　b) Loose complex sentences are more formal than their looser compound equivalents.
> 　　　　c) Sentences containing the provisional *it* are more formal than their equivalents containing no such provisional pronoun.
> Rule 7: Impersonalized expressions are more formal than their personalized equivalents.
> 　── Ohashi (1978: 73-74)

　この７つのルールを使えば、文のフォーマルさの度合いが分かるというのである。例えば、次のような例がある。下に行くにしたがってフォーマルさの度合いが増して行くというのだ。

4．スピーチレベルと容認度の説明

(1) No matter what happens, you gotta get there by six, if you aren't sick.

(2) No matter what happens, you've got to get there by six, if you aren't sick. (Rule 4)

(3) No matter what happens, you have got to get there by six, if you aren't sick. (Rule 4)

(4) No matter what happens, you have to get there by six, if you aren't sick. (Rule 3)

(5) No matter what happens, you have to get there by six, if you are not sick. (Rule 4)

(6) Whatever happens, you have to get there by six, if you are not sick. (Rule 1)

(7) Whatever happens, you have to arrive there by six, if you are not sick. (Rule 2)

(8) Whatever happens, you have to arrive there by six, unless you are sick. (Rule 1)

(9) Whatever happens, you must arrive there by six, unless you are sick. (Rule 1)

(10) Whatever may happen, you must arrive there by six, unless you are sick. (Rule 3)

つまり、(1)～(5)の文は、No matter what ... で、(6)～(10)の文は Whatever ... で始まっている。この場合、同じ意味を表すのに Rule 1「圧縮された表現の方がよりフォーマルである」が適用され、No matter what という3語で表されている表現より、Whatever という1語に圧縮された方がフォーマルだと言うのである。同じように、(7)と(8)を比べると、(7)は if you are not という表現を使っているのに、(8)は unless you are と圧縮しているので、(8)の方がよりフォーマルだというのである。(8)と(9)を比べると、(8)は have to で(9)は must を使って表現を圧縮しているのでよりフォーマルであると言う。

73

Ⅰ．英語語法学という考え方

　また、Rule 4「縮約形を用いない方が、縮約形を用いた場合よりフォーマルである」という例が、(1)と(2)の gotta と got to の差と(2)と(3)の you have と you've の差と(4)と(5)の are not と aren't のフォーマリティの差を生んでいると説明しているのである。

　さらに Rule 3「より文法的な形の方が、より文法的でない形よりフォーマルである」というルールを用いて(3)と(4)の have got to と have to の違いを説明している。(9)と(10)も同じように whatever happens と whatever may happen の違いをこのルールを用いて説明している。

　また、Rule 2「指すものが少ない語や語句の方が、指すものが多い語よりフォーマルである」というルールを使って、(6)と(7)の get と arrive の違いを説明している。

　さらに、以上の例文に出ていないルールの例を見てみよう。

(11) We can do it very easily.
(12) It can be done very easily. (Rule 7)
(13) It can be done with great ease. (Rule 5)

　(11)と(12)の差は Rule 7「非人称構文を用いた方が、用いないよりフォーマルである」というルールがあり、we の代わりに it を使っているので(12)と(13)の方が(11)よりフォーマルであると説明する。また(12)と(13)の差は Rule 5「名詞化されている表現を含んでいる方が、含んでいないものよりフォーマルである」として very easily と with great ease を比較している。

　一番難しいのが、Rule 6で、見ればわかるように(a)(b)(c)と3つの種類のものをこのルールに押し込んでいる。

(14) I got sick of hotel life, so I decided to live with my sister.
(15) I decided to live with my sister because I got sick of hotel life.
　(Rule 6b)

(16) Because I got sick of hotel life, I decided to live with mysister.
（Rule 6a）

　Rule 6b「結びつきの緩い従位接続詞を含んだ文の方が結びつきの緩い等位接続詞を含んだ文よりフォーマルである」というルールで(14)と(15)のsoとbecauseの違いを説明している。また、(15)と(16)のbecause節の位置の違いをRule 6a「従位接続詞を用いた掉尾文の方が結びつきの緩い従位接続詞を含んだ文よりフォーマルである」というルールを用いて説明している。掉尾文（periodic sentences）に関しては、次のような説明をしている。

Periodic sentences, in which thought units are closely combined, are denser and therefore more formal than their loose equivalents, in which thought units are loosely combined.

つまり、考えの単位がきちんとまとまっている文の事をさしている。発話時に話者の頭の中であらかじめ考えがまとまっている場合にこのような文が使われると考えるのである。
　残ったのが、Rule 6c「仮主語のitを使う方が使わないよりフォーマルである」というルールで、次の2つの文を説明している。

(17) It is most probable / that the money will not be paid.
(18) Most probably the money will not be paid.

このように、このルールを用いれば、フォーマルさの度合い（formality）をかなり大まかに判断する事ができる。
　しかし、Ohashi（1978: 32）には、grammaticalnessの項目に、かなりの語彙的なものを含めているので、これの整理が必要だと思われる。例えば、以下のような語句は前置詞がついたものと比べて文法性が低いのでフォーマルさの

Ⅰ. 英語語法学という考え方

度合いが下がるというのである。

> someplace, anyplace, everyplace, long distance, any time, what time, the last few days, three years, the rest of your life, a few years, weekends, Saturdays, Sunday, kind of, sort of, a different way, the same way

他にも very much と fine や very well と very good の違いなど、この項目でうまく処理できるかどうかが問題になる表現が多く含まれる。この点はかなりの改訂が必要となると思われる。

以上のように、フォーマルさの度合いをこのルールを使うとある程度説明する事ができる。ネイティブ・スピーカーもこのような大まかなルールで表現を使い分けているのだと思われるので、かなり有効であるが、問題はルール間の相関関係がはっきり説明されておらず、いくつかの中で、どのルールとどのルールを適用すると、別のルールを適用したよりもフォーマルであるという事が説明しにくいのが難点である。つまり、同じ文章に、Rule 1 を適用した場合と Rule 2 を適用した場合と、Rule 3 を適用した場合にはどれが一番フォーマルなのかに関しては判断できないのである。この点を改善すれば、かなり有効な基準だと思われる。

3．Silva & Zwicky (1975) の方法

もう1つの方法は、変形文法の手法を用いて行われた Silva & Zwicky (1975) の研究である。この論文は、この分野の研究としては、唯一多岐に渡り、すぐれた分析を展開している。そこで以下では、彼らの研究の方法とその具体例を示すことにする。

彼らは文の容認度 (acceptability) を、?, ??, ??? で表わすことによって、その容認度の差をスピーチレベルの面からとらえようとしたのである。[2] そしてその説明に discord という概念を導入している。この discord という考え方は、以前に言及されたこともあるにはあったが、彼らほど厳密には扱われていない。

4．スピーチレベルと容認度の説明

　彼らは分類に formal, neutral, informal という区分を用いる。ここで重要なのは neutral で、これはどのスタイルでも用いるものを示しているのである。この考え方は、上でも述べたように重要なのに今までほとんど扱われていないところである。

　また彼らが扱っている例を変形操作で説明しているところも新しいところである。例えば、語のレベルでは、

(8a) Give me that negative, if you please.
(8b) Give me that negative, please.

において、if you please は、formal であるが、please は、neutral である。また、

(9a) He's not interested in yoga.
(9b) He doesn't go for yoga.

において、interested in は、neutral で、go for は、casual である。また、syntax のレベルで、

(10a) Nowhere does he state the nature of the process.
(10b) He doesn't state the nature of the process anywhere.

において、否定副詞（句）の前置は、formal で、それがおこっていないのは、neutral である。
　また、

(11a) She's the chairman, isn't she?
(11b) She's the chairman, is she?

Ⅰ．英語語法学という考え方

において、(11a)のように'flip tag'の場合は、neutralで、'alpha tag'の場合は、casualである。

次に音のレベルでは、

(12) It would be easier to say.⁽³⁾
(12a) [It wvd bi iziṛ tu se]
(12b) [Irəd bi iziṛ tə se]
(12c) [Id bi·ziṛ tə se]

において(12a)のように initial glide deletion がストレスの置かれない語におこらないのは formal で、(12b)のようにおこるのが neutral で、(12c)のように flap deletion と desyllabication がおこるのが casual である。

このように3つのレベルで formal, neutral, casual が言えるわけであるが、この formal と casual そのものの中にも段階があることを次のような例をあげて説明している。

(13) Let us go now.
(14) I am unhappy with these avocados.

この2つの文では、let us が使われた(13)は、let's とちがい formal であり、(14)では、I'm という contracted form は casual で、I am は formal であるのだが、(13)(14)のこの formality を考えると、(13)の let us を使う方がより formal な文なのである。つまり、formal とか casual とか言ってもそれには、段階があると言えるのである。

次に彼らは、discord ということを考えている。つまり文法的には正しく、文法性の度合いからは判断できない acceptability の低い文を casual と formal を用いて説明しようとするのである。以下の例を見ることにしよう。

(A) Formal lexicon + casual syntax

(15) ? Men who eschew controversy we are not in need of.

つまりこの文では、eschew という formal な語が、casual な topicalization が適用された文の中に出てくるので？になるというのである。

(B) Formal lexicon + casual phonology

(16) I submit that what they are {going to/ ??gonna} do might well discredit the program in its entirety.

(17) I {want to/ ?wanna} make one thing perfectly clear.

(18) {Let me/ ???Lemme} assure you of my dedication to this office.

(16)の I submit という formal な語と gonna という音声的に casual なものが相入れないために?? がつく。(17)(18)も同じ。

(C) Formal syntax + casual lexicon

(19) ??Never did he go for rock or cool jazz, you knów.

(20) ??That they finally caught up with those hoods is great.

(19)では、formal な否定副詞の前置と go for, you know という casual な語の対立。(20)では、文主語という formal な syntax と非人称の they、叙述用法の great が対立するため。

(D) Formal syntax + casual phonology

(21) ??[daerId bin izi wrd te se dln mærr] That it would be an easy word to say didn't matter.

文主語という formal なものと、casual な flap deletion や auxiliary reduction, desyllabication が相入れないため。

Ⅰ. 英語語法学という考え方

（E） Formal phonology + casual lexicon
（22） ???Let us cut out now, baby.

baby というような casual な語と Let us という縮約しない音の形との対立である。

（F） Formal phonology + casual syntax
（23） ?She is the chairman, is she?

この文では、flap tag の is she? というのが、She is という縮約されていない音と対立する。(11b)のように She's となれば OK。

　このように彼らは、例をあげているのだが、これだけでは ?, ??, ??? の説明ができないとして、音と統語と語のレベルで formal, casual に段階をもたせた表を作成している。参考になるので次に掲げてみる。

（Ⅰ） Phonological rules
+10： 縮約されない *Let us*。
+ 9： 語尾の t が ? にならない。
+ 7： n → W/V__C （つまり前に母音、後に子音がくるという環境の中で n が落ちる）ことがない。例 can't
+ 4： ストレスの置かれない語の中で語頭の h, w が落ちない。auxiliary reduction がおこらない。in, on, an, and が [n] という音にならない。
　0： obligatory morphophonemic rules
− 1： want to が wanna になる。
− 3： going to が gonna になる。
− 5： flap deletion, vowel centralization.
− 7： flap deletion の後の desyllabication （例：being [big], bean [bin], it'd [Id]）。let me が lemme になる。

80

4．スピーチレベルと容認度の説明

（Ⅱ）Syntactic rules

＋10：仮定法の倒置。例：Were John here, we could discuss your problem.

＋8：否定辞が前置された後の倒置。例：Nowhere does he state the nature of the process.

＋7：疑問文や関係節での pied piping 例：At whom are you smiling? / The person to whom he spoke was a former dean.

副詞句の前置。例：To her closest friends we related what was happening.

同格節の前置。例：The largest single campus university in the U.S., Ohio State University offers 250 programs of study.

＋5：文主語にして外置変形をしない。

＋3：be 動詞以外の語と存在文の there を用いる。

0：受身変形。flip tag（例：This dog is handsome, isn't it?）。

VP deletion 例：These machines can handle that job, but the new ones can't.

－2：NPからの外置 例：A man came in who was wearing a headphones stereo.

NP の topicalization 例：This paper I'm going to regret ever having begun.

－4：alpha tag 例：You're going to town, are you?

pseudo-imperative conditionals・例：Add acid and the solution will turn blue.

left dislocation 例：That guy, he's a bum.

right dislocation 例：He's a bum, that guy.

emotive negative tags 例：Not this bottle, you won't.

fractured imperatives 例：Close the door, will / won't you?

－5：VP の topicalization 例：Call a cab I never could.

emotive extraposition of NP：It's great the way he's handling the

Ⅰ．英語語法学という考え方

　　　　　　ball.

　　　　　　possessive deletion: John getting home late was no surprise.
－ 9 ：文頭のいろいろな語の省略

（Ⅲ）Lexical items

＋ 9 ：hereby

＋ 8 ：I submit, let me say, I should point out, I conclude 等の performative formula.

＋ 7 ：非人称の one ; eschew

＋ 2 ：subsequently, in this respect ／ regard, in conjuction with, in the event

　 0 ：then, and, after, chair, ...

－ 3 ：pretty, really, awful のような強意語。you know のような filler item 非人称の they

－ 5 ：スラングの表現：boy!, great（＝good）, beat it（＝leave）, step on it（＝hurry up）, bust（＝arrest）, go for（＝be interested in）

－ 8 ：たくさんの卑猥な表現。

以上のような表を使い、彼らは、上で述べた文を説明しようとするのである。

　つまり、例えば(15)の文では、eschew という語は、lexical items の表を見ると、＋ 7 になっている。そして、syntax で見ると、NP の topicalization が適用された文になっているので、syntactic rules の表により－ 2 になる。つまり、両方の差の絶対値をとると 9 になるのである。そこで彼らは、次の表を作っている。

　そして、差の指標が 8 ～ 9 は？と、10～12は??と、15は???と対応していると言っている。

82

4．スピーチレベルと容認度の説明

例文の番号	差の指標	?の数
(15)	9	?
(16)	11	??
(17)	9	?
(18)	15	???
(19)	11	??
(20)	10	??
(21)	12	??
(22)	15	???
(23)	8	?

　以上が Silva & Zwicky の方式なのだが、一見するとすばらしく思われる。そして今までのスピーチレベル研究より非常にわかりやすい。しかし、やはりこの方法にも問題が残っている。何かというと、phonological rules, syntactic rules, lexical items の表に示されている＋10〜－9の数の決定法である。よく見ればわかるように10, 9, 8, 7 ... というふうに順に全部がうまっているわけでなく、飛び飛びに記されている。なぜだろうか。これは、やはり彼らは、(15)〜(23)の文を先に考え、それに数がうまく合うように逆に考えていったためではなかろうか。この部分がしっかりしていないと、やはり正しい分析にはならないであろう。そして、表の各項目もまた大まかであるようだ。しかし、Silva & Zwicky の方法は、今までの研究よりかなり進んでいることは否定しがたいように思われる。

4．これからのスピーチレベル研究

　今までスピーチレベルの研究というと語法研究者が中心になってやってきた。そして近年社会言語学者が少しずつ手をつけ始めている。しかし具体的な研究は、ほとんどされていないといっていいほどである。そこでこれからのスピーチレベルの研究の方向を考えてみると、先ず Silva & Zwicky のように、

Ⅰ. 英語語法学という考え方

syntactic rules, phonological rules, lexical rules の表を完成することが必要であろう。ただし彼らのように+10..9のような分類でなくもっと大まかにやればいいと思う。特に lexical rules に関しては、最近のよい辞書を用いることによってかなりのことがやれるように思われる。

　まだあまり注意されていないのが syntactic rules についてである。伝統文法の方式ではやられてきたが、このように変形文法の変形規則を用いたのは、彼らが最初である。しかし、もう少し細かく変形規則を見ていくとまだまだ新しい syntactic rule とスピーチレベルの関係が探れるように思われる。（特に変形文法家は speech level に興味を持っていなかったため、あまり研究されなかった分野なので。）

　次に phonological rules の方であるが、この方面もほとんど手がつけられていない。というのも音声の方で研究している人は、スピーチレベルへの関心があまりないように思われるからである。[4]

　つまりこれからのスピーチレベル研究は、大まかなところではなく、もっと具体的な例を探り、各分野の領域を越えたところで協力してなされなければならない。そして、文法性による容認度と、スピーチレベルの影響による容認度との差を明確に示すことが必要であると思われる。

注
(0) この章は、奥田（1982）「スピーチレベルと容認度」に大幅な加筆、修正を加えたものである。
(1) ただし Joos（1967）のように各スピーチレベルの特徴を細かく研究したものもあることはある。
(2) もちろん acceptability というと文法性が関係してくるが、彼らは、文法的には、正しいがおかしく感じられる文をとり扱って、スピーチレベルで処理しようというのである。文法性と容認度に関しては、2章「英語語法学の資料の取り扱い方について」参照。
(3) (12a)(12b)(12c)の発音記号は、普通とちがったものを使っているが、ここでは、原文のままにしておいた。

4．スピーチレベルと容認度の説明

(4) 音声現象の「連結」、「脱落」、「わたり音」、「同化」等については、よく知られているが、これとスピーチレベルを結びつけて細かく説明しているものはあまり見かけない。

5．語法現象の背景にあるもの

　英語の用法の研究は、「語法研究」として以前から活発に行われている。しかしながら、「語法研究」ではただ単なる用例の羅列や、頻度の研究で終わってしまっているものが多い。また、色々な英語学的基準を駆使して説明されているものもあるが、その基準や観点の整理がなされていないのが現状である。この基準や観点を整理し、体系化する事が「英語語法学」の中心課題だと考えている。
　ここでは、語法現象を考察するときに役に立つ考察基準となるものを、具体的な論文をあげて、その中の考察ポイントから見て行きたいと思う。

５．１．実際の論文での語法分析
　ここでは奥田（1988）の論文を取り上げそこで見た考察ポイントを見て行くことにする。

　　　　　　　　　「the ＋形容詞」表現の意味と用法
１．「the ＋形容詞」表現
　一般的に、英語には定冠詞の the が形容詞の前につくと、形容詞が名詞的に使われるという用法がある。「〜な人々」とか「〜なもの」というような意味を持ったり、抽象概念を表したりするのだが、この論文では、この表現に使われる形容詞はどのようなものであり、どういう文法的・語法的特徴を持っているのかを統語的・意味的に探ってみようと思う。[1]
　　CULD の the の項には次のように述べられている。

　2. used with a singular noun or an adjective to refer to all

I. 英語語法学という考え方

> members of a group, class type etc or to a general type of object, group of objects etc: The horse is a beautiful animal; Who invented the wheel?; *The French* are said to be good cooks; Take care of *the wounded* and *the dying*; He expects me to do *the impossible* (=things that are impossible); I never listen to the radio; .....
>
> つまり、この「the ＋形容詞」表現は「the ＋名詞」の総称表現と本質的には同じ性質のものだということである。総称表現の名詞の代わりに形容詞が使われたものだと考えられる。しかし、名詞の総称表現と違うところは複数扱いされるところである。しかし、よく見てみると、それだけでなく、この表現は独自の色々な特徴を持っているので、例をできるだけたくさん取り上げながら、この表現について考察を加えようと思う。

考察のポイント① [類似表現]

　類似の表現形式や類似の特徴を持つ表現はないかどうかを見てみる。ここでは「the ＋形容詞」と「the ＋名詞」の総称表現を取り上げている。

> **2．「the ＋形容詞」表現の形容詞の特徴**
>
> 　この表現に使われる形容詞について考えてみると、形容詞は大きく次のように分けることが出来る。
>
> （1）形容詞： a．人の属性・置かれている状況を表す
> 　　　　　　 b．国民を表す　c．物の性質を表す
> （2）形容詞相当語： a．現在分詞　b．過去分詞
>
> 　そこで、ここでは、一番よく使われる「人の属性、置かれている状況を表す」形容詞と、形容詞相当語にはどういうものがあるのかを見て

行くことにする。Swan (1980) は、この表現に使われる形容詞はそんなにたくさんはなく、最も一般的なものは次のようなものだとしている。

the blind, the deaf, the sick, the mentally ill, the handicapped, the poor, the unemployed, the old, the death, the rich

しかしながら、実際にどういう形容詞が使われるのかをもう少し見てみるために、文法書などで取り上げられているこの表現の形容詞の例を列挙してみることにする。

(a) the young, the rich, the poor, the dead, the dying, the learned —— Yasui
(b) blind, brave, dead, deaf, disabled, elderly, homeless, injured, living, poor, rich, sick, unemployed, wealthy, young —— Close
(c) blind, deaf, disabled, healthy/sick, living/dead, rich/poor —— Thomson & Martinet
(d) the dead, the sick, the blind, the deaf, the rich, the poor, the unemployed, the young, the old, the handicapped, the mentally ill —— Swan (1984)
(e) the rich, the poor, the handicapped —— Allsop
(f) rich/poor; old/elderly/young; deaf/blind; sick/injured/disabled; innocent/guilty/wicked; brave/strong; homeless/unemployed; bereaved/living/dead. —— Chalker
(g) He's collecting money for *the blind*. —— Swan (1984)
(h) *The poor* get poorer; *the rich* get richer. —— Thomson & Martinet
(i) We are collecting money for *the blind/injured/sick*. —— Close

Ⅰ. 英語語法学という考え方

(j) *The poor* are always with us. —— Close
(k) the brave, the weak, the maladjusted, the elderly, the under-privileged —— Quirk *et al.*（1985）
(l) *The innocent* are often deceived by unscrupulous. —— Quirk *et al.*（1985）
(m) *The unemployed* are losing hope. —— Swan（1980）
(n) Take care of the wounded and *the dying*. —— Swan（1980）

以上の例を見てみると、同じ形容詞がリストアップされているのが分かるだろう。この表現に使われる典型的な形容詞は決まっているのである。ここで、「the＋形容詞」表現で頻繁に使われる形容詞の種類をまとめてみると、次のようになるのではないだろうか。

老若・善悪・健康状態（ハンディキャップ）・知性・生活状況などを表す形容詞（相当語句）

それもよく見てみると、年齢といっても、若いか年寄りかとか、ある尺度の基準の両極にある人を指す形容詞ばかりだ。つまり中間段階を指すような形容詞は普通使われない。すなわち「判断する尺度がはっきりしていて有標の意味を持つ形容詞」が好んで使われるようである。

考察のポイント② ［意味的な特徴の把握］

使われる典型的な形容詞を意味的な基準で分類。特にここでは［+gradable］という意味素性を使った。

3．文法的・語法的特性

それではこの表現の文法的・語法的特徴と制約を見て行くことにする。まず、Swan（1984）が「informal speech では the old, the young

5．語法現象の背景にあるもの

などの代わりにold people, young peopleを使う」と述べているように、この表現は形式ばった表現であると言える。これは形容詞相当語句がきても同じである。

次に、この表現を(1)人を表す場合、(2)国民を表す場合、(3)物・抽象概念を表す場合というふうに、3つの場合に分け、それぞれの特徴などを探ることにする。

考察のポイント③[スピーチレベルと被修飾語の特徴]
　その表現が使われるのが堅苦しい場面か、くだけた場面かを特定することが語法を調べる場合には重要。また、被修飾語の意味的特徴も [±animate] という意味素性を考えて分析することも重要。

3．1．人を表す場合
　この場合は普通、ある属性を持った人の集合やある状況に置かれた人の集合を表し、複数名詞に相当し、総称的に用いられる。

(a) The streets were filled with *the unemployed* and *the hungry*, and there were mass demonstrations and street fighting. —— Sidney Sheldon, *Master of the Game*, p. 22.

(b) A few years ago emergency units treated only *the seriously ill or injured*. —— Setzler *et al.*, *Working in an American Hospital*, p.42.

(c) 'My dear man,' said Linda. 'Don't play *the innocent* ….' —— Agatha Christie, *The Adventure of the Christmas Pudding*, p. 84.

(d) The Wellington Arms was a small, elegant hotel on Park Avenue that catered to *the rich and famous*. —— Sidney Sheldon, *If Tomorrow Comes*, p. 169.

(e) He was the Lord's right arm, his scourge, punishing *the wicked*.

Ⅰ. 英語語法学という考え方

>   ── Sidney Sheldon, *If Tomorrow Comes*, p. 396.
> (f) There was one credo she lived by: She was careful never to hurt *the innocent*. ── Sidney Sheldon, *If Tomorrow Comes*, p. 255.
>
> 　用例から分かるように、形容詞だけでなく形容詞相当語句も使われるのだが、どんな形容詞でも使えるというわけではない。以下、使われる形容詞の制約を見て行くことにする。
> 　まず、*the eager、*the fond ── Chalker のように、叙述用法のみの形容詞は使われない。これは、大石（1971）などで、考察が行われているように、「the ＋ 形容詞」の表現は、「the ＋ 形容詞 ＋ 名詞」という構造から派生されると考えられるからである。使われる形容詞は限定用法が可能な形容詞に限られる。

考察のポイント④［制約を見てその原因を文法的特徴から探る］
　使用に際しての制約はないかを容認度という観点から考察。また、その原因を探るために、形容詞の用法の文法的な基準「叙述用法（attributive）」「限定用法（predicative）」を使用。

> 　また、純粋な名詞ではないので、*the poor's problems ── Swan (1984) のように、所有格として 's が付けられない。そのかわりに、the problems of the poor や poor people's problems という表現が使われる。この表現は、通例、複数扱いなので、一人だけをさす場合には名詞の man、person を付ける：the rich man, the poor man, the handicapped person ── Allsop
> 　そして*the taller、*the tallest のように、形容詞の比較級・最上級は複数の人を表す場合には使えない。また、対句的に使われる場合には定冠詞が省略されることがある：*Old and young* should help each

other. ── Chalker

　一般に、この表現は総称的な読みしかない表現なので、ある特定の人の集合を表すには、形容詞の後に特定化するための名詞を付けることになる。

(g) These seats are for *the disabled*.
(h) *The disabled members* of our party were let in free.
(i) *The French* like to eat will.
(j) *The French tourists* complained about the food. ── Thomson & Martinet

考察のポイント⑤ [品詞の転用と語法上の制約]
　品詞が転用された場合に、転用後の品詞の持つ特徴をすべて持っていない場合がよくあるので、その観点から考察すべきである。

考察のポイント⑥ [対句的使用と冠詞]
　ある表現が対句的に使われる場合には冠詞の省略が起こる事が多い。その場合には、一般的な語法現象の例外の現象が見られる。

3.2. 国を表す場合
　国を表す形容詞と定冠詞が一緒に使われた場合は、普通、複数名詞に相当する。

(a) the Dutch, the Spanish, the Welsh ── Thomson & Martinet
(b) British, Irish, Welsh, English, Scottish, Spanish, Dutch, French ── Swan (1980)
(c) *The French* are said to be good cooks. ── CULD
(d) *The English* like to be with their families. ── Close

Ⅰ. 英語語法学という考え方

例からも分かるように、語尾が-ch、-shで終わる形容詞がよく使われ、通例複数扱いになり、一般的には、*a British, *an Irish —— Swan (1980) のように、単数を表すことはまれである。

その理由は、特定の人を指すための別の名詞表現があるからだと思われる。つまり、次のように総称的な意味を表すときには「the＋形容詞」表現を使うが、特定の物を表すときには、対応する別の名詞表現がある場合にはそちらのほうを用いるからであろう。

(e) The British are ....
(f) A Briton is ....
(g) Two Britons are ....

以下に、対応する名詞のあるものを Close (1975) からあげておくことにする。

the British → two Britons
the Welsh → two Welshmen
the Irish → two Irishmen
the Scottish/Scots → two Scotsmen
the French → two Frenchmen
the Dutch → two Duchmen

ただし、特定の一人を指すこともまれにはある。Thomson & Martinet (1986) は、－se、－ss で終わる国を表す the Burmese, the Chinese, the Japanese, the Swiss のような形容詞は単数の意味を持つ可能性があると述べている。その理由は、Japanese, Chinese のような形容詞が、別の形の名詞を持たないということであろう。

5．語法現象の背景にあるもの

考察のポイント⑦　[同意の類似表現の確認]
　同意の類似表現があるかどうかということが語法現象を決定づけることが多いので、同意の類似表現には注目しておくべきだ。

3．3．抽象概念を表す場合

　「the＋形容詞」の表現で抽象概念を表すこともある。その場合の形容詞（分詞も含む）も、Close (1975) で述べているように、ごく少数の形容詞に限られているようである。この場合は以下の例からも分かるように、単数扱いである。

(a) *The beautiful* is not always the same as the good. ── Swan (1980)

(b) *The unthinkable* has happened. ── Chalker

(c) Are you interested in *the occult*? ── Chalker

(d) She admires the mystical. ── Quirk *et al.* (1985)

(e) *The unexpected/unknown* (=what is unexpected / unknown) is bound to happen / usually feared. ── Close

(f) Tracy was lead down a long white corridor into a large, sterile, empty room, and suddenly she realized that room was not empty. It was filled with *the dead. Her dead.* ── Sidney Sheldon, *If Tomorrow Comes*, p. 21

(g) The past was going to bury *its dead* and the future was bright and golden. ── Sidney Sheldon, *The Naked Face*, p.11

　例文からも分かるように、抽象概念や物の性質を表し、特に哲学的な文章では抽象的な考えを表す。しかしながら、この場合も曖昧さを残していて、抽象概念と具体的な事物を表すことができるのである。

95

(h) He expects me to do *the impossible* (=things that are impossible).
— *CULD*

この文の言い替えで分かるように、複数の具体的なものを指して集合名詞的にも使われることもある。

4．単数扱いと複数扱い

一般的に言って、「the＋形容詞」は「the＋名詞」の総称表現に似ている。違う点は複数扱いということになる。

「the＋名詞」の場合は、総称の場合と特定化された場合を統語的に区別するのは難しいが、「the＋形容詞」の場合は、総称的な場合には複数扱いで、特定化された場合は単数扱いされる。ただし、抽象概念の場合は単数扱いである。

それでは、単数扱いの例を見てみよう。

(a) the accused, the unexpected —— Thomson & Martinet
(b) the brave, the intellectual —— Webster's International
(c) the deceased=the dead person (singular) —— Chalker
(d) It was as though he were celebrating some terrible black mass for *the dead*, letting his grief take possession of him and tear him apart, lacerating and shivering him in some ancient ritual over which he had no control. —— Sidney Sheldon, *The Naked Face*, p.143

考察のポイント⑧ ［解釈の条件の確認］

語法現象を扱う時には解釈を左右する条件をきちんと把握する事が非常に重要である。

ここで問題になるのは、抽象概念を表すものではなく、人を表す名詞の場合である。

　人を表す場合は総称的に複数で用いられるのが普通なのだが、特定の一人を表す場合もある。例えば、Chalker（1984）が述べているように、the accused は単数としても複数としても使われる。また、Swan（1980）は裁判のことについて話すときに、the accused はよく the accused person/people の代わりに使われると述べている。このことでも分かるように、単数扱いされるのは、ある限られた状況に置かれた場合だけである。

　大塚（1970）は、単数の普通名詞に相当し、人を表す用法は今日では限られているとして次の例をあげている。

the dead, the living, the slain, my beloved's, the deceased's, the former's, the latter's

考察のポイント⑨ ［2通りの解釈ができる場合］

　ある表現が2通りに解釈できる場合には、その解釈を可能にしている要素を詳しく見て行く事が必要で、一般的な解釈と特殊な解釈に分かれる事が多い。特殊な解釈を可能にしている要因を探る事が、語法現象をうまく説明するカギになっている。

　また、Chalker（1984）も the deceased（＝dead person）は単数を表すとしている。
　ここで、まず分かることは、所有格を表す's は「the ＋形容詞」表現では用いられないということを上で見たのだが、ここでは容認可能だということが分かる。しかし、これは複数としてではなく、単数の意味の時に限られるようである。

I. 英語語法学という考え方

> *the rich's estate
> *the poor's problem
> the accused's identity
> the deceased's birth
>
> 次に、ネイティブ・チェックをして単数と複数の両方で使われるとわかったものをあげておく。
>
> the accused, the intellectual, the deceased, the innocent, the neutral, the savage, the injured

考察のポイント⑩ [ネイティブ・チェック]

細かい差異を見つける場合に役立つのがネイティブ・チェックだ。特に、あまり文法書などで扱われていない現象や解釈に積極的に活用すべきである。

> ここで考えなければならないのは、the aged, the rich, the poor, the handicapped, the sick, the tall, the short などは通例複数でしか使われないのに、the dead は特定の人をさして、単数として使われる場合が多い。これは、現実の世界で起こる可能性が関与しているのであろうと思われる。普通の場合、特定の死亡者のことを話題にすることはありうるが、特定の生存者を話題にするのは大惨事の時ぐらいであまり普通ではない。
>
> つまり、ある事を話題にする場合、総称的に述べるのが普通か、それとも特定の一人を指して述べるのが普通かということが、この表現の解釈に密接な関わりを持っていると考えられる。
>
> だから、総称的にも特定的にも話題にするのが普通であるという the first, the last と最上級は、前後関係で複数にも単数にも受け取られるのである。

考察のポイント⑪ ［現実世界の出来事と表現の解釈］

　現実の世界で起こる可能性の有無が表現の解釈を左右している事が多い。ある事を話題にする場合、総称的に述べるのが普通か、それとも特定の一人を指して述べるのが普通かということがここでは重要な観点である。

5．名詞性と形容詞性

　この表現は形容詞の名詞用法だと考えられているが、表現によって名詞性に程度の違いがある。つまり、名詞と形容詞の中間段階にあるといえるが、形容詞寄りのものと名詞寄りのものとがある。

　この表現で使われる形容詞は名詞化してしまって完全に名詞かといえばそうではなく、形容詞的性格を非常に残しているので、次の用例のように、現在分詞、副詞を修飾語として付加できる。

(a) the really poor / the supremely beautiful
(b) A few years ago emergency units treated only *the seriously ill or injured.* —— Setzler *et al., Working in an American Hospital*, p.42

しかしながら、純粋の形容詞ではないので、形容詞の比較級・最上級を使って、*the taller, *the tallest というような表現で複数の人々を表すことはできない。もちろんのことながら、特定の一人を指す場合は可能である。

　一方、次のように名詞性が強くて、形容詞、現在分詞で修飾される場合もある。

(c) *The industrial Dutch* are admired by their neighbours. —— Quirk *et al.* (1985)
(d) Five feet ten inches, with thinning sandy hair, brown eyes, an

> earnest, pedantic manner, he was, Tracy thought, one of *the boring rich*. — Sidney Sheldon, *If Tomorrow Comes*, p.9.

考察のポイント⑫ [品詞の転用ともとの品詞の特徴の残存]

品詞の転用が起こった場合に、もとの品詞の特徴を残している場合が多い。このポイントから統語的側面の考察が重要になってくる。

> このような、「the＋形容詞」表現の形容詞と名詞の間の性格は容認度に影響を与えている。
> 　例えば、*the foreign — Swan（1980）という表現は不可ということだが、the foreign が使われないのは、これに相当する名詞の foreigners という表現があるからだと思われる。つまり、名詞性は持つが本当の名詞ではないので、the＋形容詞に対応する意味を持つ名詞がある場合には、そちらの名詞の方が慣用的に使われて、「the＋形容詞」表現は使われない。
> 　また上でも見たように、総称的な「the＋形容詞」表現は名詞性を持つが純粋な名詞ではないので、's をつけて所有格は作れない。

考察のポイント⑬ [品詞の転用と語法上の衝突現象]

品詞の転用が起こると、ある品詞でありながら別の品詞の働きを持つ。その意味合いを表す別の品詞が存在する場合に、語法上の衝突現象を避けるための力と、体系を崩さないようにする力が加わってお互いにぶつかり合って語法現象を決定しているようである。

> 　Chalker（1984）では、対応する名詞がある形容詞（black, bankrupt, innocent, national, neutral, savage etc.）と対応する名詞がないもの（aged, poor, sick etc.）には用法に違いがあるとしている。
> 　例えば、savage のように、対応する名詞としての用法があるもの

は単数形と複数形が可能になり、a/the savage、(the) savages という表現が可能で、そのため複数の解釈を持つ the savage は普通使われないということだ。

考察のポイント⑭　［品詞転換が起こった場合の対応する語の有無］
　品詞転換が起こった場合に対応する語があるかないかで、用法の違いが出て来る可能性がある。

　　　しかし、色の形容詞の中で、人種を表すような black と white は「the ＋形容詞」表現が可能だし、同時に名詞の用法があるので、同じことが名詞でも表現される。

　　（e）the black, the white
　　（f）the blacks, the whites ── Thomson & Martinet

　　これは、色を表す他の形容詞に名詞用法が無いため、「the ＋形容詞」で複数解釈が行われるため、いくら black, white に名詞の用法があろうとも、一般化の力が働いて、black, white にもその用法が残っているものと思われる。

考察のポイント⑮　［個別の語の用法と体系的な視点］
　ある個別の語の用法を見ていると体系的に見る観点を失いがちであるが、語法現象をとらえる場合には、非常に重要なポイントになる。

　6．問題点
　　ネイティブ・チェックをして分かったことだが、ほとんどの形容詞が「the ＋形容詞」の型で使用可能である。つまり意味上可能である。しかし、普通よく使われる形容詞は限られていて、上で見てきたよう

な形容詞である。また、このネイティブ・チェックを裏付けるように、Chalker (1984) には Given the right context some improbable adjectives are possible. とある。これこそが、「the ＋形容詞」の用法の本質的なものではないだろうか。

　日本語でも「病人」という慣用的な熟語があるものと、「背の高い人々」というふうに熟語で表現できないものとがあるように、英語での「the ＋形容詞」表現は名詞が確立されていないが、まとまった人々のことを表す「背の高い人々」にあたる表現だといえる。

　この、名詞表現が確立しているかいないかは、各言語で差があるので、日本語と英語においても違いが見られる。例えば、ネイティブ・チェックをしてみると、叙述用法のみの形容詞は、もちろんのことながら容認されない。

　*the eager, *the fond, *the alone, *the glad, *the afraid, ?the kind

しかし、限定用法を持つ形容詞でも次のような表現は容認度が落ちる。

　?the honest, ?the sincere, ?the happy, ?the graceful, *the foreign, *the disgusting

考察のポイント⑯［確立表現と非確立表現］
　日本語と同じように英語でもその表現が確立されたものかどうかで容認度に差が生じる。

　すでに*the foreign に関しては、対応する別の名詞表現 foreigners があるためだろうということを述べたが、他の*と?の付いた表現に関しては、客観的基準がはっきりしていない形容詞なので、それをひと

まとまりの集合体で表すことはされないのではなかろうか。

また、よくあげられる the ill と the sick についてネイティブ・チェックをした結果、両方とも容認可能であった[(2)]。そして、大塚（1970）が gift と間違えやすいから容認されないと説明している *the present も容認可能だということであった。

以上のように、この表現の容認度は慣用に左右されていて、時代と共に変化しているようである。この表現の容認度に関してはもう少し考察の余地があろう。

考察のポイント⑰［現実の用法の把握］

語法現象を取り扱うにあたって、完全に説明しきる事は不可能に近い。しかしながら、それに近づくために色々なファクターの確認と現実の用法の把握が重要になってくる。

7．まとめ

本質的には、この「the ＋形容詞」という表現はフォーマルな表現であり、ある一定の決まった形容詞しか使用されない。しかし、その使用に関しては、適切な文脈を与えさえすれば、かなり広範囲の形容詞が使用可能であることがネイティブ・チェックから分かった。しかしながら、同時に制約もかなり存在する。その裏には、形容詞でありながら、名詞の働きを持つために、その同等の意味を表す名詞が存在する場合に、語法上の衝突現象を避けるための力と体系を崩さないようにする力が加わって、お互いにぶつかり合って語法現象を決定しているように思われる。また、総称的解釈と特定的解釈は、その使われる対象物によって、経験的、文脈的に決定される。

以上が、奥田（1988）の論文と語法現象をとらえるために用いた考察基準である。「英語語法研究」を「英語語法学」にするためには、このような「考察

Ⅰ. 英語語法学という考え方

基準」をきちんと整理し、色々な語法現象を考察する場合に活用して行く事が重要になってくると思われる。ここで取り上げた「考察基準」は、まだまだ暫定的なもので、将来的には語法研究者がより完全なものを共同で作成することが必要であろう。

注

(0) この章は、奥田（1988）に考察のポイントなどを加筆したものである。 出典を記していない例文は、すべて Michael Gilmartin 氏にチェックしていただいたものである。
(1)「the ＋形容詞」が事物の部分を表す場合もあるが、その場合は「the ＋形容詞＋ of…」という特別な形となるためここでは扱わないことにする。
(2) このことに関しては、現代英語で用法が変わりつつあることが報告されている。一般的に、the sick は正しいが *the ill は間違いだといわれてきた。これは、the ill の方が大まかな概念を表しているため、曖昧さがあり、避けられるためではないだろうか。また、the injured, the ill, …というふうに列挙される場合はおかしくないのは、対照がはっきりするからであろう。

II．事例研究

　以下では、Iで取り上げた「英語語法学」という観点を多少とも取り入れて分析した私の今までの論文に、このような分析方法もあるという事を示すために新たに書き下ろしたものを付け加えた。どれも、今までの語法研究が陥りやすい「局所的な結論を出す」のではなく、「他の語法現象に対しても適用できる」という観点を取り入れた結論を下す事を心がけたものである。
　なお、古い論文もあり実情にそぐわなくなった部分は書き改めたが、大部分は書かれた当時の用例などをそのまま使用している。また、Iで取り上げた観点からの分析を全部適用しようとすると、すべて最初から書き改めなければならなくなるので、ここでは修正は最小限にとどめた。これらの論文で取り上げた分析方法や観点が、将来の語法現象の解明にいくらかでも貢献できれば幸いである。

1．形容詞の位置と語法学

　一般に、形容詞と言うと、叙述用法と限定用法、つまり This rose is *red*. と This is a *red* rose. のような2つの red の用法が話題になり、形容詞を(1)叙述用法・限定用法の両方に用いることのできるもの、(2)叙述用法のみにしか用いられないもの、(3)限定用法のみにしか用いられないものの3種類に分類することがなされてきた。

　ところが形容詞には、この他に available のように名詞の後ろに置かれ、名詞を修飾するようなものもある。そこでこの章では、*available* books のようなものを前置用法、books *available* のようなものを後置用法と呼ぶことにする。

　この後置用法の形容詞は限られているのだが、補助部（complement）をとる形容詞の場合には、補助部と分離して前置用法が使えないようなものがある。

(1) 　a．*He is a proud man of his children.
　　　b．He is a man proud of his children.

　そこでこの章では、補助部を取る形容詞を中心に取り上げ、その補助部が(1)that 節、(2)動名詞句、(3)不定詞句、(4)前置詞句のどれであるかによって分類し、前置用法が可能かどうかを探ろうとするものである。

1．that 節を取る形容詞

　that 節を補助部に取る形容詞には、aware, anxious, afraid, sorry, glad, careful, sure, delighted, surprised, astonished, disappointed などがある。例文を見てみよう。

(2) 　a．I am sure that you'll like it.

Ⅱ．事例研究

   b．*I am a sure man that you'll like it.

   c．*I am a man sure that you'll like it.

(3) a． I am happy that you wrote to me.

   b．*I am a happy man that you wrote to me.

   c．*I am a man happy that you wrote to me.

(4) a． I am glad that you came.

   b．*I am a glad man that you came.

   c．*I am a man glad that you came.

つまり、that 節を補助部に取る場合は、前置用法には用いることができないのである。また(2c)(3c)(4c)のように、いわゆる wh-deletion[2]（または、whiz-deletion）が適用された文も許容されないのも注目すべきであろう。

 それではなぜ that 節を取る形容詞は、前置できないのであろうか。1つ考えられるのは、afraid のように限定用法で用いられないからという理由である。もう1つは、sure や sorry などのように叙述・限定の両用法で用いられるが、叙述用法と限定用法で意味が違っていて、that 節を取るのは叙述用法の意味の時だけであるという理由である。

2．動名詞句を取る形容詞

 この動名詞句を取る形容詞は、busy と worth がある。例文を見てみよう。

(5) a． He is busy reading the book.

   b．*He is the busy man reading the book.[3]

   c． He is the man busy reading the book.

(6) a． This book is worth reading.

   b．*This is a worth book reading.

   c． This is a book worth reading.

これらの形容詞も that 節を取る形容詞と同じように前置はできない。しかし、(5c)(6c)のように後置の場合には OK になるようだ。

(5b)(6b)がダメな理由は、worth の場合は限定用法で用いられないということで処理できる。busy の方は、叙述・限定の両用法があるが、これも that 節を取る形容詞と同じように、限定用法と叙述用法で意味が違うということで処理できるであろう。つまり、叙述用法では「一時的に忙しい」という意味で、限定用法では「いつも忙しい」という意味になり reading the book というような一時的なものとは相容れないのである。

3．不定詞句を取る形容詞

不定詞句を取る形容詞には easy, eager, difficult, hard, safe, dangerous, pleasant, painful, impossible, exciting, thrilling, interesting, sorry, curious, able, anxious, silly, clever など色々なものがある。例を見てみよう。

(7) a． He is happy to be here.
　　b． *He is a happy man to be here.
　　c． He is a man happy to be here.
(8) a． He is eager to see the play.
　　b． *He is an eager man to see the play.
　　c． He is a man eager to see the play.
(9) a． He is glad to go there.
　　b． *He is a glad man to go there.
　　c． He is a man glad to there.
(10) a． I am sorry to hear that.
　　 b． *I am a sorry man to hear that.
　　 c． I am a man sorry to hear that.
(11) a． He is able to do it.
　　 b． *He is an able man to do it.

Ⅱ. 事例研究

　　　　c． He is a man able to do it.

ここまで見てくると、不定詞を取る形容詞もまた、前置用法では用いられないように思われる。しかし、次の例を見ていただきたい。

　(12)　a． This style is impossible to imitate.
　　　　b． This is an impossible style to imitate.
　　　　c． This is a style impossible to imitate.
　(13)　a． This problem is easy to solve.
　　　　b． This is an easy problem to solve.
　　　　c． This is a problem easy to solve.

この(12b)(13b)を見るとわかるように、不定詞句を取る形容詞には、前置できるものとできないものがある。では、どのような時に前置でき、どのような時に前置できないのであろうか。

　ここで(8a)と(13a)を見ると気がつくと思うのだが、形容詞 eager と easy が用いられている。つまりあの変形生成文法の初期の例文を思い出すであろう。

　(14)　a． John is eager to please.
　　　　b． John is easy to please.

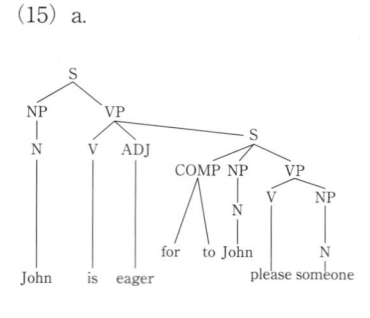

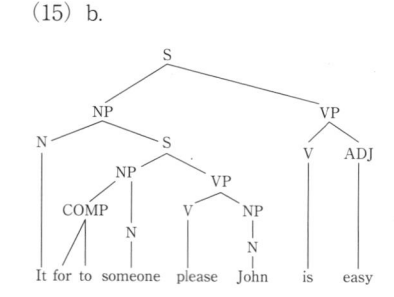

(15) a.　　　　　　　　　　　　(15) b.

― 108 ―

変形生成文法では、この(14a)(14b)の構造の違いを(15a)(15b)のような深層構造を用いて説明した。

(15a)が(14a)と(15b)が(14b)と対応するのだが、(12b)(13b)の構造の時だけ前置が可能になるのである。もっと簡単に言うと、(14a)(14b)のような構造をとる形容詞において主語が動詞の意味上の主語になっている場合は前置できないが、主語が動詞の意味上の目的語になっている場合には前置が可能である。

つまりＳ＋be＋形＋名詞＋to do の型の場合Ｓは、to do の意味上の目的語になるので、Ｓ＋be＋形＋to do の型の時にＳが to do の意味上の主語になるような構造をとる形容詞は前置できないのである。

4．前置詞句を取る場合

前置詞句を取る形容詞には、angry, anxious, afraid, proud, ashamed, ignorant, envious, successful, famous, busy, fond, interested などがある。例文を見てみよう。

(16) a． He is responsible for the accident.
　　 b． *He is a responsible man for the accident.
　　 c． He is a man responsible for the accident.
(17) a． He was successful in the examination.
　　 b． *He was a successful man in the examination.
　　 c． He was a man successful in the examination.
(18) a． She is ignorant of what they intend to do.
　　 b． *She is an ignorant girl of what they intend to do.
　　 c． She is a girl ignorant of what they intend to do.
(19) a． She is fond of flowers.
　　 b． *She is a fond girl of flowers.
　　 c． She is a girl fond of flowers.

Ⅱ. 事例研究

(20) a． He is famous for his ability.
　　 b． *He is a famous man for his ability.[4]
　　 c． He is a man famous for his ability.
(21) a． He is proud of his children.
　　 b． *He is a proud man of his children.
　　 c． He is a man proud of his children.
(22) a． He is interested in politics.
　　 b． *He is an interested man in politics.
　　 c． He is a man interested in politics.
(23) a． This book is yellow with age.
　　 b． *This is a yellow book with age.
　　 c． This is a book yellow with age.

以上の例から判断すると、前置詞句を取る形容詞は前置することができないように思われる。しかし次の例を見ていただきたい。

(24) a． That rule is similar to this.
　　 b． That is a similar rule to this.
　　 c． That is a rule similar to this.
(25) a． This book is different from what I bought.
　　 b． This is a different book from what I bought.
　　 c． This is a book different from what I bought.

これらの例より、前置されることもあることがわかる。では、どういう場合に前置できるのであろうか。ここで(24)(25)に使われている similar と different という形容詞を考えていただきたい。これらの形容詞は意味的に見てみると、「何かと何かが似ている」とか「何かと何かが異なっている」というふうに比較の意味をもっている[5]。そこで形容詞の比較の文を考えていただきたい。例

110

えば、

(26)　a．This is a more difficult book than that.
　　　b．This is a book more difficult than that.

のように形容詞の比較の場合は、形容詞を前置しても後置してもいいのである。このために、(24)(25)では、similar や different が比較の意味を内在的にもっているため、前置・後置の両方が可能であると言えるのである。これで、形容詞が内在的に比較の意味を持つ時を除いて、前置詞句を取る形容詞は前置することはできないと言えそうである。ところがこれでも説明できない例がある。次のような例だ。

(27)　a．This is crucial to me.
　　　b．This is a crucial thing to me.
　　　c．This is a thing crucial to me.

安井他『形容詞』(p. 102) では、これを説明するのに(27)の to me 以下の前置詞は「形容詞の補助部ではなく文修飾要素である」と、わかったようなわからないような説明を加えている。そして、to me は、補助部でない証拠に前置できるとして次のような例文をあげている（容認度の判断と例文の番号は原文のまま）。

[75]　＊Of his children he is proud.
　　　＊With age this book is yellow.
　　　?＊In politics he is interested.
　　　?＊Of flowers she is fond.
　　　?＊In the face he is blue.
[76]　In money matters he is prudent.

Ⅱ. 事例研究

> To me this is crucial.
> For me he is important.
> For me he is an important man.

これでうまくいっているように見えるが、インフォーマントを使って反応を見てみると、(27b)は OK にしているのに[76]のような、To me this is crucial をダメにしたり、最後の2つの For me の文に？や＊をつけたりした人がいた。

つまり、[75][76]のようないわゆる Yiddish-movement rule を適用したような文によって、形容詞の補助部となっているかどうかを判断することには無理があるようである。

たしかに crucial to me の場合 crucial と to me は切れているようである。特に前置詞が to の場合と for の場合には、「～にとって」という意味を持つので、その意味の時には構造的な切れ目を持ち、前置用法が可能になるようである。

以上のように見てもまだ説明できない例がある。次のようなものである。

(28) a. He is busy with his work.
　　 b. He is a busy man with his work.
　　 c. He is a man busy with his work.
(29) a. He is busy with his homework.
　　 b. ?He is a busy man with his homework.
　　 c. He is a man busy with his homework.

この反応はインフォーマントによって少しバラつきが見られるが、だいたい上のようなものである。また、

(30) a. He is kind to anyone.
　　 b. ?He is a kind boy to anyone.
　　 c. He is a boy kind to anyone.

(31) a． He is kind to me.
　　 b． ??He is a kind boy to me.
　　 c． He is a boy kind to me.

のような違いも見られる。
　これを説明するためにBolinger（1967）の次の例を見てみよう。

(32) a． the visible stars
　　 b． the stars visible
(33) a． the only navigable river
　　 b． the only river navigable[6]

つまり、(32a)は「いつも見える星」で、(32b)は「一時的に見えている星」であり、(33a)は「本来的に航行可能な川」であり、(33b)は「水かさが増して一時的に航行可能な川」をさしているのだという。そして、前置の場合には名詞の内在的・永続的性質を表わし、後置の場合には一時的な状態を表わすというのである。
　このために、一時的な時を表わすnowという副詞を伴うと次のようになる。

(34) a． *the room dark
　　 b． *the now dark room
　　 c． the room now dark
(35) a． *an author famous
　　 b． *a now famous author
　　 c． an author now famous

　以上でわかるように、形容詞が前置されると内在的・永続的性質を表わすのである。また、後置の場合は一時的な状態を表わすのであるが、一時的な時を

113

II. 事例研究

表わすような語句がくると、普通なら前置される形容詞が後置されるということを見た。

そこで考えられるのが、前置詞句というのを上でいう「一時的な時を表わす語句」と考えてみるという方法である。つまり上で見たように前置詞句が「一時的な事柄」を表わす場合には後置用法のみでしか用いられなく、「永続的な事柄」を表わす場合には前置も可能であるという考え方である。

しかしこの考え方では、(28)(29)の例が説明できない。そこで次のように考えてみることにする。

S＋be＋形＋名＋前＋名という構造において、S＋be＋形＋名と前＋名とに分割して、前半の形容詞＋名詞と後半の前置詞＋名詞との間の意味関係を取り上げ、意味的に衝突（conflict）をおこさなければ前置可能で、衝突を起こせば前置不可能であるという考え方である。

つまり、(28b)(29b)を考えてみると、a busy man という結びつきは、Bolinger の言うように、man の内在的・永続的性質を表わしている。ところが、with his work と with his homework を取り上げてみると、with his work は意味的に busy man と相容れるが、with his homework の方は、意味的に衝突をおこしてしまう。集合を使って図示すると、(36)のようになる。

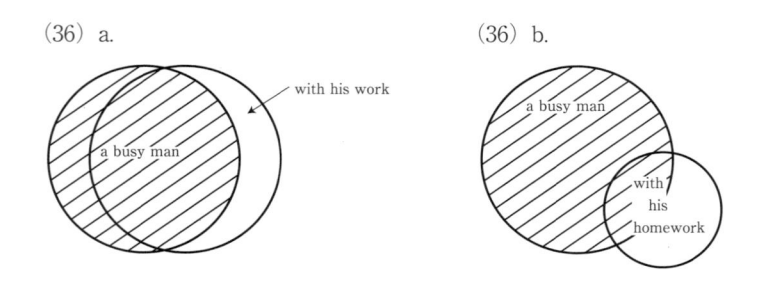

(36) a.　　　　　　　　　(36) b.

また同じようにa kind boy をとりあげてみると、「誰にも親切な少年」ということになるのだが、to me と to anyone では、to anyone の方は意味的に衝突をおこさないが、to me は「誰にも」といっていながら特別に「私には」と続

けているのでおかしくなる。これも図示すると次のようになる。

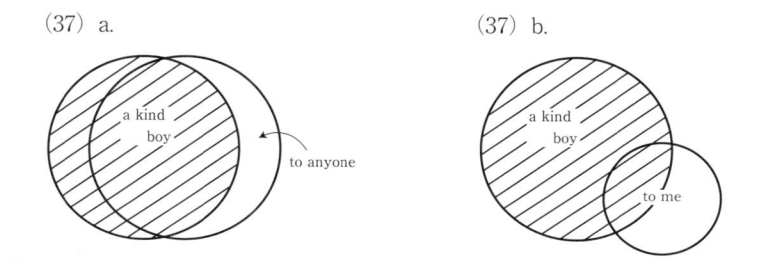

(37) a. (37) b.

この考えでいくと次の例もうまく説明できる。

(38) a． This book is familiar to me.
　　 b． ?This is a familiar book to me.
　　 c． This is a book familiar to me.

5．まとめ
以上のように見てきたものをまとめて表に示すと次のようになる。

	前　置	後　置
that 節	×	×
―ing	×	○
to 不定詞	△ (→ syntax)	○
前置詞	△ (→ semantics)	○

つまり、that 節を取る形容詞は前置も後置も不可能であり、―ing を取る形容詞は後置が可能だが前置は不可である。これらは一義的に決まる。to 不定詞の場合には後置は可能だが、前置が可能かどうかは easy-type の形容詞か eager-type の形容詞かによって決定される。
　また前置詞を取る場合の前置が OK かダメかの判断は、意味の衝突があるか

II. 事例研究

どうかにより下すことができる(ただし形容詞が比較の意を持っている場合は、これに関係なく前置が可能)。これは、拡げて考えればthat節や動名詞句を取る場合にもあてはまるのであるが、簡単にsyntaxで処理できるので考えなくてよいであろう。

このやり方でほとんどの資料は説明がつくが、ネイティブ・スピーカーの間でも前置詞をとる形容詞に関しては、容認度にかなりのバラつきが見られるので、そのバラつきの要因を探るのが今後の課題である。

注
(0) この章は、奥田 (1981)「形容詞の前置と後置」に加筆修正を施したものである。
(1) この章の中で用いた例文は、論文から取ったり私個人が作成したりしたものだが、Peter Trudgill 教授夫妻を含む合計6人のネイティブ・スピーカーにチェックしていただいたものである。
(2) Lakoff (1970) で用いられた用語で、whiz-deletion とも言い、the tall boy を the boy who is tall という深層構造から導く際に適用される規則で関係代名詞 + be 動詞の省略のことである。その後に Adjective-shift という規則により the tall boy を導き出すのである。
(3) ただし、a と同じ意味でなく、「彼は忙しい男で、今本を読むのに忙しい」という意味ならば OK ということであった。
(4) ただし、for の意味が「～にしては」という意で、「彼は能力の割には有名だ」というのであれば OK である。
(5) このためにアメリカ英語 (最近ではイギリス英語でも) では、different than という形が用いられるようになってきている。
(6) これらの英文をネイティブ・スピーカーに見せても、注意深い人しかこの細かい差は指摘しないようである。

2．アメリカ英語とイギリス英語の違いの調査の一方法

　アメリカ英語とイギリス英語の違いは、これまで Brown と LOB コーパスを使って行われてきた。また最近ではFrownとFLOBというコーパスが生まれ、これを使って違いの研究がなされたりしている。しかし、この手法には問題がある。何かと言うと、different に続く前置詞をアメリカ英語とイギリス英語で比較するというような連語関係を調べるという場合には有効だが、アメリカ英語で使われる特定語に対するイギリス英語の語は何かを調べるというのは無理だからである。

　そこで、この章ではアメリカ英語とイギリス英語の違いを調べる有効的な方法を示してみたい。それは、1つの作品のアメリカ版とイギリス版の違いを比べるという手法である。ここでは、典型的な例として *Harry Potter* の例を取り上げてみる。Amberg & Vause（2009）*American English*, p.22によると、

An example of the differences between American English and other varieties of English can be seen in the popular Harry Potter series. You may not know that these volumes have been "translated" for their American audience: <u>Author J. K. Lawling worked with her editors to rid the books of British words and British grammar usage that would be unfamiliar to American readers</u>. For example, in the United States, the first book is known as *Harry Potter and the Sorcerer's Stone*, while in Britain the title is *Harry Potter and the Philosopher's Stone*. The American version of Harry eats bags of chips and candy, rather than the British packets of crisps and sweets.

Ⅱ. 事例研究

となっている。下線部で述べられているように、著者の J. K. Lawling は編集者たちと一緒に、イギリス英語の語彙や文法・語法をアメリカ英語に「翻訳」したというのである。以下では、ハリー・ポッターシリーズの第一巻を比較した結果を考察する。まず、第一巻はオリジナルのタイトルが *Harry Potter and the Philosopher's Stone* であるが、アメリカ版の方は *Harry Potter and the Sorcerer's Stone* というふうに代えられているのは広く知られているが、本文にもかなり変更が加えられている。以下、語彙と文法・語法の観点を中心に見て行きたいと思う。

1．比較の注目点について

例えば、次のようにアメリカ版では work の後にカンマが入っているが、このような句読法の変更はここでは無視する事にする。注目するのは、high chair と2語で示しているか、highchair と1語扱いにしているかのような違いや、語彙、文法・語法の変更である。

(1) Mr Dursley hummed as he picked out his most boring tie for **work** and Mrs Dursley gossiped away happily as she wrestled a screaming Dudley into his ***highchair***.（イギリス版オリジナル）

(2) Mr. Dursley hummed as he picked out his most boring tie for **work**, and Mrs. Dursley gossiped away happily as she wrestled a screaming Dudley into his ***high chair***.（アメリカ版）

また、(4)のようにイギリス版(3)にさらに説明を加えて分かり易くしている例も取り扱わない事にする。

(3) The rock cakes almost broke their teeth, ...（イギリス版オリジナル）

(4) The rock cakes were shapeless lumps with raisins that almost broke their teeth, ...（アメリカ版）

2．綴り字の変更

綴り字の変更をまとめると以下のようになる。この事は今までも指摘されてきているので大きな発見はない。

(1) -our → -or：behaviour → behavior, harbour → harbor, humour → humor, honour → honor, favoured → favored, armour → armor, vapour → vapor

(2) -re → -er：centre → center

(3) -s- → -z-：realise → realize, cosy → cozy, criticising → criticizing

(4) -ll- → -l-：dialling → dialing, snivelled → sniveled

(5) -se → -ce：practise → practice

(6) -s → -：towards → toward, afterwards → afterward, skywards → skyward

(7) その他：furore → furor, moustache → mustache, grey → gray, mouldy → moldy, Hallowe'en → Halloween, draughty → drafty, pyjamas → pajamas, mummy → mommy, OK → okay, Mum → Mom, Mam → Mom, Hullo → Hello, a *ploughed* field → a *plowed* field

2．1つの語として扱うかどうか

大まかに見てみると、イギリス英語で2語のものが、アメリカ英語ではハイフン付きの1語やハイフンなしの1語になる。また、ハイフン付きの1語がハイフンなしの1語になったりする。つまり、イギリス英語よりアメリカ英語の方が、複合度合いが強いという事が分かる。

(1) 2語→ハイフンでつながる：face to face → face-to-face, *first year* Gryffindors → *first-year* Gryffindors, wide awake → wide-awake, pitch black → pitch-black, *start of term* banquet → *start-of-term* banquet, scared looking → scared-looking, bye bye → bye-bye, well known → well-known, wilder looking → wilder-looking, half life → half-life, a *talking to* → a *talking-to*, *cock and bull* story → *cock-and-bull* story, *start of term* notices → *start-of-term* notices, nine and three quarters → nine and three-

Ⅱ. 事例研究

quarters

(2) ハイフン付きの1語→1語：lunch-time→lunchtime, get-ups→getups, passers-by→passersby, mid-air→midair, window-sill→windowsill, night-time→nighttime, snake-like→snakelike, waste-paper→wastepaper, zig-zagging→zigzagging, non-stop→nonstop, ear-splitting→earsplitting, home-made→homemade, blood-curdling→bloodcurdling, Window-sill→windowsill, Check-up→checkup, snuff-box→snuffbox, night-time→nighttime, sing-song→singsong, lamp-like→lamplike, wrought-iron→wrought iron, riff-raff→riffraff

(3) 2語→1語：high chair→highchair, Any time→anytime, dinner time→dinnertime, staff room→staffroom, head first→headfirst, any more→anymore, short cut→shortcut, for ever→forever, over head→overhead

ところが、興味深い事に、以下のように、イギリス英語ではハイフン付きの1語がアメリカ英語で2語として使われている例も少なからず見かけられるのである。さらに、イギリス英語で配置が扱いのものが、ハイフン付きの1語や、2語として使われたりする例も見つかった。この現象に関しては、さらなる調査が必要だと思われる。

(4) ハイフン付きの1語→2語：ice-cream→ice cream, living-room→living room, dining-room→dining room, letter-bombs→letter bombs, cart-ride→cart ride, dog-biscuits→dog biscuits, deep-red→deep red, hang-glider→hang glider, silvery-grey→silvery gray, common-room→common room, Rear-Admiral's hat→rear admiral's hat, Chalk-white→Chalk white, opera-lover→opera lover, bright-blue→bright blue, tail-hair→tail hair, tree-stump→tree stump, brilliantly-lit→brilliantly lit, time-wasters→time wasters, half-hidden→half hidden

(5) 1語→ハイフン付きの1語：Overgrown→Over-grown, goodbye→good-bye
  (6) 1語→2語：earwax→Ear wax

3．名詞・語彙の違い

　語彙の違いに関しては、以前から指摘されているものが多いが、英米で同じものを別の名詞・語句で表す事が多いが、以下のリストを見て改めて気づかされる違いも多い。

(1) 建物関係
　(a) the downstairs {*toilet*→*bathroom*}
　(b) a {*lavatory*→*toilet seat*}
(2) 店・施設
　以下で目新しいのは、店を指すのに baker's や baber's のような -'s をつけて表すのは主にイギリス英語で、アメリカ英語では普通の名詞を使うようだ。
　(a) baker's→bakery
　(b) hamburger bars→hamburger restaurants
　(c) the cinema→the movies
　(d) a multi-storey car park→a multi level parking garage
(3) 料理関係／食べ物
　この分野では tea を meal や dinner に書き換えているのが特徴的である。
　(a) After a {*tea*→*meal*} of turkey sandwiches,
　(b) 'Great Uncle Algie came round for {*tea*→*dinner*} and he was hanging me out of an upstairs window by the ankles'
　(c) Harry was just helping himself to a {*jacket potato*→*baked potato*}
　(d) 'Would you care for {*a sherbet lemon*→*a lemon drop*}?'
　(e) He had never had any money for {*sweets*→*candy*} with the Dursleys
　(f) roast potatoes, {*chips*→*fries*}, Yorkshire pudding
　(g) A moment later the {*puddings*→*desserts*} appeared.

Ⅱ. 事例研究

    (h) trifle, strawberries, {*jelly* → *Jell-O*}, rice pudding...

    (i) a cheap lemon ice {*lolly* → *pop*}.

    (j) ... bunches of keys, slug pellets, balls of string, {*mint* → *peppermint*} humbugs, teabags

(4) 衣類

　衣類については、イギリス英語では「セーター」の事を jumper という事が特徴的で、これはオーストラリア英語でも使われる。また、「スニーカー」の事を trainer という事もあまり知られていない事実である。また、「バスローブ」の事をイギリス英語では dressing gown という事もあまり知られていないし、和英辞典には採用されていない。

    (a) *jumper* → *sweater*

    (b) *dressing-gowns* → *bathrobes*

    (c) Ron's were a bit short for him, you could see his {*trainers* → *sneakers*} underneath them.

(5) 学校関係

　この分野では、「ロッカー・ルーム」の事をイギリス英語では changing room という事はあまり知られていないようだ。

    (a) *changing rooms* → *locker room*

    (b) Harry, on the other hand, was going to Stonewall High, the local {*comprehensive* → *public school*}.

    (c) Easily the most boring {*lesson* → *class*} was History of Magic, which was the only one taught by a ghost.

    (d) She had started drawing up {*revision timetables* → *study schedules*} and color-coding all her notes.

    (e) He remembered being picked for teams during {*sports lessons* → *gym*} at his old school.

(6) スポーツ

　イギリスの football は「サッカー」の事を指しているので、アメリカ人に理

2．アメリカ英語とイギリス英語の違いの調査の一方法

解してもらうためには soccer を使うべきで、そのままだと「アメリカンフットボール」だと誤解される。

(a) He handed Harry a small club, a bit like a {rounders→short baseball} bat.

(b) 'It's like — like {football→soccer} in the Muggle world —'

(7) 電化製品など

この分野では、「ビデオカメラ」の事をイギリス英語では cine-camera という事と、「ビデオレコーダー」の事をアメリカ英語では普通 VCR という事は重要であろう。また、「フードプロセッサー」の事をイギリス英語では food mixer と呼んでいる事もあまり知られていないようだ。また、「掃除機」の事をイギリス英語では hoover というのもほとんどの辞書で収録されていない。「レンジ」の事をアメリカ英語では stove というが、イギリス英語では cooker と呼んでいるのもあまり知られていないようだ。

(a) ... while Harry and Uncle Vernon watched Dudley unwrap the racing bike, a *cine-camera*, a remote control aeroplane, sixteen new computer games, and a *video recorder*.

... while Harry and Uncle Vernon watched Dudley unwrap the racing bike, a *video camera*, a remote control airplane, sixteen new computer games, and a *VCR*.

(b) Aunt Petunia shredded the letters in her {*food mixer*→*food processor*}.

(c) It was lucky that Aunt Petunia didn't come in to {hoover→vacuum} {any more→anymore}, because Hedwig kept bringing back dead mice.

(d) ... then the sound of the frying pan being put on the {cooker→stove}.

(8) 職業

職業に関しては、「ニュースキャスター」をイギリス英語では news reader という事もあまり知られていない。

(a) *news reader*→*newscaster*

(b) A little man in a top hat was talking to the old {barman→bartender},

Ⅱ．事例研究

who was quite bald and looked like a {*gummy* → *toothless*} walnut.
(9) 乗り物
　(a) *aeroplane* → *airplane*
　(b) 'Anything off the {*trolley* → *cart*}, dears?'
　(c) *motorbike* → *motorcycle*
(10) 文房具・事務用品
　Sellotape → *Scotch tape*
(11) その他

「回れ右」の事をイギリス英語では about turn と言い、アメリカ英語では about-face という事もあまり知られていない。
　(a) Harry made a sharp {*about turn* → *about-face*} and held the broom steady.

「リュックサック」の事を今では日本語でも backpack と言うようになったが、イギリス英語では rucksack をまだ使っている。
　(b) *rucksack* → *backpack*

イギリス英語では「2週間」を表す1語の単語 fortnight（← fourteen nights から派生）が今でも使われている。
　(c) They had been looking for {*a fortnight* → *two weeks*}, after all.

「気分」をイギリス英語では temper をアメリカ英語では mood を使うようだが、辞書にこの区別を説明しているものは少ない。
　(d) Ron was in a very bad {*temper* → *mood*} by the end of the class.

「指人形」を glove puppet, hand puppet という事は収録している辞書は多いが、この英米の違いを示しているものは見当たらない。
　(e) *a glove puppet* → *a hand puppet*

「休暇」をイギリス英語では holiday を使うが、アメリカ英語では vacation を使うのは有名。
　(f) 'On {*holiday* → *vacation*} in Majorca,' ….

「ゴミ箱」をイギリス英語で bin または dustbin と言い、アメリカ英語では

trash can と言う。
- (g) But all he'd tried to do ... was jump behind the big {*bins→trash cans*} outside the kitchen doors.
- (h) the size of {*dustbin→trash can*} lids

「紙幣」の事はイギリス英語では主に note と言い、アメリカ英語では bill を使う事が多い。
- (i) Hagrid ... gave the {*notes / bills*} to Harry so he could buy their tickets.

「メリーゴーラウンド」をイギリス英語では roundabout と呼び、アメリカ英語では carousel と呼んでいる。
- (j) on a {*roundabout→carousel*} at the fair

「隣の家の」という時に、イギリス英語では next door's を使うが、アメリカ英語では next door neighbor's とするようだ。
- (k) a small, working tank Dudley had once driven over {*next door's dog→the next door neighbor's dog*}; ...

4．文法・語法の違い
4．1．名詞の可算・不可算
(1) There was {*uproar→an uproar*}.

4．2．名詞の単数扱い・複数扱い
(1) The whole crowd {*were* on *their→was* on *its*} feet
(2) Within seconds, the whole class {*were→was*} standing on their stools.
(3) 'Ravenclaw {*have→has*} four hundred and twenty-six'
(4) a．'And Gryffindor really can't afford to lose any more points, can {*they→it*}?'

4．3．名詞を単数で使うか・複数で使うか
イギリス英語では数学を複数形の maths で表すが、アメリカ英語では通例

Ⅱ．事例研究

複数形は使わない。また、チーム名もイギリス英語では単数で表すところをアメリカ英語では複数で表す。

(1) 'I know some things,' he said. 'I can, you know, {*do maths*→*do math*} and stuff.'

(2) '{*Gryffindor*→*Gryffindors*} have never gone so long without winning. {*Slytherin*→*Slytherins*} have got the cup six years in a row!'

4．4．冠詞

(1) Indeed, {*by next morning*→*the next morning*} Harry and Ron thought that meeting the three-headed dog had been an excellent adventure and they were quite keen to have another one.

(2) Malfoy couldn't believe his eyes when he saw that Harry and Ron were still at Hogwarts {*next day*→*the next day*}, looking tired but perfectly cheerful.

(3) Quaffle taken by *Slytherin*→Quaffle taken by *the Slytherins*

4．5．代名詞

ペット等を受ける時に代名詞 it をアメリカ版では he を使っている。アメリカ人の方がペットを家族同然と考え、人扱いするからであろう。

(1) Harry counted out five little bronze coins and the owl held out *its* leg so {*he*→*Harry*} could put the money into a small leather pouch tied to it. Then {*it*→*he*} flew off through the open window.

4．6．each other と one another

each other と one another の違いを英米の差で説明しているものはほとんど見かけた事がないが、このように書き換えているところは注目に価する。

(1) They looked at {*each other*→*one another*}.

(2) … they glided across the room talking to {*each other*→*one another*}

and hardly glancing at the first years.

4.7. 動詞

イギリス英語では名詞 queue から派生した動詞が使われるが、アメリカ英語では名詞 line から派生した動詞が使われる。

People {*queuing* → *lining up*} outside classrooms stood on tiptoe to get a look at him.

4.8. 動詞の活用形

動詞の活用形に関してはよく取り上げられていて、あまり変わったものは見つからない。

(1) Dudley had *learnt* a new word ('Shan't!') → Dudley had *learned* a new word ("Won't!")

(2) a. It looked as though Dudley had {*got* → *gotten*} the new computer he wanted.

　　b. 'We should have {*got* → *gotten*} more than ten points,'

(3) Harry {*leant* → *leaned*} back quickly so they couldn't see him looking.

(4) The entrance hall was so big you could have {*fitted* → *fit*} the whole of the Dursley's house in it.

(5) Harry's broom {*span* → *spun*} off course, Harry hanging on for dear life.

4.9. 動詞の文型

(1) **stop O ... ing → stop O from ... ing**

(a) Harry swung at it with the bat to {*stop it breaking* → *stop it from breaking*} his nose.

(b) Hagrid got out and had to lean against the wall to {*stop his knees trembling* → *stop his knees from trembling*}.

(c) a. 'A stone that makes gold and *stops you ever dying!*' said Harry.

Ⅱ．事例研究

　　　b．"A stone that makes gold and *stops you from ever dying!*" said Harry.

(d) 'Voldemort said that he only killed my mother because she tried to *stop him killing me.*'

　　"Voldemort said that he only killed my mother because she tried to *stop him from killing me.*"

(2) **want ... ing → need ... ing**

(a) 'This {*want→needs*} thinking about ... ' he said.

(3) **try and do → try to do**

There was no way that Snape would dare to {*try and hurt→try to hurt*} him if Dumbledore was watching.

4.10. 形容詞

形容詞に関しては、mad を crazy か nuts に代えている。イギリス英語では mad は「狂う」という意味を表し、アメリカ英語では mad は「怒る」という意味で使われるためにこの書き換えが行われている。

(a) 'What am I revising for? Are you {*mad→crazy*}?'

(b) It was driving them {*mad→nuts*}.

4.11. 副詞の位置

この副詞の位置の英米の違いについては、これからの研究が必要であろう。

(1) a．This left *only* one parcel.

　　b．This *only* left one parcel.

(2) a．They seized a broomstick *each* and kicked off into the air．

　　b．They *each* seized a broomstick and kicked off into the air．

4.12. 前置詞

前置詞に関しては、以下のような書き換えが見られた。about に対して

around、round に対して around などはよく知られた対応だが、(3)の「叩く」という意味の動詞と共に使われる around はあまり知られていないのではないだろうか。また、in に対する on も有名で、in to に対する into や on to に対する onto もよく知られているが、into が onto に対応する事に関してはあまり解説されていない。

(1) about → around

There was no point beating {*about* → *around*} the bush.

(2) round → around

Professor McGonagall had come {*round* → *around*} the week before.

(3) around → across

She struck Ron hard {*around* → *across*} the head.

(4) in → on

(a) It didn't so much as quiver when a car door slammed {*in* → *on*} the next street.

(b) ... the forest {*in* → *on*} the grounds is forbidden to all pupils.

(5) in to → into

Uncle Vernon dumped Harry's trunk on to a trolley and wheeled it {*in to* → *into*} the station for him.

(6) on to → onto

The owl then fluttered {*on to* → *onto*} the floor and began to attack Hagrid's coat.

(7) into → onto

as they joined the crowds flocking out {*into* → *onto*} the sunny grounds.

4.13. 関係代名詞

　これはよくアメリカ英語のジャーナリズムの英語で言われる事だが、物を修飾する関係代名詞は、制限用法では that が使われ、which は非制限用法で使ってはいけないとされている。ところがイギリス英語では which は制限用法

Ⅱ．事例研究

で頻繁に使われている。この事実の説明も辞書などであまりされていない。

(a) I have one myself above my left knee {which → that} is a perfect map of the London Underground.

(b) ... humans do have a knack of choosing precisely those things {which → that} are worst for them.

4.14. 接続詞

接続詞としての like がイギリス英語で見られるが、アメリカ英語では as の方が普通のようだ。

It stuck up at the back, just {like → as} Harry's did.

4.15. 接続詞の挿入

通例、アメリカ英語とイギリス英語の差としては、あまり取り上げられていないのだが、以下のようにイギリス英語で that が省略されているところに、that を補っているところを見ると、どのような場合にアメリカ英語では that を省略しないのかをもう少しじっくり観察すべきであろう。

(1) a. 'You don't know you'll make a fool of yourself,' →
    b. "You don't know *that* you'll make a fool of yourself,"
(2) a. 'Ahem──just a few more words now we are all fed and watered. I have a few start of term notices to give you.' →
    b. 'Ahem──just a few more words now *that* we are all fed and watered. I have a few start-of-term notices to give you.'

4.16. as though の後の仮定法

『プログレッシブ英和辞典』によると、as if [though] の項目には、以下のように書かれている。

　4 《コーパス》*be* 動詞 as if [though] 節中に be 動詞の過去形が現れる場合、

かつては主語の単複にかかわらずwereが用いられていたが、最近では特に《くだけて／話》における単数主語にはwasが普通に用いられる。また、一般にwere＜was＜is [are, am]の順に話し手の確信度は高くなる。

しかし、英米の違いは述べられていない。また、くだけた話し言葉でwasが使われていると説明している。ところが、次の例のように、as thoughの後の過去形のwasを仮定法のwereに書き換えている。これは、イギリス英語でもくだけた口語でなくてもwasが使われ、アメリカ英語の方では、仮定法がまだよく使われている事を表していると思われる。

(1) a. ... they acted *as though* any chair with Harry in it *was* empty. →
    b. ... they acted *as though* any chair with Harry in it *were* empty.
(2) a. It was staring down Privet Drive *as though* it *was* waiting for something. →
    b. It was staring down Privet Drive *as though* it *were* waiting for something.

4.17. 比較構文での動詞の省略

比較構文での動詞の省略に関しては興味深い変更が見られた。イギリス英語では比較の後で、I would have doneとdoneまで付けているが、アメリカ英語ではdoneは省略できるようだ。この違いについての説明もほとんどされていないようだ。

'It's only dying a bit later than I {*would have done* → *would have*}, because I'm never going over to the Dark Side!'

4.18. 連語と熟語

この連語と熟語に関しても、通例、アメリカ英語とイギリス英語の差は指摘されていないが、このように書き換えているところを見ると差があるのかもし

II. 事例研究

れず、調査が必要となる。特に、(1)(2)のような make と take、go と turn の違いは今まで解説したものを見た事がない。(3)の様に look の後に名詞が来る表現はイギリス英語特有のものらしい。(4)の straight away と right away も英米の区別を指摘するものは今までなかった。

(1) After {*making* → *taking*} a lot of complicated notes, ...

(2) The two boys gawped at him and Harry felt himself {*going* → *turning*} red.

(3) Maybe they had to try and get a rabbit out of it, Harry thought he thought they {*looked* → *looked like*} an unpleasant lot.

(4) Ron followed *straight away*. → Ron followed *right away*.

(5) Malfoy, it seemed, had sneaked up behind Neville and grabbed him {*for a joke* → *as a joke*}.

(6) We are pleased to inform you that you {*have a place* → *have been accepted*} at Hogwarts School of Witchcraft and Wizardry.

(7) 'Don't {*mess me about* → *mess with me*}, Peeves, now where did they go?'

5．まとめ

以上のように、ハリー・ポッターのイギリス版とアメリカ版で異なる箇所を比較する事によって、イギリス英語とアメリカ英語の違いを探る方法を見てきたが、この手法によって今まで解説されてこなかったイギリス英語とアメリカ英語の差を発見する事ができた。作者や編集者が意識して上のように書き換えているという事は、英米の差が確実にある事を物語っている。

しかし、ここで注意しておかねばならない事は、書き換えられているからといってそのイギリスの表現がアメリカで使われない訳ではない事である。書き換えた方がよりアメリカ人に理解してもらえ易いとか、アメリカ英語として自然であるということを基準に書き換えているので、上で見た違いがどれくらい定着しているかはきちんと検証して行く必要がある。

2．アメリカ英語とイギリス英語の違いの調査の一方法

　また、この章ではハリー・ポッターの小説の1巻だけを対象に英米の比較を試みたが、他の6巻も調べるともっと色々な違いが見つかるかもしれないし、アメリカ人の書いた小説のアメリカ版とイギリス版を用いて同じような事ができると思われるので、その比較もしてみると、さらに進んだイギリス英語とアメリカ英語の差がはっきり見えてくるであろう。

注
（0）この章はこの本のために書き下したものである。

3．語法変化調査方法の一考察

　語法の変化を見る方法としては、新聞などのCD-ROMを使う方法、小説を使う方法、Brown, Frown, LOB, FLOBを利用する方法、そして最近登場したNgram Viewerを使用する方法がある。以下で、その特徴と問題点などを考察してみる事にする。

1．Brown, Frown, LOB, FLOB利用の調査について

　語法の変化を見る方法として言語学の分野で一番よく行われているのが、Brown, Frown, LOB, FLOBを利用した研究である。これは、Leech, Hundt, Mair, Smithなどが中心になって行われている。詳しい事は、Leech *et al.*（2009）やLeech & Smith（2005）等に述べられているので、そちらを参照していただきたい。1961年の時点で様々な分野における100万語のデータをもとに作られたアメリカ英語とイギリス英語のコーパスであるBrown Corpus, LOB Corpusと、同じ趣旨で1991/1992年に作られたFrown Corpus, FLOB Corpusを比較

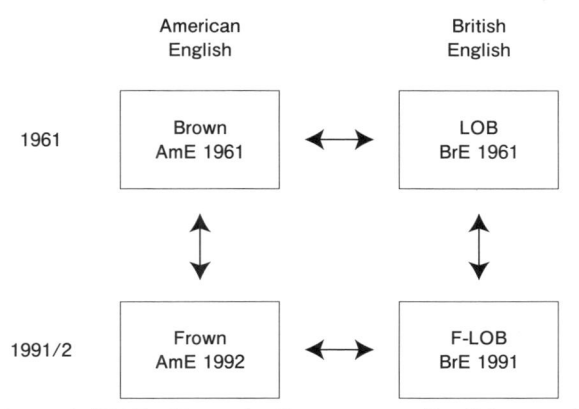

```
                American         British
                English          English

1961         ┌─────────┐      ┌─────────┐
             │  Brown  │ ◄──► │   LOB   │
             │AmE 1961 │      │BrE 1961 │
             └─────────┘      └─────────┘
                  ▲                ▲
                  │                │
                  ▼                ▼
1991/2       ┌─────────┐      ┌─────────┐
             │  Frown  │ ◄──► │  F-LOB  │
             │AmE 1992 │      │BrE 1991 │
             └─────────┘      └─────────┘
```

Leech, *et al.*（2009）*Change in Contemporary English*. p. xx より

Ⅱ. 事例研究

して文法などの変化を調べようというプロジェクトなのである。

　今まで、色々な文法変化などの現象が報告されてきているが、30年前との比較のため、その途中の段階の事が調べられないのが欠点であるし、大きな変化には対応できるが小さな変化に関しては対応できない。

２．携帯電話をどう呼ぶかを調べる方法

　ここでは、「携帯電話」を英語ではどのように呼んでいるかを考えてみたい。『ウイズダム和英辞典』では、次のようになっている。

・携帯電話　((米)) a cellular [a cell] phone, a cell；((英)) a mobile phone, a mobile.

これを見ると、アメリカ英語では cellular [a cell] phone を使い、イギリス英語では mobile phone を使うように受け取れる。でも、果たしてそうであろうか。表現の可能性を考えると、cellular の代わりに cell、phone の代わりに telephone も考えられるので、以下の組み合わせを考えてみた。

(a) mobile telephone　　(b) mobile phone
(c) cellular telephone　(d) cellular phone
(e) cell telephone　　　(f) cell phone

１．新聞などの Archive を使う方法

　「携帯電話」を表す(a)〜(f)の表現が実際使われているかどうかを、調べる方法として先ず考えられるのがアメリカの主要新聞の Archive や CD-ROM を使う方法だ。Google News の News Archives を使って、*New York Times*、*Los Angeles Times*、*Washington Post* の1990〜2008年までの記事の中で使われている携帯電話を表す表現を検索するのである。

　以下がその結果である。

	mobile telephone	mobile phone	cellular telephone	cellular phone	cell telephone	cell phone
New York Times 1990-2008	313	1990	1100	1740	5	2220
Los Angeles Times 1990-2008	217	1290	906	3180	7	4020
Washington Post 1990-2008	253	2074	1250	2130	5	9810

　ここから分かるのは、「携帯電話」をアメリカ英語では、mobile telephone、mobile phone、cellular telephone、cellular phone、cell telephone、cell phone のすべてが使われているということである。つまり、mobile phone という表現がイギリス特有のものではないこと、そして、かなりの頻度でアメリカ英語でも使われているということである。

　また、mobile telephone、cellular telephone、cell telephone という表現より、mobile phone、cellular phone、cell phone という tele- が省略された表現の方がよく使われるということである。また、cell telephone という表現は使われるが、非常に頻度が少ないということも分かる。

　ここで一つ注意しておかなければならないことは、cellular phone という表現である。これは、もとは電話会社の名前であり、それが商品名になったものであるので、上の検索では電話会社の名前も含めて結果が出ている可能性があることも考慮すべきである。

　以上のように、新聞英語の中での「携帯電話」を表す表現には(a) mobile

Ⅱ．事例研究

telephone　(b) mobile phone　(c) cellular telephone　(d) cellular phone　(e) cell telephone　(f) cell phone があり、頻度の差はあるが、アメリカ英語ではすべて使われていることが分かった。

3．小説を使う方法

　次に実際の小説作品ではどのように使われているかを見てみることにしよう。手元にある小説作品に出てくる「携帯電話」を表す表現を探してみると、上で見た6つの表現が実際に使われていることが分かった。実例をあげておくことにする。

(a) mobile telephone

"There's a telephone call for you, milord." There was a ***mobile telephone*** on the tray next to the glass. ――Tom Clancy, *Net Force 03:Night Moves*, p.176

(b) mobile phone

I try her on her ***mobile phone*** and when she answers, I feel tension. I sense she is not alone. "Is everything all right?" I ask her. ――Patricia Cornwell, *The Last Precinct*, p.112

(c) cellular telephone

Spenser stared at his new passport and documents, then watched the lady in the group talking on the ***cellular telephone***. ――Clive Cussler, *Golden Buddha*, p.60

(d) cellular phone

The ***cellular phone*** rang. Peter Tager answered it. ――Sidney Sheldon, *Best Laid Plans*, p.41

(e) cell telephone

All Rose says is that Dr. Sam Lanier, the coroner of East Baton Rouge Parish, very much needs to speak to her. Rose includes his home, office

3．語法変化調査方法の一考察

and *cell telephone* numbers.

——Patricia Cornwell, *Blow Fly*, p.25

(f) cell phone

Outside, several hookers were walking over to see what was going on. One woman was placing a call on her ***cell phone***. ——Dan Brown, *The Da Vinci Code*, p.139

「携帯電話」を表す表現が出てきたのは、手元にある小説88作品であった。その中でどのような頻度で出てきたかをまとめると次のようになる。

(a) mobile telephone　1作品で5例
(b) mobile phone　6作品で13例
(c) cellular telephone　8作品で13例
(d) cellular phone　46作品で174例
(e) cell telephone　1作品で1例
(f) cell phone　56作品で646例

ここで、気になるのは同じ作品の中では、いつも決まった表現が使われるのかどうかということと、同じ作者ならいつも同じ表現を使うのかどうかということである。例えば、Tom Clancy の *Rainbow Six* という小説では mobile phone、cellular telephone、cellular phone、cell phone の4つの表現が使われている。例をあげておく。

(b) mobile phone

"I will call him. He left me a ***mobile-phone*** number which I can use at certain times of the day." —— Tom Clancy (1998) *Rainbow Six*, p.379

(c) cellular telephone

"This is Command. Look around for someone trying to use a ***cellular***

Ⅱ．事例研究

　　telephone. We may have two groups of subjects here. Acknowledge."
　　── Tom Clancy（1998）*Rainbow Six*, p.426
（d）cellular phone
　　There was street noise on the ***cellular phone***. Henriksen must have been outside the ABC studio, just off Central Park West, probably walking to his car. ──Tom Clancy（1998）*Rainbow Six*, p.275
（f）cell phone
　　Gearing's ***cell phone*** could have a dead battery, he could be caught up in the crowds and unable to get a cab back to his hotel, maybe there weren't any cabs any one of a number of innocent explanations.
　　── Tom Clancy（1998）*Rainbow Six*, p.587

このように、１つの作品でいくつかの表現を用いているものはないかを、88の小説の中で調べてみた。以下がその結果を表にしたものである。

3. 語法変化調査方法の一考察

	mobile telephone	mobile phone	cellular telephone	cellular phone	cell telephone	cell phone
Cussler (1986)			1			
Cussler (1997)				2		2
Cussler (1999)						7
Cussler (2000)						9
Cussler (2003)			5			11
Cussler (2004)				1		2
Brown (1998)				5		
Brown (2000)				3		15
Brown (2003)				4		18
Steel (2003)						2
Koontz (1973)				2		5
Koontz (1990)				2		
Koontz (1993)			1	5		
Koontz (1995)			1	2		
Koontz (1996)				8		1
Koontz (1997)				7		4
Koontz (1998)			1	3		3
Koontz (1999)						14
Koontz (1999)						4
Koontz (2003)						13
Koontz (2004)						3
Koontz (2004)						1
Koontz (2005)		1				14
Koontz (2005)						17
Forsyth (1995)				1		
Collins (2000)						6
Grisham (1994)				2		
Grisham (1995)				2		
Grisham (1997)						11
Grisham (1998)						10
Grisham (2000)						8
Grisham (2001)						6
Grisham (2002)						16
Grisham (2003)						10
Grisham (2005)						20
Grisham (2008)						14
Clark (1995)				4		
Clark (1998)						2
Clark (1998)				1		2
Clark (1999)				1		5
Clark (2000)						5
Clark (2001)						6
Clark (2004)				1		50

Ⅱ. 事例研究

Clark (2004)						15
Clark (2005)						23
Crichton (1994)				20		
Crichton (1995)				2		
Crichton (1995)				2		
Crichton (1999)						7
Crichton (2002)						12
Crichton (2004)						42
Crichton (2006)				2		24
Cornwell (1991)				1		
Cornwell (1993)				1		
Cornwell (1994)				1		
Cornwell (1995)				1		
Cornwell (1996)				1		
Cornwell (1997)				5		
Cornwell (1997)				3		
Cornwell (1998)				1		
Cornwell (1999)				1		1
Cornwell (1999)						4
Cornwell (2000)		1				11
Cornwell (2003)					1	37
Cornwell (2004)						31
Cook (1993)				2		
Turow (2000)						6
King (2001)						29
King (2001)						1
King (2002)						2
Grafton (1988)		1				
Sheldon (1995)				1		
Sheldon (1997)				1		
Sheldon (2004)				1		19
Clancy (1989)		4		8		
Clancy (1994)				7		
Clancy (1995)				3		
Clancy (1996)				8		
Clancy (1996)			2	6		
Clancy (1996)			1	12		
Clancy (1997)				8		6
Clancy (1998)				6		3
Clancy (1998)		1	1	13		27
Clancy (1999)	5	5				
Clancy (1999)						3
Clancy (2000)						24
Clancy (2000)				1		
Clancy (2003)						3
	5	13	12	174	1	646

以上の表で分かるように、1つの作品では1つの表現しか使わない場合もあれば、いくつかの表現を使う場合もある。また、同じ作家であっても作品によって別の表現を使っていることもある。また、同じ作家であっても、時代によって表現が変わっているのではないかと思い、作品の年代も同時に記しておいた。

ここで、結論的に言えることは、mobile telephone、mobile phone、cellular telephone、cellular phone、cell telephone、cell phone のどの表現も、英字新聞と同じように小説でも使われているということである。つまり、『ウイズダム和英辞典』が解説しているように、アメリカ英語では cellular [a cell] phone を使い、イギリス英語では mobile phone を使うというのではなく、アメリカ英語でも mobile phone が使われることがわかる。また、同じ作家の作品を時代的に見てみると、cell phone を多用するようになってきているのが分かる。

以上が、小説作品を使い、英語の表現の使用の変化を見る1つの方法である。この手法の利点は、文脈が分かりどのような状態で使われているのかが分かる事である。今までは、地道に作品を読み、カードなどに用例を書き写してそれを整理していたが、スキャナーで作品を読み取って、それを OCR で文字データに変換して検索できるようになり格段に効率よくなった。さらに、この方法を進める上で便利になってきたのはデジタルブックの登場である。これを使えば、簡単に同じような事を調べられるようになってきた。

4．Ngram Viewer を使う方法

もう一つ有望視されるのが、Google Books を使った Ngram Viewer の試みである。これを使うと、語の使用の時代的な変化をグラフで示す事ができる。American English と British English が選べて比較できるが、出版された場所がイギリスかアメリカかということで、アメリカ人が書いたものやイギリス人が書いたものが混在していると思われる。しかし、よく使われる表現に関しては効果的である。

それでは、まず、上で見た mobile telephone と mobile phone の使用の変遷

Ⅱ．事例研究

を調べてみる事にする。このグラフを見れば、mobile phone の使用頻度が急激に増しているのが分かるだろう。

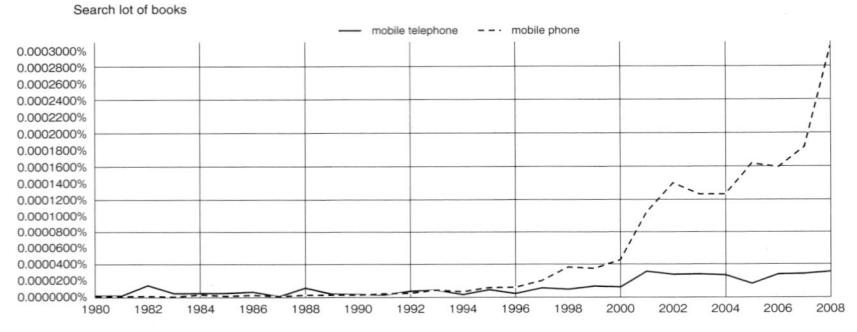

次に、cellular telephone と cellular phone を比べてみよう。これは、同じような形のグラフになっているが、cellular telephone の方が多く使われ、近年になって両方の使用が減少してきているのが分かる。

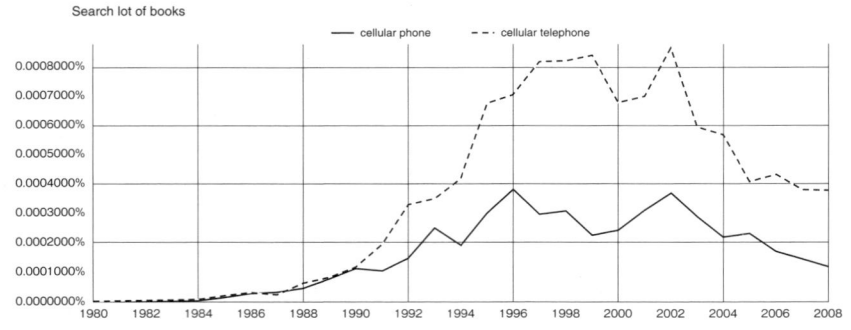

次に、cell telephone と cell phone の使用頻度を見てみよう。これは圧倒的

3．語法変化調査方法の一考察

に cell phone が頻繁に使われ、cell telephone がほとんど使われていないのが分かる。

```
Graph these case-sensitive comma-separated phrases: cell telephone, cell phone
between 1980 and 2008 from the corpus American English with smoothing of 0.
Search lot of books
```

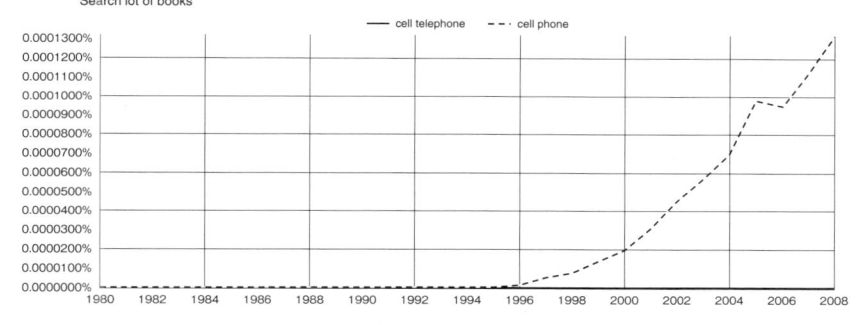

それでは、mobile phone と cellular phone を比べてみよう。次のグラフを見れば、2000年を境に mobile phone の使用が急激に延び、使用頻度が逆転しているのが分かるだろう。

```
Graph these case-sensitive comma-separated phrases: mobile phone, cellular phone
between 1980 and 2008 from the corpus American English with smoothing of 0.
Search lot of books
```

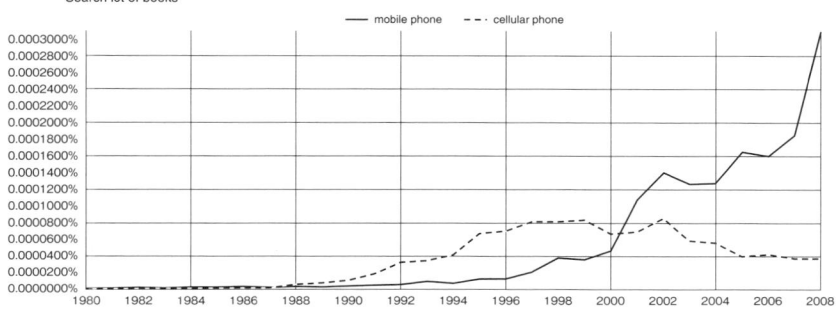

cellular phone と cell phone を比べてみるとどうだろうか。1998年を境に

Ⅱ．事例研究

cell phone の使用が急激に増している。

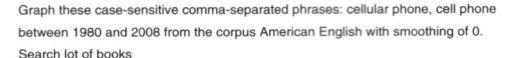

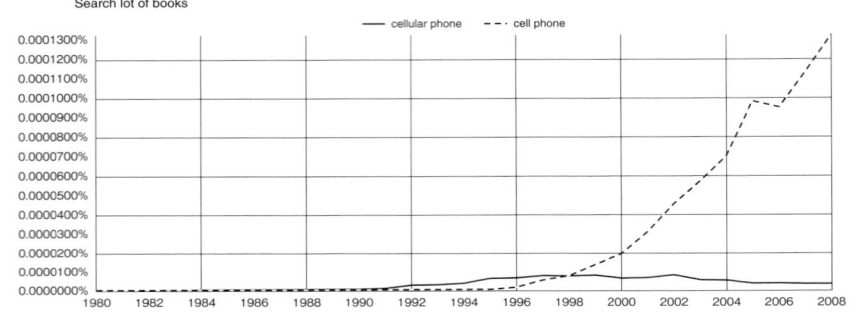

次に mobile phone と cell phone を比較してみよう。アメリカ英語では cell phone が圧倒的に多く使われていることがわかる。

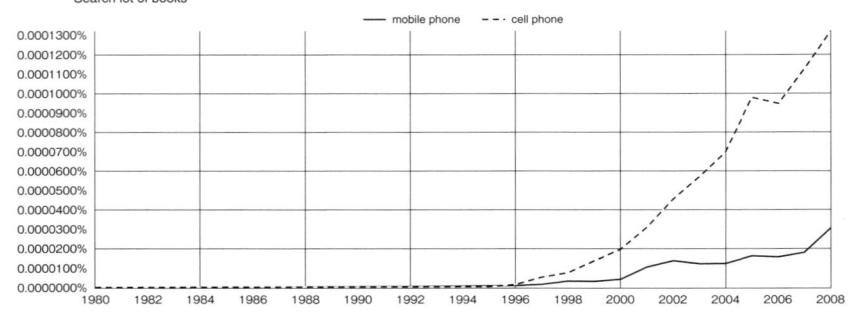

それでは、ここで、イギリス英語とアメリカ英語で mobile phone と cell phone の使用頻度の違いを見るために、British English を選択してみよう。次ページの図のようになる。つまり、上で見た American English と違い、イギ

3．語法変化調査方法の一考察

リス英語では、ずっと mobile phone の使用が圧倒的に多く、少しずつ cell phone の使用が増してきているのが分かる。

Graph these case-sensitive comma-separated phrases: mobile phone, cell phone
between 1980 and 2008 from the corpus British English with smoothing of 0.
Search lot of books

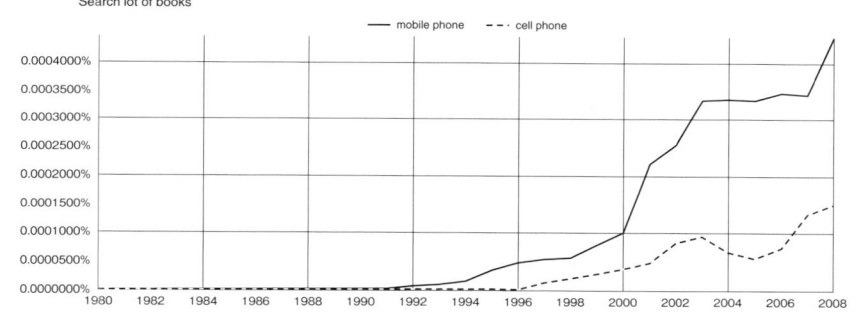

以上、見てきたように、Ngram Viewer は１つの語や表現の時代的変化を見ようとする時に有効な手法として、これから活用できる有力な味方である。

注
（0）この章は奥田（2009）に大幅な加筆修正を施したものである。

4．envyの語法学的分析

　この章では、envyという語が取る特殊な文型について考察を加える事にする。まず、浅田(1981)「ENVYの語法」とその反論である高橋(1984)「『ENVYの語法』について」という論文を通じてenvyという語のもつ独特な統語的特徴をどう説明するかということに関して考察を加える。そのためにまず2つの論文の内容を紹介し、その内容に関しての問題点を探り、浅田(1981)の提唱している「粗から密へ」という考え方や高橋(1984)の「類推」による説明法は、envyの語法を説明する時には有効でないことを指摘し、私なりの代案を示すことにする。

1．「envyの語法」について
1．1．浅田氏の分析
　浅田氏は、次のようなHornby (1976:52) からの例文をあげて、(3)のような文においての2重目的語についてJespersen (1927:295) の分析を受け入れている。

(1) She envies Jane.
(2) She envies her success.
(3) She envies Jane her success. 〔以上Hornby (1976:52)〕

　つまり、Jespersenは、(1)(2)のように使われることより、(3)の文でのJaneもher successも直接目的語だと考えられるというのである。例えばgiveの場合では、He gives Jane a bookという文はOKだが、*He gives Jane.や?He gives a book.は単独では使われないことより、envyという語は(3)のように2重目的語は取るけれども、giveと違い目的語は両方とも直接目的語だと

Ⅱ. 事例研究

いうのである。また give なら He gives a book to Jane. というふうに to phrase が用いられるが、envy では *He envies her success to Jane. は非文であり、これも Jespersen の論拠となっている。浅田氏はこの Jespersen の考え方を支持し、次のような例文をあげ疑問を提出するのである。

(4)　I envy you your fine garden.
(5)　*I envy your fine garden you.
(6)　You are envied your fine garden by me
(7)　*Your fine garden is envied you by me.

この envy の構文で目的語を $NP_1 NP_2$ とすると、envy $NP_1 NP_2$ という型になるのだが、その場合次の事が疑問だというのである。

(8) (i) NP_1 も NP_2 も対等な直接目的語でありながら、これらの順序を入れ替えられない。
　(ii) NP_1 を主語にした受身化はできるのに、NP_2 を主語にした受身化はできない。

(8)の事を説明するのに浅田氏は、「話し手の視点」と「粗密の情報構造」というのを用いるのである。

まず、「話し手の視点」の方だが、これは Kuno (1975, 1978) に言うエンパシー (empathy) の概念を用いる分析を行った Joseph (1976) の仮説を用いるものである。Joseph は envy について次のような仮説をたてている。

(9) NP_2 は、NP_1 寄りの視点からの記述でなければならない。

これによると次のような例文は、うまく説明がつくのである。例文を見てみることにしよう。

4. envyの語法学的分析

(10)　I envy John the girl who he married.
(11)　?*I envy John the girl who married him.
(12)　I envy John the fact that he could go up to Betty like that.
(13)　?*I envy John the fact that Betty could go up to him like that.
(14)　?*I envy John the fact that he could come up to Betty like that.
(15)　I envy John the fact that Betty could come up to him like that.

　これらの文の中で、NP_1は、Johnであるが、NP_2はthe girl以下の節またはthe fact以下の節である。ところで、marryとgo up toは主語に視点を要求する動詞であり、またcome up toは目的語に視点を要求する動詞である。そこで、(10)ではwho以下がNP_1寄りの視点、つまりhe marriedと、Johnからの視点になっている。ところが、(11)ではNP_2のthe girl寄りの視点になっているので?*がついている。同様に、(12)はJohn（=NP_1）寄りの視点になっているのでOKになり、(13)はBetty（≠NP_1）寄りの視点になっているため?*がついている。(14)(15)のcome up toは目的語に視点が置かれなければならない。(14)ではBetty、(15)ではhim（=John）が目的語になっていて、NP_1（=John）と同じなのは(15)の方なので(15)がOKになるのである。
　ここで浅田氏は(8)を「話し手の視点」を用いて次のように説明している。

(16)　(8i)について考えると、(9)の原則からNP_2は、NP_1寄りの視点からの記述でなければならない以上、先に寄るべき視点を示すNP_1がきて、ついで、その示された基準とも言うべきNP_1という視点からながめられたNP_2が続くことは、理の当然であって、この逆のNP_2NP_1という順序は、発話の流れに逆行するものであって、ありえないと考えられる。
　(8ii)について考えると…NP_2を主語とすると、そのNP_2の寄るべき視点が全く示されないままに文が始まることになるわけで(8i)について上で述べたことと同じくNP_2NP_1という順序になることは許されず、したがって、NP_2を主語にした受身化はできないと言える。

Ⅱ. 事例研究

　浅田氏は、次に、このenvyの現象を「情報の粗・密」ということでも説明できるとして次のような例文をあげている。

　　(17)　I hit him on the head.
　　(18)　*I hit on the head him.
　　(19)　John sent the book to NewYork to Bill.
　　(20)　*John sent the book to Bill to NewYork
　　〔(19)～(20)は、Gruber (1976:85) より〕

そして、「同一指示」という概念を拡げて (17)のhimとon the headの関係を「同一指示」と解釈し、himという全体の一部にheadがあるので「粗」→「密」へと情報の流れがあるとしている。また(18)は、この逆なのでダメになる。(19)では、to New Yorkとto Billは「粗」→「密」となっているのでOKで、(20)は「密」→「粗」になっていて*が付くとしている。そして次のような原則があるとしている。

　　(21)　談話の中の同一指示語句は、「粗」から「密」へと流れる。

この考え方をenvyにも適用するのである。例えば

　　(22)　Mary envies〔Jane〕〔her beauty〕.

$$\underset{\bigcirc}{NP_1} \longrightarrow \underset{\bullet}{NP_2}$$

このJaneは「粗」で「her beauty」は「密」であり、「粗」から「密」へと流れている。しかし、

4. envyの語法学的分析

(23) *Mary envies 〔her beauty〕〔Jane〕.

NP₂ ●———×——→○ NP₁

となり、「密」から「粗」という流れになっているため非文になっている。また(8ii)も次のように説明できる。

(24) 〔Jane〕 is envied 〔her beauty〕 by Mary.

NP₁ ○————————→● NP₂

(25) 〔her beauty〕 is envied 〔Jane〕 by Mary.

NP₁ ●———×——→○ NP₂

この(25)は、(21)の原則に違反するため*が付くのである。

　以上が浅田氏の分析の要点である。つまりenvyの特徴を説明するのに「話し手の視点」と「粗密の情報構造」というのを用いればうまくいくと言うのである。

1.2. 高橋氏の反論

　上の浅田(1981)の論文に対し、高橋氏は、以下のような反例を提出することにより反論している。まず高橋氏は、次のような例文をあげている。

(26) His success was envied him.

そしてAllerton (1982：105) は、(26)のような受動文を許容するとしている。しかし高橋氏も述べているように一部の話者にしか許容されない。そこで類例として次のような例文をあげている。

Ⅱ. 事例研究

  (27) They forgave him his offences.
  (28) He was forgiven his offences.
  (29) His offences were forgiven him.

これらの例より、高橋氏は、次のように述べている。

  (30)「(29)は、情報が密から粗へと逆流しているにもかかわらず文法的であるので、(21)の原則への反例である。」

また envy には、envy NP_1 for NP_2 という形もあるということを述べて次のような例文をあげている。

  (31) Mary envies Jane for her beauty.
  (32) They forgave him for his offences.
  (33) Mary envies for his money the boy who is the only son of a well-do.
  (34) Mary forgave for his misdeed the boy who was in effect honest.

そして次のように述べている。

  (35) このように、for が存在している場合には、NP_1 を過重量 (heavy) にすると、話者によっては、(19)(20)のような(23)の形式の文を許容することがある。

つまり、(31)においては、Jane が NP_1 で her beauty が NP_2 になり、「密」→「粗」という流れなのに OK になっているし、(33)においては his money が NP_1 で the boy が NP_2 で「密」→「粗」になっているのに OK なのである。これは、浅田氏の(21)に反しているのに OK になり、反例になると主張している。
次に高橋氏は、浅田氏が envy NP_1 NP_2 の構文における NP_1, NP_2 は、それぞ

4. envy の語法学的分析

れ直接目的語だと考えていることに反論している。つまり、(31)(32)のように NP₂に前置詞 for が付くことがあり、この NP₂を直接目的語とする分析に対する最も顕著な反例だと言うのである。そして、次のように述べている。

(36) 直接目的語に for が付くと分析することには無理があるのである。

この for は、次のような例において前置詞 from が削除可能なのと同じ理由で削除可能であると述べ、Mary envies Jane her beauty という文は Mary envies Jane for her beauty という文の for が省略されたものであると考えられると言っている。

(37) This will spare you from embarrassment.
(38) This will spare you embarrassment.

受動化というのは、「他動節の直接目的語を主語にする規則」だが、envy NP₁ NP₂の NP₂を高橋氏は直接目的語と考えないため、NP₂を主語にした受身文は、作ることはできないはずである。しかし (26) のような NP₂を主語にした受身文を容認する人もいるので、「これらの文は受動化規則の例外である」と高橋氏は結論づけている。

それならばなぜ受動化されたのかと言うと、高橋氏は「類推（analogy）」というのをあげるのである。つまり、give という動詞は give NP₁ NP₂という形式を取り、They gave him a big present と言える。そして、受身の形として A big present was give him と言える。ここで forgive という語は「give（という語）と give の部分のつづりと音声が同じ」であるため、類推が働き、give が受動化を許すため forgive も受動化を類推のため許してしまうというのである。さらに、forgive と envy は同類の動詞なので、ここにも類推が働いて受動化を受けるのだと述べている。そして次のように結論づけている。

Ⅱ. 事例研究

(39) すなわち、2段階の類推過程を経てやっと envy の NP_2 が受動化を受けることになる。そうすると、段階が1つ多い分だけ類推が生起しにくいであろうと推定される。このように考えると、envy の NP_2 の受動化を許す話者が少ないことにも説明が付くように思われる。

以上が高橋氏の反論の要点である。つまり、His success was envied him という文を認める人も一部にいることと、Mary envies Jane for her beauty と for の入る文もあるという事が浅田氏の原則では説明できないとし、envy NP_1 NP_2 の NP_2 は直接目的語ではないとするのである。NP_2 が受身化を受けるのは類推が働くからだということである。

1.3. 批判と新しい分析

まず論争の中心となったのは、envy NP_1 NP_2 の NP_1, NP_2 が両方とも直接目的語かどうかということである。これに関しては、Jespersen も次の例をあげているように、envy 以外の動詞にも言えることだ。

(40) a. I envy you/I envy your beauty. →
    I envy you your beauty.
  b. strike him/strike a heavy blow. →
    Strike him a heavy blow.
  c. answer me/answer this question →
    answer me this question
  d. ask John/ask a question →
    ask John a few questions
  e. forgive me/forgive my sins →
    forgive me my sins
    〔以上 Jespersen (1927)〕
  f. He told me / He told a lie. →

4．envy の語法学的分析

　　He told me a lie.
　　—— Gleason（1965）

　上のような例で NP$_1$ NP$_2$ が直接目的語であるという Jespersen の分析には大きな誤りはないと思われる。高橋氏のような分析をするためには strike, answer, ask, tell の2重目的語構文において前置詞の入る余地を見つけなければならない。
　しかしながら問題は、(8i)で浅田氏の述べている「NP$_1$ も NP$_2$ も対等な直接目的語でありながら」というところにある。ここが問題点である。つまり NP$_1$ と NP$_2$ は、対等な直接目的語ではないのである。というのは、2重目的語構文全体を見てわかるように、NP$_1$ には「人」が来て、NP$_2$ には「物・事」が来るのが普通であるからである。つまりこの envy NP$_1$ NP$_2$ という構文は統語的な観点から説明できるのであって、わざわざ「話し手の視点」や「粗密の情報構造」を使わなくても説明できるのである。すなわち(8i)は、2重目的語構文一般の性質より説明できるのである。では、なぜ NP$_1$ には「人」が来て、NP$_2$ には、「物・事」が来るのかという問いについては、もっと深い考察が必要だと思われるのでここでは答えられない。
　また高橋氏は、envy NP$_1$ NP$_2$ は、envy NP$_1$ for NP$_2$ より for が省略されたものと考えている。しかしこれは正しくないと思われる。安藤(1983)によると、The king banished him the realm という文は、The king banished him *from the realm* という文の前置詞の削除されたものと述べられている。その証拠というのは、この文を受身文にすると He was banished from the realm と from が必ず現われることである。ところが envy の場合には、NP$_1$ を主語にして、(6)のように You are envied your fine garden by me という文が可能で、for は現われないし、forgive の場合でも(28)のように NP$_1$ を主語にして、He was forgiven his offences と言えるので NP$_1$NP$_2$ の間の for の省略と考えるには、無理があるように思われる。
　このような考えに立つならば、高橋氏のような無理な説明はしなくてもよい

II. 事例研究

であろう。つまり「受動化規則の例外」という結論は引き出さなくてもよいであろう。また「類推」という概念は持ち出さなくてもよかったように思われる。forgive と give が形と音が似ているのでその「類推」が働いたと述べられてあるが、call と recall はどう説明したらいいのだろうか。また mind と remind はどう説明するのだろうか。recall は〜ing をとるのに call はとらず、mind は〜ing をとるのに remind はそうならない。これらの間には、類推はなぜ働かないのだろうか。これは、やはり語の形態の類似性だけで、そこに類推が働き統語特性まで変えてしまうということが存在しないからではなかろうか。また「forgive と envy が同じ類の動詞」なので同じように受動化されるというのは、「統語的に同じ類」という意味ならば当然の事であって、高橋氏の言う「同じ類」というのをもっと明確に定義していただかない限り何とも言えない。また二段階の類推過程が容認度の差を説明するというのにも無理があるように思われる。

　全般的に言って、「類推」が働くのはある範ちゅう全体にかなり一般的に認められる現象を、一部の例外にまで適用しようとする時や、意味がよく似ているため、それを統語の方にも推し進めて、同じ統語特性をもたせようとする時などである。すなわち語の活用形などに関しては語の形態の類似性という点では類推が働くということはあると思われるが、統語特性ということに関しては意味が大きく関与していて、語の形態の類似性はほとんど関与していないと思われる。

　例としては、be about to が肯定形でしか使われなかったのが be not about to と否定形としても使われるようになったことや look at や listen to は、目的語の後に〜ing しかとれなかったが see, hear と意味が類似しているために目的語の後に原形が来ることができるようになったことなどがあげられる。

　以上のように(8i)の方は、簡単に解決できるのである。ただし、I gave the book to him のように前置詞を付けて NP_1 と NP_2 を入れ替えることができないのをどう説明するかは残された課題である。

(41) a. I envy you your garden.
　　 b. *I envy your garden to you.
　　 c. *I envy your garden for you.
　── Stein (1979)

では、(8ii)の方は、どう説明すればいいのだろうか。高橋氏の説明が有効でない以上、浅田氏の説明を使わなければならないのであろうか。高橋氏は、(26)(29)のような例をあげている。

(42) His success was envied him.（＝(26)）
(43) His offences were forgiven him.（＝(29)）

しかし、浅田氏は、(7)のような例をあげている。

(44) *Your fine garden is envied you by me.（＝(7)）

また Huddleston (1971) には、次の例がある。

(45) a. She was envied her good looks.
　　 b. *Her office was envied her.

高橋氏は、(42)の例は、一部の人にしか認められないことを述べているが、(43)のような文は大半の話者に認められていると述べている。すなわち、浅田氏の「粗」から「密」へという考え方や「話し手の視点」では、(43)は説明できないし、(42)も説明できないことになる。たとえ(45b)で*がついているとしても。

また A book was given him と言える限り、「粗密の情報構造」というのは give という語には有効でないし、envy を説明するにも無理がある。それでは、

II. 事例研究

どういう考え方をすれば(8ii)の現象を説明することができるのであろうか。これは、A book was given him という形が、A book was given to him よりまれであることを考えることと密接な関係があると思われる。

つまり、まずSVO$_1$O$_2$の構文をとるものは、O$_1$, O$_2$のどちらをも主語として受身文が作れることは、認めるべきである。(42)のような文を認めるのである。そして次に(42)のような文と(41)の文との容認度の差を説明するのである。

ここで考えてほしいのは、次のような文である。

(46) His success was envied by Jane.
(47) His offences were forgiven by them.

これらの文は、全ての人に容認されるであろう。つまりこれらは、どちらもSVNP$_1$NP$_2$のNP$_1$があらわれない、(48)(49)のようなSVNP$_2$という文のNP$_2$を主語とした受身文である。

(48) Jane envied his success.
(49) They forgave his offences.

つまり、(42)(43)は、(46)(47)のby～の前にhimという語が入った形である。情報的に見ると、(46)(47)で envy NP$_1$NP$_2$のような文の受身文的な意味は、十分に伝えられているはずである。ところがその後に him のような名詞 NP$_1$ を付け足すということは、そこに何か意味的なものが働いていると考えざるを得ない。

Halliday (1967) によると次のような文は、John が受益者を表すものと解釈されるならば OK であるということである。

(50) A book was promised John.

この考え方を適用すると、(42)の文がなぜ一部の人にしか認められず、(43)の文が全部の人に認められるかが説明できる。つまり(42)の envy の入った文において him は受益者にはなれないが、(43)のような文では「許してもらう」のだから受益者だと解釈できる。

以上のように(8ii)に対しては、envy NP₁NP₂ の NP₂ を主語とした受身は、envy NP₂ の受身でことたりるので普通認められないのである。

1.4. まとめ

以上のように envy という動詞独特の統語特性を説明するのには、「話し手の視点」「粗密の情報構造」「類推」という概念ではうまく説明できないことを示し、ごく常識的な私なりの代案を提出したが、浅田氏の言う「粗密の情報構造」を否定したわけではない。この考え方は、同種の句の連鎖の説明には有効であると思われるが、「同一指示」の定義をもっと厳密にすることが必要であろう。「話し手の視点」というのも envy のある種の構造の説明には有効だが、やはり限界があるようだ。結局「envy の語法」を説明するためには 2 重目的語構文に対するより深い分析が行われる必要があるのである。

2. envy の語法学的分析

以上で envy という語について分析した浅田（1981）と高橋（1984）の両論文の分析の問題点を検討した。しかし、両論文とも、「ENVY の語法」というタイトルが付いていたにもかかわらず、実際のところ envy という語の文法的側面、それも SVO と SVOO の構文だけをとらえて、その特徴だけを論じていただけであった。そこで、ここでは envy という語に関して、その文法的・語法的特徴を、上で述べた文法と語法の区別をもとに、まず文法を、次に語法を実際の使用の観点から考察することにする。

2.1. envy の文法

まず、envy という語がどういうふうな文法的な特徴を持っているかを見て

II. 事例研究

いくことにする。先にもあげた浅田（1981）と高橋（1984）の両論文で中心に扱われたこの語の特徴をまとめておく。

この語は、他動詞で、SVO と SVOO のどちらの構文でも使われる。このことは、(1)〜(6)を見れば明らかであろう。

(1) He envied me. ——CULD
(2) We envy his success. ——CULD
(3) I always envied that dress. ——CULD
(4) She envied him his money. ——CULD
(5) She envies Jane her success. ——Hornby（1976:52）
(6) I envy you your beauty. ——Jespersen（1927）
(7) *She envies her success to Jane.

しかしながら、ここで分かるのは、この envy という動詞が普通の授与動詞とは違っていて、(7)のようには使えないことである。普通 SVOO の構文で使われる動詞は、(8)〜(11)のように使われ、間接目的語だけでは(9)のように文が成立しない。

(8) I gave Jane that book.
(9) *I gave Jane.
(10) I gave that book.
(11) I gave that book to Jane.

また、普通の授与動詞では、(11)のような形の文が可能なのだが、envy の場合には、(7)のように非文法的である。そして、envy の場合は、(1)(2)のような文で分かるように、O_1, O_2 のどちらも単独で目的語にできるという点で他の授与動詞と性格を異にしている。普通の授与動詞は、(5)のような文が作れないからである。このことは、古くから Jespersen によって指摘されていて、Jespersen は O_1O_2 はどちらも直接目的語であるという考えを示している。[1] だ

が、この章の1．でも示したように、SVOO構文の共通的な特徴は持っていて、O_1O_2は入れ換えることができないので全く同じ資格の直接目的語だとは考えられないのである。

(12)　I envy you your fine garden.
(13)　*I envy your fine garden you. ——浅田（1981）

また、受身に関してもO_1とO_2のどちらも主語にして受身を作れるわけではなく、O_2を主語にした受身の場合には制約があるのである。

(14)　You are envied your fine garden by me.
(15)　*Your fine garden is envied you by me. ——浅田（1981）
(16)　His success was envied him. ——Takahashi（1981）
(17)　She was envied her good looks.
(18)　*Her office was envied her. ——Huddleston（1971）
(19)　His success was envied [byJane].

この現象に関しては、この章の1．で、意味がこの現象に深く関与していることを考察した。また、視点という事が重要な動詞であることは、以下の例を見ると明らかである。

(20)　I envy John the girl who he married.
(21)　?*I envy John the girl who married him.
(22)　I envy John the fact that he could go up to Betty like that.
(23)　?*I envy John the fact that Betty could go up to him like that.
(24)　?*I envy John the fact that he could come up to Betty like that.
(25)　I envy John the fact that Betty could come up to him like that.
　　　　　　　　　　　　　　　　　——Joseph（1976）

163

Ⅱ. 事例研究

この現象に関しては、Kuno の提唱するエンパシーの考え方が有効であることもこの章の1で触れておいた。

以上が envy という動詞に関して浅田（1981）と高橋（1984）で取り上げられた文法的特徴であるが、この他に重要な点を逃していないか、一般的な辞書をみてみよう。

en・vy
　動他 a ＋目〈人・ものを〉うらやむ、うらやましいと思う：He envied my success. 彼は、私の成功をうらやんだ／How I ～ you! あなたが本当にうらやましい。b ＋目＋目〈人を〉〈…のことで〉うらやむ、〈人の〉〈…を〉うらやむ：I ～ you your beauty〔your beautiful wife〕. 私はあなたの美貌〔美しい奥さん〕がうらやましい。c ＋目＋前＋（代）名〈人を〉…のことでうらやましく思う for, on account of, because of：He envies you for〔on account of〕your good luck. 君が幸運なので彼はうらやんでいる。d ＋目〔所有格〕＋ doing〈人が…するのを〉うらやむ：I ～ him〔his〕going abroad. 彼の外国行きをうらやましく思う。——『英和中辞典』（研究社）

〔SVO（M）〕〈人〉が〈人〉を〔…で〕うらやましく思う；ねたむ、そねむ〔for〕【「ねたむ」の意味では、be envious for の方が普通】；〔SV(O₁)O₂〕〈人〉が〈O₂〈人〉の〉O₂〈物〉をうらやましく思う‖People envied (him) his wealth. 人は、彼の財産をうらやましかった（＝He was envied his wealth. ／ People envied him for〔on account of, because of〕his wealth.）.
——『ジーニアス英和辞典（改訂版）』

『ジーニアス英和辞典（改訂版）』の方は、統語的に新しい情報はあまりないが、『英和中辞典』の方からは、envy が次のような文型で使われることがわかる。

1．envy something／envy somebody
2．envy somebody something

3．envy someone for something
4．envy someone doing/envy one's doing

envy という動詞は、3.のように前置詞 for を使った構文でも使われることがわかるのである。このことは、今まで O_1O_2 を取る動詞としての特徴ばかりに気を取られて見逃されている点である。また、4.のような構文でも使われることがわかる。そこで、これらの構文が実際には、どう使用されているのかを次に見ることにする。

2．2．envy の語法

では次に、語法的に見て envy という語が実際にはどういうふうに使われているのかを見てみることにする。まず、実際にどう使われているかを見るために、作品からの用例を取り上げてみることにしよう。

〈1〉 **envy something**

　　(26) Lelia Ehrhart **envied natural teeth**, even if they weren't perfect. ——Patricia Cornwell, *Southern Cross*. p.205

〈2〉 **envy someone**

　　(27) "Oh, I can't tell you how I **envy your wife!** She's the luckiest woman in the world. I wonder if she realizes that, Alfred." ——Sidney Sheldon, *Master of the Game*, p. 342

　　(28) He looked after her and thought, What a beauty. I sure **envy the guy** she's in such a hurry to meet. ——Sidney Sheldon, *Master of the Game*, p. 453

　　(29) "I don't **envy you**. If possible, I would like a two-page typewritten double-spaced report by 5 p.m. each day, seven days a week, on the progress of the investigation. If something breaks, I expect you to call me immediately." ——John Grisham, *The Pelican Brief*, p. 97

Ⅱ. 事例研究

    (30) They had offices in Tokyo and London. But he did not ***envy them***.
    ——John Grisham, *The Pelican Brief*, p. 128

〈3〉 envy someone something

    (31) "I ***envy him the motion***," Knight said to Devon.
    ——Glen Larson and Roger Hill, *Knight Rider #1*, p. 21

〈4〉 envy someone doing /envy one's doing

    (32) "I don't ***envy you riding*** herd on those two devils. Pitt in particular...." ——Clive Cussler, *Deep Six*, p. 38

〈5〉 be envied (by someone)

    (33) Rose was becoming a beautiful, intelligent woman, and Enzio knew he ***was envied***. ——Jackie Collins, The Love Killers. p. 17

    (34) Educated at Choate and later in Dartmouth College. Shrpley has all the assurance and charm of the Boston set, so often ***envied by*** his fellow countrymen. ——Jeffrey Archer, *Not a Penny More, Not a Penny Less*, p. 21

以上、小説からの用例を見たわけだが、上でまとめた構文で使われている。そこで、小説だけでは足りないのでジャンルの違う新聞を取り上げてみることにしたわけだが、上でまとめた構文で使われている。ここでは、1992年の *Washington Times* 1年分の記事のデータベースを使い envy という動詞の用例を検索した。そして、実際にはこれらの構文がどのような頻度で使われているかを見ることにする。以下が検索の結果である。

〈1〉 envy something (合計19例)

    (35) "Some people ***envy our lifestyle***," said longtime resident Donna Boyd Netschert, a member of the Clifton Town Council. (01/06/1992)

    (36) What followed was breathtaking, ***a plangent tone and seamless legato*** any singer would ***envy***. (11/03/1992)

(37) Envy is as much a part of the American tradition as is that liberty that produces **the thing** we **envy**. (09/15/1992)

(38) I do not **envy the commander's position** here. (02/10/1992)

〈2〉 envy someone（合計 9 例）

(39) For this, I respect Clinton. More than that, I **envy him**. (11/01/1992)

(40) One can understand those who would rather watch baseball. Indeed. I **envy them**. (10/21/1992)

(41) Michael is thrilled, and we're thrilled for Michael-even if it means one more reason to **envy the Japanese**. (09/08/1992)

〈3〉 envy doing/envy one's doing（合計 2 例）

(42) Courier watched the McEnroe match in awe of their struggle. but didn't **envy missing** the drama of a long five-setter. (01/20/1992)

(43) Only movie reviewers and film freaks daft enough to **envy reviewing** jobs are likely to see two dozen new theatrical releases in any year. (01/12/1992)

以上の新聞の例と小説の例から見てもわかるように、envy という動詞は、文法的には SVOO の構文が可能なのだが実際の使用を見てみるとそんなに頻繁には使われていないことがわかるのである。実際には、envy someone という形で頻繁に使われる。ただ、この新聞の例の(42)(43)からわかるように、envy doing という形も使われることがわかった。また、次のように文脈によっては目的語が省略されることもある。

(44) Adults have every right to **envy** as kids splash around in the children's area of the water park. (07/16/1992)

次に、上で見た構文間の違いを、ネイティブ・チェックを行って考察する事にしたい。以下にネイティブ・チェックの結果を掲げておく。[2]

Ⅱ．事例研究

================== 語法調査文一覧 ==================

　　　　　　Ａ Ｂ Ｃ Ｄ

◎ 1. (○○○○) Tom envies Jane.
◎ 2. (○○○○) He envies her.
◎ 3. (○？？○) He envies her success.
　　4. (？××○) He envies Jane her success.
　　5. (？××○) He envies her her success.
　　6. (×××○) She envies him his car.
　　7. (×××○) She envies him his good luck.
◎ 8. (○？？○) He envies Jane's success.
× 9. (××××) He envies her Jane's success.
×10. (××××) He envies him Tom's success.
×11. (？×××) He envies Tom his brother's success.
×12. (×××？) He envies Jane her being lucky.
×13. (××××) She envies Tom his being a president.
×14. (××××) She envies him his being a lucky man.
◎15. (○××○) She envies him being a president.
　16. (×？×○) She envies Jim being a lucky man.
◎17. (○？？○) She envies his being a lucky man.
×18. (×？××) She envies that he is a lucky man.
×19. (×？××) Jim envies that she could travel to Europe.
　20. (×？×○) Jim envies the fact that Tom bought a new car.
×21. (××××) Tom envied her success her.
×22. (××××) She envied Tom's success him.
×23. (××××) She envied his success Tom.
◎24. (○××○) Tom envies Jane her sister.
◎25. (○？○○) Mary envies Jane for her beauty.
◎26. (○？○×) Mary envies Jane for her being rich.

168

4．envyの語法学的分析

27. (× ? ○×) Tom envies Jane for her going to America.
28. (× ? ○×) Mary envies Tom for his earning a lot of money.
×29. (××××) Mary envies Tom for him earning a lot of money.
30. (? ××○) Jane envied Tom his success.
31. (×××○) His success was envied Tom.
32. (×××○) Jane envied him his success.
33. (×××○) They envied you your fine garden.
34. (×××○) They envied him his fine garden.
35. (×××○) We envied her her office.
36. (×××○) His success was envied him.
37. (×××○) You were envied your fine garden.
38. (×××○) He was envied his fine garden.
39. (×××○) She was envied her office.
40. (×××○) Your fine garden was envied you.
41. (×××○) Her office was envied her.
42. (×××○) His fine garden was envied him.
◎43. (○ ? ×○) Your fine garden was envied.
◎44. (○ ? ×○) Her office was envied.
45. (×××○) Her good looks was envied her.
◎46. (○ ? ○○) She was envied for her good looks.
◎47. (○ ? ○○) He was envied for his success.
48. (×××○) His good luck was envied him.
49. (×××○) His new car was envied him.
50. (×××○) His fortune was envied him.

****

これによると、この語は、特定の文型に対してかなり容認度が低いことが分かる。まず、容認度の高い文を見ることにしよう。

Ⅱ. 事例研究

1. Tom envies Jane.
2. He envies her.
3. He envies her success.
8. He envies Jane's success.
15. She envies him being a president.
17. She envies his being a lucky man.
24. Tom envies Jane her sister.
25. Mary envies Jane for her beauty.
26. Mary envies Jane for her being rich.
43. Your fine garden was envied.
44. Her office was envied.
46. She was envied for her good looks.
47. He was envied for his success.

　これらを見て分かるのは、一般に辞書などで示されていない15.や17.や25.や26.のような構文でも使われるということである。反対に容認度の低いものは次のような文である。

× 9. (××××) He envies her Jane's success.
×10. (××××) He envies him Tom's success.
×11. (?×××) He envies Tom his brother's success.
×12. (×××?) He envies Jane her being lucky.
×13. (××××) She envies Tom his being a president.
×14. (××××) She envies him his being a lucky man.
×18. (×?××) She envies that he is a lucky man.
×19. (×?××) Jim envies that she could travel to Europe.
×21. (××××) Tom envied her success her.
×22. (××××) She envied Tom's success him.

170

×23.（××××）She envied his success Tom.
×29.（××××）Mary envies Tom for him earning a lot of money.

もちろんのことながら、文法的におかしい文には×がつけられている。しかし、文法的にはおかしくない文で、容認度が低い表現がみられる。その理由を考えてみると、他の表現があることに気がつくであろう。すなわち、次のように形容詞を使って同じ意味を表したり、前置詞を使って同じ意味を表したりできる場合には、意味の取りにくい構文は避けられる傾向があるのである。

(45) We were envious of her office.
(46) We envied Jane for her beauty.

つまり、シノニムの存在が容認度に非常に大きく関わっていると思われるのである。

2.3. まとめ

以上のように、envyという語を通じて語の文法的・語法的特徴を眺めてきた。ここでわかったことは、文法的には正しい表現が語法的にみるとほとんどと言っていいほど使われないという現象が存在するということである。そして、それにはどうもシノニム表現の存在が関与していると考えられる。このことは、今まであまり注目されてこなかったが、今後この方面の研究が非常に重要な位置を占めると考えられる。

注

(0) この章は、奥田 (1984)「『ENVYの語法』をめぐって」と (1994)「Envyの語法的分析」をもとに修正を加えたものである。
(1) このJespersenのどちらも直接目的語だという考えは、意味に重点を置いた考え方であって、統語的にO_1O_2が同等の性格を持っているとは言っていない。と

II. 事例研究

　　ころが、浅田（1981）は、これを統語的にも同等だと Jespersen が言っている
　と誤解している。
(2) ネイティブ・チェックをした 4 人は、A がアメリカ人（50 才：小説家）B は、
　　アメリカ人（28 才）C は、カナダ人（28 才）D は、イギリス人（34 才：ケンブ
　　リッジ大 Ph.D.）

5. worth の語法学的分析

　形容詞というものは、だいたいが限定用法と叙述用法の両方に使えるのであるが、特殊なものは、一方の用法しか持たない。例えば afraid, asleep, ashamed, awake などのような a の付く形容詞は、叙述用法しか持たない。また、casual, financial, mental, stylistic, temporal, visual, verbal, urban などは、限定用法しか持たない。

　このように限定用法、叙述用法という尺度で形容詞を分類し、特殊なものを拾い上げることができる。しかし、この尺度とちがう尺度を用いることによりもっと特殊な形容詞を見つけ出すことができる。それは、形容詞が目的語を取るかどうかという尺度である。これによると near, like, worth という 3 つの形容詞が特殊なものとして浮かび上がってくる。つまり、near も like も worth も後ろに（動）名詞をしたがえるのである。

　ところでこの章では、この 3 つの形容詞の中から worth という形容詞を取り上げ、語法という観点から今まであまり知られていなかった worth の用法などについて具体的な例を用いて考察してみたいと思う。

1. worth の基本的特徴

　worth は、目的語を取るという点で他の形容詞とちがっているということを上で述べたが、
他の点でもかなり特殊な統語的性格をもっている。

1. a. This is ***worth*** saying.
   b. This is ***worth*** six pence.
   c. *This is ***worth***. —— *MEU*(a-c)

Ⅱ. 事例研究

この(1c)のように、worth は叙述用法の形容詞なのだが、単独では用いることができず、いつも後に目的語を伴うのである。この点で一般的な叙述用法のみを持つ形容詞と性質を異にしている。

また普通の形容詞は He is very rich というふうに、very で修飾可能だが、worth は次のように very は付かない。

2．a．*It is ***very worth*** listening to.
　　b．*It is ***much worth*** listening to.
　　c．　It is ***well worth*** listening to.
　　d．　It is ***very well*** worth listening to. —— Milward, *A Miscellany of Mistakes*（a-d）

つまり、very や much はダメで well か very well を用いるということである。このことは、次の用例からもあきらかなことだ。

3．They are ***well worth*** remembering. —— Robins, *Betsy*

しかしながら、アメリカ英語では、この原則からはずれた much も用いられることがある。

4．When we say the Search for life elsewhere is important, we are not guaranteeing that it will be easy to find —— only that it is very ***much worth*** seeking. —— Sagan, *Cosmos*〔名和俊彦氏提供〕

次に比較表現について見てみよう。この比較に関してはほとんどの語法書・文法書・辞書で取り扱われていない。まず worth は、*worther, *worthest というふうに -er, -est を付けて比較級・最上級にすることはできない。

5. worth の語法学的分析

5. a. *It is ***worther*** than that book.[1]
   b. *This book is ***more worth*** than that book.
   c. It's ***worth much more*** than I paid for it. —— LDCE
   d. "And my daughter is ***worth*** infinitely ***more*** to me than this."
      —— MacLean, *Fear is the Key*

(5a-d)でわかるように、比較級は more worth にならずに worth more という語順になる。

しかし、これだけではすまないことが次の例を見ればわかる。

6. a. This book is ***worth more*** than that book.
   b. *This book is ***more worth*** than that book.
   c. *This book is ***worth more*** reading than that book.
   d. This book is ***more worth*** reading than that book.

(6a-d)でわかるように、比較では worth は目的語をしたがえなくてもよく、その場合は worth more 〜 than ... となるが、reading のような目的語をしたがえると more worth 〜 ing than ... という語順になる。

次に、疑問詞を用いる疑問文を見てみることにする。一般に形容詞が用いられる疑問詞を用いる疑問文は how を使う。たとえば How tall is he? とか、How old is she? のように用いる。しかし、worth の場合は what を用いた疑問文も OK である。

7. a. "This is a beautiful label," he said. "***How much*** is this bottle ***worth?***"
      —— Clement, *Columbo#3 : Any Old Port in a Storm*
   b. ***What*** is the vase ***worth***? (=How much is the vase worth?)

175

Ⅱ．事例研究

　このwhatとhow muchを用いるというのは、意味的なものが原因であると思われる。というのもworthは、価値を聞いているので、同じように金額に関係するcostという動詞と類似の形式をとっているからだ。[2]

8．a．It *costs* $40.
　　b．*How much* does it *cost*?
　　c．*What* does it *cost*? ── Palmer, *Verb*（a-c）
　　d．It is *worth* $40.
　　e．*How much* is it *worth*?
　　f．*What* is it *worth*?

　ところでworthという語は動名詞を後ろにしたがえることができるのだが、この動名詞は、受身的な意味を持つ。これはwantという動詞が動名詞（受身的）をしたがえるのに似ている。

9．a．　This book is *worth reading*.
　　b．　*This book is *worth to read*.
　　c．　*This book is *worth being read*.
　　d．　The man *wants watching*.（=The man wants to be watched.）
　　　　── Palmer, *Verb*

　しかしながら、wantはto be watchedという表現も使えるのに対し、worthの方は、worth being readという表現は使えないという違いがある。

2．worthの意味と用法

　ここではworthの意味と用法をこまかく検討してみたい。つまり主語、目的語にどのようなものが来て、その場合にはどういう意味を持つかを見ることにする。

176

2.1. 目的語が金額の場合

worth の目的語に金または金額が来る場合には、主語が物の場合は、「... の価値がある；値うちがある」という意味になる。これはよく知られている用法なので例をあげるだけにしておく。

10. a. The ring was *worth* at least twenty thousand dollars.
    b. The designs, marketing plans and research results of a major US motor manufacturer were *worth* literally millions. — Follett. *Shakeout*
    c. That pen is *worth* $5.00. — *SFAD*
    d. The boat is *worth* a great deal of money. — *Scholastic*

主語に人が来る場合は、「... の財産がある；... のお金を持つ」という意味になる。用例を見てみよう。

11. a. He is *worth* £1,000,000. — *LDCE*
    b. That man is *worth* millions. — *SFAD*
    c. The old man's *worth* a fortune. — *CULD*
    d. He is only *worth* $10.
    e. What is he *worth*? (=How much money has he got?) — *New Method*
    f. How much is he *worth*?
    g. He died *worth* a million pounds. — *OALD*

これらの例を見ればわかるように、この場合も what, how much の両方の形の疑問文が可能である。そして、一般的には、目的語になる金額は多額である。しかし、(11)のように小額でも only というような副詞が来ると普通に用いられる。「... のお金を持つ」というより「... の財産がある」という意味の方が

Ⅱ．事例研究

普通の用法なのだろう。そのため実際に使われた用例は見つからなかった。

２．２．目的語に時間・労力などが来る場合

時間、労力が目的語に来る場合は、主語には物事が来る。そしてその時の意味は、「時間・労力をさく価値がある」である。

12. a. It is not *worth* my time. —— *Horizon*
    b. "Might be *worth* a try." —— Grady, *Six Days of the Condor*
    c. On the contrary, it was *worth* the gamble. —— Hays, *Columbo#5 : Murder by The Book*
    d. Don't lock the door; it isn't *worth* the trouble. —— *LDCE*

(12a)は時間、(12d)は労力、(12b)(12c)は「やってみる事」つまり「やってみるための時間と労力」ぐらいの事になる。(12d)の文において口語ではよくthe trouble の代りに it を用いる。この it は、労力をばくぜんと指しているものである。また(12d)のような worth the trouble という表現や worth the bother という表現はイディオムとして固定されてきている。そのために次のような現象が見られる。

13. a. It is not *worth* the bother.
    b. ?It is not *worth* the bother involved.
    c. It is not *worth* the struggle involved.
        —— Bolinger, *Aspects*（a-c）

つまり、(13a)のような表現は決まり文句になってしまっているので、その後にinvolvedという語をつけるとかえっておかしくなるのである。しかしながら、struggle という語を bother の代りに使うと、worth the struggle という連語関係はあまり固定化された表現でないので、involved をつけても OK になる。

また worth の後に one's while と続くものがあるが、それも It is worth your while というのが慣用的であり、Bolinger は他のものを次のように判断を下している。

14. a. *It's worth ***John's*** while.
    b. *It isn't worth ***anybody's*** while.
    c. ?It's worth ***my*** while.
    d. ****Whose*** while is it worth? —— Bolinger, *Aspects*

ところがネイティブ・チェックをしてみると、だいたいは Bolinger の意見に合うのだが、(14a)は？ぐらいだとか、(14b)でもこの前に I think をつけて、I think it isn't worth anybody's while とすると OK に近くなるという微妙なところが出てくる。また(14a)の John's を his にすればもっと容認度は、高くなるとのことだった。

このような事は、worth だけでなく他の語にも関係してくるのだが、慣用化された表現（＝確立表現）とまだ慣用化されていない表現（＝非確立表現）との間の容認度の差というところもほとんど研究されていないので、これからの研究が必要であろう。

2.3. 目的語が動名詞の場合

目的語が動名詞の場合には、主語には、人・物・事が来る。また上で触れたように、動名詞は受身的な意味を持つ。

15. a. It was ***worth*** trying and he moved into the side corridor that led to the rear of the house. —— Higgins, *Hell is Too Crowded*
    b. I also printed his comments in the column at that time, but they are ***worth*** repeating. —— Landers, *Ann Landers Speaks Out*
    c. The book is well ***worth*** reading. —— *OALD*

Ⅱ．事例研究

  d．London is a city ***worth*** visiting. —— *SFAD*

 この形に関してはあまり問題はないのだが、Huddleston の次の例文は考えておくべきだろう。

16. a．His new book is ***worth*** reading.
  b．*Reading his new book wasn't ***worth***.
  c．Reading his new book wasn't ***worth*** the effort/while.
   —— Huddleston, *The Senlences in Written English*（a-c）

 このことは、(1c)のところで見たのと同じことなのでわかることだが、reading という語を(16a)の位置から文頭に移動しただけだが、それによって正しくない文になってしまうのである。やはり、(16c)のように worth の後に目的語にあたるものが必要となる。
 また動名詞は受身的な意を持つので他動詞が使われるのだが、次の例のように be 動詞を用いることもある。これは最近の現象である。

17. "That's ***worth*** being a quarter of an hour late at work."
  —— Hardwick, *Juliet#1*
  (「それは、仕事に25分遅れて行くだけの価値をもっているよ。」)

2.4. It is worth (one's) while to do/doing

 たいていの辞典には It is worth while to do と It is worth one's while to do は one's があるかないかの違いだけで、同じように扱われてきている。しかし本当にそれでいいのかを考えてみたい。まず例文を見てみよう。

18. a．It would be ***worth your while*** to see the art exhibit. —— *RHDS*
  b．It's ***worth your while*** reading this book, because it isn't accurate.

　　　　── *CULD*
　c．It is ***worth while*** going there now. ── *OALD*
　d．"There's no damage to t'car. It's not ***worth your bloody while*** to take me to court." ── Hartwick, *Juliet#1*

　なるほどこれだけ見ると、worth one's while も worth while も両方が to do/doing の両方取れるかどうかはわからない。しかし、worth one's while は(18a)(18b)から判断して to do も doing も取れるようだ。
　そこでネイティブ・チェックを行うことにした。

19．a．(OK/OK)　It is ***worth while reading*** the book.
　　b．(OK/?)　　It is ***worth while to read*** the book.
　　c．(?/?)　　　It is ***worth your while reading*** the book.
　　d．(OK/OK)　It is ***worth your while to read*** the book.

　(　)の中に示したのが結果だが、/ の前がアメリカ人、後がイギリス人の反応である。そこでこの結果から見て言えることは、worth while の時には、動名詞を、worth your while の時には to 不定詞を用いる傾向があるということである。このようなことは、one's という語（特に your）が入るか入らないかで決定されるのである。こういうところにあまり注目されていないので特に重要であると思われる。
　また次の例からもわかるように worth while の while は省略されることもある。

20．It's not ***worth*** (while) you/your coming all the way to see us
　　── Alexander *et al., English Grammatical Structure*

　またここで注意すべき点は、you または、your が while の後に来ている点で

Ⅱ. 事例研究

ある。worth your while という語順が普通であるはずなのに、後に来ている。また you という目的格も来れることも興味深いことである。

2．5．It's worth reading the book.

　語法書や辞書には、It's worth reading the book. という文が誤りであると今まで記述してきている。その根源は Fowler の *MEU* や Wood の *CEU* の記述によるものだと思われる。しかし現実の用例を見てみると、いかに多くこの用法が用いられているかがわかる。

　　21.　a．It isn't ***worth*** repairing the car.
　　　　b．It is ***worth*** visiting Leicester?
　　　　c．It's not ***worth*** getting angry with her. —— Swan, *PEU* (a-c)
　　　　d．It isn't ***worth*** waiting for him. —— *LDCE*

まず Swan の語法書から例文をとってみたが、Swan はこの(21a)〜(21c)の文を正文としている。また(21)のように辞書にもこの形の文が記載されている。そこで(21a-d)をよく見てみると、否定文と疑問文の例ばかりであることがわかる。そこで肯定文では、用いられないのかどうかが問題になってくる。ところがこの肯定文の例も辞書に載せられている。

　　22.　a．It is well ***worth*** knowing something about electricity. —— *Harrap's EED*
　　　　b．It's ***worth*** making an effort. —— *LDCE*

また Huddleston は His new book is worth reading. という文と It's worth reading his new book. を変形によって対応づけて説明している。
　それでは、実例を見てみることにしよう。[3]

23. a. But for the most of the stuff out there. it is not **worth** wasting your time. —— *Time*, Mar. 23, 1981

 b. As for grammatical analysis of this sentence. it's **worth** being careful of "worth". —— Milward, *A Miscellany of Mistakes*

 c. It's **worth** arguing with George. —— Anderson, *Nurse*［柏野健次氏提供］

 d. I thought, "Is it even **worth** getting on the phone and trying to explain this?" —— *Ibid.*

 e. And it is **worth** recalling that this marathon is undertaken after the previous day's tension in the more formal Dressage ring ....
 ——Forbes, *International Velvet*

 f. Erosion —— problems always have a long history, at which it's probably **worth** glancing .... —— Adams, *Authentivcity-Codes and Sincerity-Formulas*

 g. I think it is **worth** remarking on the fact that these issues have been so much debated in the past twenty years ....
 —— Chomsky, *Rules and Representations*

以上のように実際に It's worth reading the book の形の文はよく使われている。ここまで使われるようになったのだから、現代英語では正用法として認めていいのではないだろうか。念のためネイティブ・チェックをしてみたが、アメリカ人・イギリス人両方ともがOKを出し、普通に用いるとのことであった。

24. (OK/OK) It's worth reading the book.

以上のことから、やはりこの形の文は正用法として認めていいと判断できると思われる。[4]

Ⅱ. 事例研究

3. まとめ

　以上のように現代英語における worth の語法・用法を探ってきたが、一番最初にも述べたように worth という形容詞は特殊な形容詞である。つまり叙述用法のみでしか用いられないばかりか、普通の叙述用法と異なり目的語を取るという統語的におもしろい形容詞なのである。この目的語を取ることにより、動詞と同じような統語的な性質を持っていたりする。特に疑問文では、cost という動詞と同じように How much ～？と What ～？という 2 種類の疑問文が作れるところは他の形容詞と全く性質を異にしている。

　また形容詞を強調する時には、very や much で修飾できず、well を使うことも重要な事であろう。特に現代のアメリカ英語で much worth という用法が出てきたことは、これからこの語法が変っていくことを示唆するものだと思われる。比較の構文では、worth は目的語を取らなくてもよく、その時には worth more than となり、目的語として動名詞を取る場合には more worth ～ ing than ... となる事はどこにも述べられていない事であるので重要である。

　次に worth の意味・用法であるが、worth が「～の財産を持っている」という意味ではあまり用いられないということもわかった。そして、worth the trouble/bother や worth your while というような句はイディオム化しているため、他の要素が入ったり他の要素と一部がとりかえられたりすると、容認度（acceptability）に影響を及ぼすこともわかった。また It is worth while の方は動名詞を取り、It is worth your while の方は後に to 不定詞を取る傾向がある。

　また It's worth you ... ing というような新しい用法もあることにも触れた。そして It is worth reading the book という形の文が現代英語では正用法と認めてもよいのではないかという判断を下した。

　このように worth という語 1 つを取り上げても、まだまだわかっていないところが次々と出てくる。そして現代英語の変化とともにこの worth という語の用法にも少しずつ変化が起こっているのである。この事実をふまえて、少しずつではあるが確実に現代英語における語の用法の研究がなされるべきであ

ると思われる。また、この章では、一応 worth という語の大ざっぱな性質をとらえたつもりであるが、もう一歩ふみ込んで、なぜそういう統語的な性格を持つかという事も追求する必要があろう。この章がそのための資料となれば幸いである。

注

(0) この章は、奥田（1982）「現代英語に於ける worth の語法」に修正を加えたものである。またこの章では worth を形容詞として扱っているが、最近では worth を前置詞と見る事が主流となってきている。
(1) このように出典の示していないものは、ネイティブ・チェックを行ったものである。
(2) この worth と cost の類似点については、Peter Trudgill 教授よりヒントを与えられた。
(3) この用例は、私が集めたものであるが、小西友七教授の要請を受け、小西氏に提供したので、『英語教育』（1982年1月号）Question Box に先に掲載されている。
(4) この It is worth reading the book の型の文については、『英語教育』誌上で何度も用例などが取り上げられた（1982年3月号・5月号・7月号・10月号）。私は、この章のもとになる時事英語学会の発表でもこの用法を正用法として認めるべきであるとした。小西氏もはじめは、（1月号）否定的であったが、だんだんとこの用法は正用法として認める方向に意見が変わっていった（5月号・7月号）。

6．over の語法学的分析

　over という前置詞が「～しながら」という意味を持つということは、よく知られていることである。ところが反対に「～しながら」という日本語に対し、over という語がいつも使えるというわけではない。しかし、どういう場合にoverが使え、どういう場合にoverが使えないかということに関しては、文法書・語法書・辞書などでほとんど触れられていない。そこでこの章では、over がどういう場合に用いられるか、またその時の統語的、意味的制約というものを探ってみたい。

1．over の実例

　先ず、over という語が実際には、どのような場面で用いられるか具体的に作品からの用例を見てみることにしよう。

(1) Naomi and I made small talk ***over*** our tea while Arthur just sat there, looking gray and haggard. —— S. Hailey, *I Married a Best Seller*

(2) They sat and chatted ***over*** their drinks, now and then talking louder as the jukebox blared to life. —— R. Peck, *Something for Joey*

(3) Thus, as she argued stubbornly with Ray ***over*** dinner that night that the Michigan Daily had no right to meddle in the financial affairs of campus sororities .... —— J. Guest, *Ordinary People*

(4) Later that night, ***over*** a warmed-up dinner, he becomes more and more upset until he turns on his wife angrily when she asks how the car is. —— J. & B. Fast, *Talking behoeen the Lines*

(5) When one American is with other Americans, ***over*** drinks, let us say, silence makes him uncomfortable. —— E. Seidensticker, *Japanese and*

Ⅱ. 事例研究

Americans

　(4)(5)は挿入的に使われているが、(1)〜(5)までの文を見てわかることは、over の前に来る動詞と後に来る名詞の種類には制限があるようだということである。つまり、over の前に来る動詞は made a talk、chat、argue などの「話すこと」に関係がある動詞であり、over の後に来る名詞は tea, drinks, dinner などの「食べ物」や「飲み物」を表す名詞である。

　(1)〜(5)は、現代英語の作品からとったものだが、そんなに over が頻繁に用いられるわけではないので、それを補う意味で次に辞書からの用例を見ることにしよう。ほとんどの辞書は同じような例をあげているので、ここではできるだけ違った文を見ることにした。

(6) We'll discuss it **over** dinner. —— *Pan*

(7) Let's talk about it **over** a glass of beer. —— *LMED*

(8) We had a pleasant chat **over** a cup of coffee. —— *OALD*

(9) They discussed the plan **over** dinner. —— *MD*

(10) He went to sleep **over** his work. —— *OALD*

(11) to fall asleep **over** one's work —— *RHCD*

(12) He fell asleep **over** (his) dinner. —— *CULD*

以上のような英々辞典によると、上で考えた「話すこと」に関する動詞の他に(10)〜(12)のような「眠る」という種類の動詞も over の前には来ることがわかる。またその場合には、over の後に「仕事」という意味の名詞が来ることもわかる。ただし、(12)は、両方の混じった形になっている。これらのことにより、over の前に来る動詞と後に来る名詞を次のように示すことができよう。

```
┌─────────────────────┐                    ┌─────────────────────┐
│「話す」に関する動詞 │─────┐       ┌────→│   飲み物・食べ物   │
└─────────────────────┘     │       │     └─────────────────────┘
                         ┌──┴───────┴──┐
                         │    over     │
                         └──┬───────┬──┘
┌─────────────────────┐     │       │     ┌─────────────────────┐
│「眠る」に関する動詞 │─────┘       └────→│      仕    事       │
└─────────────────────┘                    └─────────────────────┘
```

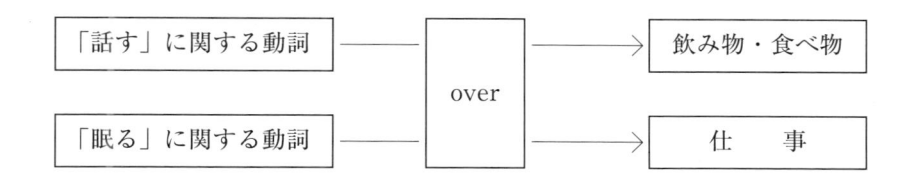

3．統語的・意味的制約

　これまでは、over が実際に使われている例や使える例を見てきたが、ここでは、over を使う時の統語的・意味的な制約をインフォーマントを使った結果を通じて見て行きたい。

(13)　They discussed the plan ***over*** dinner.
(14)　*They discussed the plan ***over*** drinking coffee.
(15)　?They discussed the plan drinking coffee.
(16)　They discussed the plan ***over*** coffee.

　まず、(13)〜(16)でわかることは、over の後には名詞は来るが動名詞は来れないということである。また分詞を使った(15)のような形も同時性が強いため、? になってしまう。plan と drinking の間にコンマを入れるか、while drinking にするかでこの(15)の文は、正しい文になる。
　次に、over 〜という前置詞句を前に出すとどうなるかを調べることにした。

(17)　He went to sleep ***over*** his work.
(18)　*Over his work he went to sleep.
(19)　Let's talk about it ***over*** a glass of beer.
(20)　?Over a glass of beer, let's talk about it.

(10)のような文は、インフォーマント4人のだれに聞いてもダメな文ということとだった。その反対に(20)の文は、インフォーマントの2人はOKに2人は？

II. 事例研究

にした。その OK にしたインフォーマントの 1 人は、文法的には OK だが、普通は、この語順では用いないとのことだった。また(17)の文についても 3 人は OK としたが 1 人が*にしている。これは、(17)のような状況はあまり見られないというところから来ているのではないだろうか。

　研究社の『大和英辞典』には、「歌いながら仕事をする」というのに sing over one's work というのがある。そこで次のような文を作ってみた。

(21)　*He shaved **over** a song.
(22)　*He sang a song **over** shaving.
(23)　　He shaved singing a song.

(22)がダメなのは、over の後に動名詞が来ているからであることはわかるが、(21)がダメなのは、なぜだろうか。上の sing over one's work は、「大和英辞典」の「歌いながら仕事をする」というより、「仕事をしながら歌う」にあたるであろう。これに関して、次の例を見ることにしよう。

(24)　　We discussed it **over** dinner.
(25)　*We took dinner **over** the discussion.
(26)　　They discussed it **over** coffee.
(27)　*They drank coffee **over** the discussion.

これらの例を見ても、日本語では、「食事をしながら／コーヒーを飲みながら議論した」でも「議論しながら食事をした／コーヒーを飲んだ」と言えるのに、なぜ(25)(27)は、だめになるのかが説明できない。ここで、小西友七著『前置詞（下）』(p.83) を見てみよう。そこには、「物の上にかがみこんで仕事をする姿から、「～しながら」(while engaged in) の意味を示す」とある。つまり、over の原義が関与しているのである。このことを頭に入れて、上の(21)～(27)の例文を見てみよう。

over の原義は、「～の上に」ということなのだが、a song とか、the discussion というものは、話し手の目の下に見ることはできないし、その上にという感じはうけとられない。しかし、dinner や coffee は目の下に見ることができる。このことが容認度に関与しているのではなかろうか。このことを考えあわせると (1)～(27) の文の over の後の名詞はなるほどと思われるものばかりである。

　これに関連して次の例を見ていただきたい。

(28) We talked about it **over** music.
(29) We talked about it **over** the radio.
(30) We talked about it **over** the noise of the radio.

これらの例には、*がついていないが、「～しながら」という意味としては、全部*が付くのである。over の原義から (28) はだめだとわかる。しかし、(29) (30) は、「～しながら」ととってもいけそうだが、それよりも「～の上で」という意味か「～を越えて」という意味の方の解釈がされるようだ。そのため、「ラジオの音以上の大きな声で我々は、その事について話した」という意味になるようだ。(30) もこの解釈の方が普通のようである。

　それでは、次に、over の後の名詞についてもう少し見てみることにしよう。

(31) We discussed the problem **over** beer.
(32) We discussed the problem **over** a glass of beer.
(33) We discussed the problem **over** two glasses of beer.

(31)～(33) でわかるように、over の後には、「1杯の」「2杯の」にあたる a glass of ～, two glasses of ～ という表現も来れるわけだが、ここで注意しなければならないのは、a glass of beer となっていても2人で1杯のビールを分けあうのではないということである。つまり、1人1杯ずつということである。

Ⅱ. 事例研究

インフォーマントの中には、(33)に？を付けた人もいた。というのも「ビールを飲みながら」という時に、わざわざ「～杯飲みながら」と言うことは少ないからであろう。次に beer を他のものに代えてみた。

(34)　We discussed the problem *over* a glass of milk.
(35)　?We discussed the problem *over* a glass of water.

milk や water にしても、文法的や意味的にはおかしくないようだが、語用論的に見て、「水を飲みながら」というのは「冗談でしか言わない」というようなコメントもかえってきた。

　もう少し over の後に来るものを見てみよう。今度は、食べ物を持って来ることにしよう。

(36)　We discussed the problem *over* breakfast.
(37)　We discussed the problem *over* lunch.
(38)　We talked about it *over* spaghetti.
(39)　We talked about it *over* steak.
(40)　We talked about it *over* salad.
(41)　*We discussed the problem *over* a cake.
(42)　?We discussed the problem *over* cakes.
(43)　*We discussed the problem *over* a cookie.
(44)　We discussed the problem *over* cookies.

(1)～(35)までで、over の後の名詞は「飲み物」と「食べ物」が来ることが多いことはわかったが、「飲み物」の場合は具体的な名前が出てくるが、「食べ物」の場合は「食事の名前」しか出て来なかった。しかし、(38)～(44)でわかるように、「食べ物」の場合にも具体的な名前が来れることがはっきりした。また(40)に？を付けたインフォーマントも 1 人いた。「サラダを食べながら」というの

は「話し合い」になじまないのかもしれない。また(41)〜(44)でわかるように、単数形より複数形の方が普通のようだ。というのも、「話し合い」にはある程度の時間が必要なので、ある程度の時間でそれを食べることのできるものでなければならないからであろう。(42)に？が付けられているのは、「ケーキ」が「話し合い」に不向きだからであろう。

　次に discuss の代わりに chat を使ってみた。また over の後の名詞を cookies と、tea and cookies としてみた。そして、主語が女性と男性で反応が変わるかを見てみたが、全くどの文も OK ということだった。

(45) Jane and Mary chatted **over** cookies.

(46) Tom and Jim chatted **over** cookies.

(47) Jane and Mary chatted **over** tea and cookies.

また **over** の後の名詞は、「食べ物」と「飲み物」だけではないということも次の例でわかった。

(48) We discussed it **over** a cigarette.

(49) We discussed it **over** cigarettes.

(50) We discussed business **over** golf.

(51) They spent an hour **over** cards.

しかしながら、「タバコ」も一種の「飲食物」と考えることはできる。(50)の golf、(51)の cards に関しては「ゲーム」などということにしてまとめるとよかろう。そして、(51)の動詞の spent an hour に注目すると、「時間をすごす」という意味であるので、このような場合にも over が用いられることがわかる。次に動詞が「眠る」の方を見てみよう。

(52) ?He fell asleep **over** his job.

II. 事例研究

(53) *They chatted *over* their job.

(52)の方も辞書には、よく似た例文（cf.(10)(11)）が出ているのだが、インフォーマントの反応は、かなり悪かった。(53)の方は、上で見た「話すことに関する動詞」を入れてみたが、やはりこれもかなり悪い反応が出た。この背景には、上でも述べたが、（仕事をしながら）「眠る」「しゃべる」というようなことがあまりないという事実があるのではなかろうか。また、他の名詞と動詞が使われる表現をさがしてみると、上でふれた小西友七著『前置詞（下）』に次のような例文があった。

He told a story *over* a glass. / Sitting *over* my books, I seemed to feel the silence. —— Gissing, *The Private Papers of Henry Ryecroft*

ところがこの２つの文を出典を示さずにインフォーマントに見せてみると、*または？にしてしまうのだった。先の方は、文脈がないために a glass だけなので*にしたのだろうということはわかるが、後の方は実際の用例にもかかわらず、*または？をつけているというのはどういうことだろう。考えられるのは、over の用法が変化して、昔はかなり広く用いられてきたのが今ではある限られた表現でしか用いられなくなってきているということである。

　最後に、例文の(4)(5)をもう一度見ていただきたい。この文では over が挿入的に用いられていて、「～している最中に」ぐらいの意味になってきている。そこで、「食事をしている最中に地震が起こった」という意味で次の文が使えるかを調べてみた。

(54) We had an earthquake *over* dinner yesterday.

ところが、これもやはりダメということであった。during なら OK ということだが、この(54)の文のダメな原因を考えてみると、地震というものがここで

はダメにする原因になっているのであろう。というのも、over の前に来る主語と動詞の関係と over の後の名詞を考えてみると、over の後の名詞は、内容的には「over の前の主語になっている人が〜する」という意味にならなければならない。つまり over の前の動詞と over の後の名詞の意味的な動作主は同一でないといけないのである。例えば、We discussed it over coffee とすると、We というのが動作主で discuss（ed）という動作をし、「coffee を飲む」という動作をするのである。しかしながら、(54) の場合は we が動作主になってはいるが、We had an earthquake というのは動作ではないのである。そのためにこの文は非文になっていると考えられる。

4．まとめ

　以上 over という前置詞が「〜しながら」という意味を持つ場合の統語的、意味的制約を見てきたが、ここで大まかにまとめておくことにする。もちろんのことながら今回触れなかったような例もあるかもしれない。しかしながら、大まかなところは、カバーできたと思われる。

(1) 統語的制約
　(i) over の後には名詞が来て、動名詞は来れない。
　(ii)「over ＋名詞」を前置すると容認度が落ちる（特に over one's work の場合は、前置できない）。
　(iii) over の前の動詞の主語と、over の後の動作を暗示する名詞の意味的な動作の主体は一致する。
　(iv) over の前の動詞は動作動詞であり、状態動詞は来れない。
(2) 意味的制約
　(i) over の後に来る名詞は over の原義より話し手の目の下に見えるものが来る。
　(ii) over の前に来る動詞と後に来る名詞には制限があり、大まかには、別表のように示すことができる。
　(iii)「〜しながら」という意味が示すように、over の後の名詞はある一定の

Ⅱ．事例研究

期間続けられる動作を暗示するものでないといけない。cf. a cookie より cookies の方がよい。

別表

動　　詞	名　　詞
「話す」という類の動詞： talk about, discuss, chat, argue, etc.	「飲み物」「食べ物」： coffee, tea, cookies, dinner, cigarettes, etc.
「眠る」という類の動詞： fall asleep, go to sleep, etc.	「仕事」： one's work, job
「時間を使う」という類の動詞： spend	「ゲーム」等： golf, cards

ただし、discuss business の場合は、golf との結びつきもある。

以上、over に関してあまり文法書・語法書・辞典で触れられていない特性を見てみたが、このようなことは、英語話者には当然のことだとしてわざわざ取り上げられないものである。しかしながら、我々日本人にとっては、こういうことこそ知らなければならないのであって、これからの研究が望まれる分野である。ここでは、over という語について見たが、他の語についても同じような研究が必要であろう。

5．さらなる分析

概して、「～しながら」という意味を持つ over の用法については、例外的な用法として簡単に取り扱われている。[(1)] 例えば、*Collins COBUILD English Grammar*(p.268) では、次のように取り扱っている。

(1) 'Over' can be used with meals and items of food or drink to indicate that something happens while people are eating or drinking.

6．overの語法学的分析

Davis said he wanted to read it *over* lunch.
Can we discuss it *over* a cup of coffee?

確かに、「食事、食べ物、飲み物と一緒に使われて、食べたり飲んだりしているときに何かが起こるということを表している」という説明で、この2つの例は説明がつく。しかし、どういうときに使えてどういうときに使えないのかということに関しての情報は全くない。本当に「食事、食べ物、飲み物」としか一緒に使わないのか。また、動詞についての制限はないのか、などは全く分からない。この点から見ても、これまでの記述では用法についての理解が不十分であることが分かるだろう。この不十分な点を少しでも改善しようとしたのが1～4であった。

1～4では、overの特殊な意味・用法に注目し、色々な例をあげ、ネイティブ・チェックをして、用法における制約を、統語的、意味的に検討した。しかしながら、その後、その制約だけでは、うまく説明できないような事象にたまたま遭遇し、再考する必要性を感じるようになった。また、認知意味論の方でも、前置詞と副詞のoverの用法を統一的にとらえようとする試みもなされているので、そちらの方も見てみる必要性が出てきた。そこで、もう一度、overの用法について詳しく検討してみることにした。

この章では、まず、1～4で検討したoverという語の制約をまとめて見て行き、これらの制約でどういう言語現象が説明できるかを示すことにする。次に、新しく発見した事実に基づき、1～4で検討したoverという語の制約の中には、不十分なものと、厳しすぎるものがあることを確認し、それらに修正を加え、このoverという語の用法の背景にある使用の特性を考察することにする。そして、新たに関連条件（relatedness condition）という概念を導入し、この条件を設定することが、この語の用法を説明するのに大変有効であることを例をあげながら証明する。また、その際、認知意味論の方法を検討し、関連条件（relatedness condition）と比較して考察するつもりである。

Ⅱ. 事例研究

6. 1～4で考察した制約

　新しい考察を始める前に、問題点をはっきりさせておく必要がある。そこで、まず奥田（1982）で設定した制約をまとめ、これらの制約でどういう言語現象が説明できるかを示すことにする。1～4では、overの制約を統語的制約と意味的制約との2つに分けて考察した。まず、統語的制約から見て行くことにする。統語的制約に関しては、以下の4つを設けた。

　a．統語的制約
　ⅰ）overの後には名詞が来て、動名詞は来れない。
　ⅱ）'over＋名詞'を前置すると容認度が落ちる。
　ⅲ）overの前の動詞の主語と、overの後の動作を暗示する名詞の意味的な
　　　動作の主体は一致する。
　ⅳ）overの前の動詞は動作動詞であり、状態動詞は来れない。

これら4つの制約で次のような例が説明できる。ⅰ）の制約で(2a)が、ⅱ）の制約で(3b)が、ⅲ）の制約で(4b)が、ⅳ）の制約で(5b)がそれぞれ不可なのが説明できる。[2]

(2)　a．*We discussed *over* drinking coffee.
　　　b．　We discussed *over* coffee.
(3)　a．　He went to sleep *over* his work.
　　　b．**Over* his work he went to sleep.
(4)　a．　He chatted *over* cigarettes.
　　　b．*He chatted *over* Nancy's cigarettes.
(5)　a．　She talked with Tom *over* dinner.
　　　b．*She likes Tom *over* dinner.

　これらの制約のうち、ⅰ）は、統語的に非常に重要な制約でありこれは、必

6. over の語法学的分析

要不可欠のものである。また、ⅱ)の制約は、絶対的なものではないので、じっくり考察する必要がある。ⅲ)は、当然のことなので、わざわざ制約として設けなくてもいいかもしれない。そして、ⅳ)の制約は、over が「〜しながら」という意味なので、当然のことながら、ある動作をしているときに別の動作をするということを表すことになり、状態を表す状態動詞は使われないので、これもわざわざ制約として設ける必要がないかも知れない。

以上が統語的制約だったのだが、意味的制約に関しては、次のようなものを考えた。こちらの方は、記述的色彩が濃いが、これらの制約でほとんどの例が説明できた。

b．意味的制約
ⅰ) over の後に来る名詞は、over の原義より、話し手の目の下に見えるものが来る。
ⅱ) 動詞と名詞の組み合わせの種類：
 a．話すことに関する動詞：talk about, discuss, chat, argue, etc.
   飲み物・食べ物を表わす名詞：coffee, tea, cookies, dinner, cigarettes, etc.
 b．眠りに関する動詞：fall asleep, go to sleep, etc.
   仕事を表わす名詞：one's work, job, etc.
 c．時間を使うことに関する動詞：spend
   ゲームを表わす名詞：cards etc.
     cf. discuss business ── golf
ⅲ) 名詞は、継続的な動作を暗示するものでなければならない。

これらの制約で以下の文の容認度がうまく説明できるのである。ⅰ)の制約で(6b)の容認可能性が説明できる。音楽というのは、物理的に目の下に見えるものでないので容認不可となる。また、(7)(8)(9)の容認度は、制約のⅱ)の動詞と名詞の組み合わせに合っているかどうかで決定されていると考えればい

Ⅱ. 事例研究

い。(10b)の容認度は、ⅲ)の制約で説明できる。a sip of coffee は、継続的な動作を暗示しないので容認不可となる。

(6) a.　We argued *over* dinner.
　　 b.　*We argued *over* music.
(7) a.　Let's talk about it *over* tea.
　　 b.　*Let's talk about it *over* our job.
(8) a.　He fell asleep *over* his job.
　　 b.　*He fell asleep *over* dinner.
(9) a.　We spent an hour *over* cards. ── *Webster 9th Collegiate Dictionary*
　　 b.　*We spent an hour *over* coffee.
(10) a.　He discussed with her *over* lunch.
　　　b.　*He discussed with her *over* a sip of coffee.

　これら意味的制約のなかで、ⅰ)は、前置詞 over の中核的意味と関連しているので、基本的に正しい制約だと思われる。ⅱ)に関しては、ⅱ)の cf. の例の discuss business over golf というのは、例外的に容認可能だとしておいたが、これが統一的に説明できる制約を考える必要がある。また、over は、「ある動作をしている最中に別の動作をする」ことを表現するので、「ある動作」は、幅のあるものでないといけないので、ⅲ)も基本的に正しい制約だと思われる。
　以上のように制約を設定したのだが、これらの制約の中には、上でも述べたが、不十分なものや、厳しすぎるものがあるということが分かってきた。それらを順に見て行こうと思う。

7．新しく発見した事実と制約

　1〜4で設けた制約の概略と問題点がはっきりしたところで、その後、発見した新しい制約と、以上の制約では、説明しきれない事象を、大きく分けて4

つ取り扱うことにする。問題になるのは、統語的制約のⅱ)「'over＋名詞'を前置すると容認度が落ちる」、意味的制約のⅰ)「overの後に来る名詞はoverの原義より話し手の目の下に見えるものが来る」とⅱ)「動詞と名詞の組み合わせの種類」である。

7.1. overの後の名詞の条件

1〜4では、overの後には、名詞は来れるが、動名詞は来れないということを見たが、その後、他の制約が発見された。まず、例文を見てみることにする。

(11) a. Let's discuss the matter ***over*** coffee.
　　 b. *Let's discuss the matter ***over*** the coffee.
　　 c. ?Let's discuss the matter ***over*** our coffee.
(12) a. We made small talk ***over*** tea.
　　 b. *We made small talk ***over*** the tea.
　　 c. ?We made small talk ***over*** our tea.
(13) a. They sat and chatted ***over*** drinks.
　　 b. *They sat and chatted ***over*** the drinks.
　　 c. ?They sat and chatted ***over*** their drinks.

この容認度の違いから分かることは、***over***の後の名詞は特定のものになると容認度が下がるということである。the＋名詞や所有代名詞＋名詞が使われると特定化されて容認度に影響がでるのである。また、不特定であっても、a cup of coffeeは良いが、two cups of coffeeになると容認度が落ちる。また、複数形を使ったover cookiesは容認可能である。
　しかしながら、先ほど見た(8a)He fell asleep over his job.という文が容認可能であるし、次のように所有代名詞＋名詞が容認可能である実例もあるので、うまく説明がつかない。

Ⅱ．事例研究

(14) They sat and chatted *over* their drinks, now and then talking louder as the jukebox blared to life. —— R. Peck, *Something for Joey*

だが、特定か不特定かで容認度に違いがでてきているのは、確かである。そこで、一応「over の後の名詞は、特定のものになると容認度が下がる」という制約を設けておく。

7.2. over の前置について

1～4 では、over の前置について、次の例を参考にして、「'over + 名詞' を前置すると容認度が落ちる」という制約を設けた。

(15) a． He went to sleep *over* his work.
　　 b． *Over his work he went to sleep.
(16) a． Let's talk about it *over* a glass of beer.
　　 b． ?*Over* a glass of beer, let's talk about it.
(17) a． We chatted *over* cookies.
　　 b． *Over cookies, we chatted.
(18) a． Let's talk about it *over* coffee.
　　 b． ?*Over* coffee, let's talk about it.

しかし、上で述べたように、(16b)(18b) は、* でなくて ? がついていることからも分かるように、この制約に関しては、修正する余地がある。また、実際には、次のような実例から分かるように、over を前置しても容認度が落ちないことがあるのである。(19) のように普通の語順では、もちろん容認可能だが、(20) のような over 句の前置の例も容認可能なのである。

(19) "Jesus," Harry said *over* coffee, "that agent was some cool customer. He ——" —— Margaret Truman, *Murder at the FBI*, p.6

(20) At the end of the meal, ***over*** coffee, Celia said, "This is my last weekend before going home. It couldn't have been nicer."
—— Arthur Hailey, *Strong Medicine*, p.191

容認可能であることを裏付けるためにもう少し例をあげておこう。(21)も(22)も、小説から取った例なのだが、over 句が前置されている。これらの例から分かるように、この制約は、修正せざるを得ないのである。

(21) ***Over*** a second cup of coffee, Doug methodically went through the papers in Ethel's desk. —— Mary Higgins Clark, *When My Pretty One Sleep*, p.68

(22) ***Over*** coffee he brought up the question of where they'd stay that night. —— Margaret Truman, *Murder at the FBI*, p.108

しかし、どう修正するかについては、もう少し考える必要がある。というのも、どうも over a cup of coffee など「飲みながら」というものは、容認度が高いが、「仕事をしながら」という様な場合は、容認度が非常に低いからである。ただ言えることは、概して、前置が可能なものは、前置しても意味の分かりやすいものに限られるということである。

7.3. 動詞の制約

意味的制約で「動詞と名詞の組み合わせ」を3つに分類し、ａ.「話すことに関する動詞と飲み物・食べ物を表わす名詞」ｂ.「眠りに関する動詞と仕事を表わす名詞」ｃ.「時間を使うことに関する動詞とゲームを表わす名詞」としたが、上でも指摘したように、動詞と名詞の組み合わせに関する制約についても、完全でない。というのも、次の例を見れば分かるように、この制約に該当しない動詞と名詞の組み合わせも使われるからである。

(23) ａ. We explored our options ***over*** lunch.

Ⅱ. 事例研究

    b．He considered the issue *over* tea.
    c．We played mah-jong *over* a cup of coffee.
    d．He thought deeply about the problem *over* whisky.

また、もう一度、上で見た(21)(22)の例を見てみよう。

(21) ***Over*** a second cup of coffee, Doug methodically went through the papers in Ethel's desk. ── Mary Higgins Clark, *When My Pretty One Sleep*, p. 68

(22) ***Over*** coffee he brought up the question of where they'd stay that night. ── Margaret Truman, *Murder at the FBI*, p.108

(21)(22)の動詞を見ていただきたい。これらを見ると、上で見た動詞の分類には入っていないので、動詞の制約はないかのように思えてくる。しかし、次の例を見ていただきたい。

  (24) a．*She walked to the park *over* cookies.
      b．*He drove to the office *over* a can of Coke.

この例を見れば明らかなように、動詞には、明らかに何らかの制約がある。さまざまな例を比較して、よく考えてみると、容認可能であるのは、「動作の主体が移動しないということが示されている」ときのみだと分かるのである。この制約がまずあって、その下位の制約として、別の制約があるように思われる。その別の制約というのは、「動詞と名詞の組み合わせ」とは、違うものであると思われる。

7．4．over music について

1～4では、over music という表現を、完全に容認不可のものとして扱っ

たが、ネイティブ・チェックをていねいに行うと、容認される場合もあることがわかった。確かに、次のような例では、完全に容認不可である。

(25) a. *We relaxed ***over*** the radio.
   b. *We relaxed ***over*** the television.
   c. *We discussed linguistics ***over*** music.

しかし、次の例を見ていただきたい。music や melody というものが over の後に来ているのに容認度が高いものがある。

(26) a. ??He used to study linguistics ***over*** music.
   b. ?He slept ***over*** classical music.
   c. He relaxed ***over*** classical music.
   d. We relaxed ***over*** light music.
   e. We made love ***over*** sweet melodies of old times.

以上の例から分かることは、over music という例が完全に容認不可ではないということである。これらの容認度の違いをうまく説明するには、「話し手の目の下に見えるもの」という制約と別の基準が必要になってくる。

8. 関連条件と認知意味論

　以上のように 1 ～ 4 での制約には、不十分なものが存在していた。そこで、上で見たように修正を施そうと試みた。しかし、その場合でも、どうもうまく修正できないところがあった。それをうまく説明するために、別の見方をする必要があると思われる。それをここで考えてみたいと思う。

8.1. over と —ing

　そこで、別の見方をするために、「...しながら」にあたる表現を対比するこ

Ⅱ．事例研究

とによって、overの特徴を見てみることにする。まず、「...しながら」という意味内容を表す英語の表現には、次の３つのタイプがある。

    ａ．動詞 + over + 名詞
    ｂ．動詞 + doing
    ｃ．動詞 + while doing

この３つのタイプを使ってネイティブ・チェックをしてみた。その結果は、次のようなものである。また、文の後の［a>c>b］の表示は、３つのタイプの文の容認度の程度の順を表わすものである。また、a=cというのは、aもcと同程度の容認度であることを示している。

(27) ａ．   They discussed the plan ***over*** coffee.
      ｂ．   *They discussed the plan drinking coffee.
      ｃ．   They discussed the plan while drinking coffee. [a > c > b]
(28) ａ．   We will hold a meeting ***over*** dinner.
      ｂ．   *We will hold a meeting eating dinner.
      ｃ．   We will hold a meeting while eating dinner. [a > c > b]
(29) ａ．   He relaxed ***over*** a glass of wine.
      ｂ．   ?*He relaxed drinking a glass of wine.
      ｃ．   He relaxed while drinking a glass of wine. [a > c > b]
(30) ａ．   He presented the paper ***over*** a cup of coffee.
      ｂ．   ?*He presented the paper drinking a cup of coffee.
      ｃ．   He presented the paper while drinking a cup of coffee.
    [(a = c) > b]
(31) ａ．   ?*He used to study English ***over*** music.
      ｂ．   He used to study English listening to music.
      ｃ．   He used to study English while listening to music.

[c＞b＞a]

　(27)〜(30)の例を見れば分かることだが、非常に似通った容認度の差（a＞c＞bまたは、(a=c)＞b)を示している。(27)〜(30)でbの文が不可になるのは、どれも同時に2つの動作ができないからだ。(27)では、「コーヒーを飲むことと議論をすること」(28)では、「夕食を食べることと会を開くこと」(29)では、「ワインを飲むこととリラックスすること」(30)では、「コーヒーを飲むことと論文を発表すること」を同時にするという意味になり容認不可となるのである。また、(31)では、「音楽を聞くことと英語を勉強すること」は、同時にできるので容認可能になる。つまり、—ingを使う場合は、同時性が強調されるということだ。

　一方、while—ingやoverを使う場合は、動作に幅があり、同時に2つの動作が行われる必要がないのである。だから、(27)〜(30)の例のように—ingの文が容認不可である時にもwhile—ingやoverを使うと容認可能になるのである。このように、重要なのは、特にingとoverの違いなのだが、—ingは、同時性を強調するのに対し、overの方は、行動は同時でなくてもよいということである。

　次に(31)の例を見ていただきたい。この例の容認度の違いを説明するには、今見た「同時性」では、不十分なのが分かるであろう。ここで考えられるのは、2つの動作の間の関連である。overの場合は、同時性がなくてもよいが、関連性が必要である。反対に、—ingの場合は、関連性がなくてもよいが、同時性が必要になってくるのである。つまり、(31)の例では、aの容認度が低いのは、「音楽を聞くこと」と「英語を勉強すること」との間に関連性がほとんどないからだと考えられる。つまり、「音楽を聞けば英語の勉強がはかどる」ということが一般に考えられないために、この文の容認度が低いのである。

　そこで、考えなくてはならないことは、どのような関連があれば容認度が高まるかということである。次に関連性に関して検討してみることにする。

Ⅱ. 事例研究

8．2．関連条件（Relatedness Condition）

　今見たように、関連性という考え方がoverを使う表現の容認度に深くかかわっていると考えられるので、関連性についてきちんと整理をしておきたい。そこで、この論文で提案したいのは、関連条件という考え方である。簡単に定義しておきたい。

> 関連条件（Relatedness Condition）
> Over can be used only when the verb and the noun after over should have the close relationship with each other, especially the action implied by the noun has some help of the action which verbs represent.

つまり、動詞で表される動作をA、overの後の名詞で表される動作をBとすると、「BをすることとAをすることの間に密接な関連がある」場合、特に「BをすることがAをすることに貢献する」場合にのみoverが使えるという考え方である。

　しかしここで注意をしなければならないことは、「密接な関連」といっても、絶対的なものでなく、相対的なものであることだ。だから、話者の主観で判断される。「BをすることがAをすることに貢献する」といっても、「貢献する」と考えている人は、その文を容認可能だと判断し、「貢献とは思わない」と考えている人は、その文を容認不可だと判断することになる。この関連条件の相対性が、かえって、容認度のバラつきを説明してくれるのである。この関連条件を設定することによって、1〜4の制約で説明できなかった例もうまく説明がつく。以下、それを見て行きたい。

　まず、意味的制約のⅱ）「動詞と名詞の組み合わせの種類」で3つのタイプの組み合わせで説明のつかなかった例（21）（22）（23）やdiscuss business over golfなどを統一的に説明できる。

(21) Over a second cup of coffee, Doug methodically went through the

papers in Ethel's desk. —— Mary Higgins Clark, *When My Pretty One Sleep*, p. 68

(22) ***Over*** coffee he brought up the question of where they'd stay that night. —— Margaret Truman, *Murder at the FBI*, p.108

(23) a. We explored our options ***over*** lunch.
　　b. He considered the issue ***over*** tea.
　　c. We played mah-jong ***over*** a cup of coffee.
　　d. He thought deeply about the problem ***over*** whisky.

たとえばdiscuss business over golfがなぜ容認可能かというと、「ゴルフをすることが商談を円滑にすることに貢献する」からである。また、(21)(22)では、「コーヒーを飲むこと」が、それぞれ動詞で表されている行動をやりやすくするのに貢献している。(23)の例も、直接または、間接的にoverの後に暗示された動作が、動詞で示された動作に貢献していると考えられるときに容認可能になると考えられる。

　また、ⅰ)「overの後に来る名詞は、overの原義より、話し手の目の下に見えるものが来る」では、説明のできなかった(26)の例文の容認度の違いを説明することができる。

(26) a. ??He used to study linguistics ***over*** music.
　　b. ?He slept ***over*** classical music.
　　c. He relaxed ***over*** classical music.
　　d. We relaxed ***over*** light music.
　　e. We made love ***over*** sweet melodies of old times.

音楽のように、目の下にはないものでも容認可能になっているのは、overの後に暗示された動作が、動詞で示された動作に貢献しているからである。(26a)では、「音楽を聞くこと」は、「言語学を勉強すること」に貢献することはなく、

209

Ⅱ．事例研究

関連がほとんど考えられないから容認度が低いのである。(26b)では、「クラッシック音楽を聞くこと」は、「眠ること」に貢献することも考えられるので少し容認度が高くなっているのだと考えられる。(26c)(26d)のように「クラッシック音楽や軽音楽を聞くこと」は、「リラックスする」のに役立つので容認可能なのである。(26e)も同じ理由から容認可能なのである。

新しい例をあげると、次のような文の容認度も関連条件で説明できる。(32a)(32b)で、「食事をとること」や「ビールを飲むこと」は、「問題について話し合うこと」を円滑に促進させる。しかし、(32c)(32d)では、「ミルクや水を飲むこと」は、「問題について話し合うこと」にほとんど貢献せず、関連性がない。したがって、容認度が低いのである。

(32) a． We discussed the problem ***over*** breakfast/lunch/dinner.
　　 b． We discussed the problem ***over*** a glass of beer.
　　 c． ?We discussed the problem ***over*** a glass of milk.
　　 d． ?We discussed the problem ***over*** a glass of water.

ただ、問題になるのは、統語的制約のⅱ)「'over＋名詞'を前置すると容認度が落ちる」である。上で見たようにover句が前置されても容認可能な場合もある。容認不可なのは、(15b)「仕事をしながら眠る」や(17b)「クッキーを食べながら雑談する」という例が容認不可なのだが、関連条件を考えると、「仕事をすると眠くなる」ことがあるし、「クッキーを食べると話がはずむ」こともあり、2つの行動の間には、何らかの関連があるので普通の語順では、容認可能になっている。

しかし、上でも触れたが、前置が可能なものは、前置しても意味の分かりやすいものに限られる。つまり、関連条件の中の「緊密な関連がある」すなわち、「overの後に暗示された動作が、動詞で示された動作に貢献している」と考えられる場合にのみ前置可能だと考えればいい。

8.3. 認知意味論との比較

　最後に、最近、研究が盛んになってきている認知意味論でのoverのとらえ方を見てみたい。認知意味論では、多義語をプロトタイプを設け、意味どうしの関連性を説明して行こうというアプローチをとる。

　Lakoff (1987) もBrugman (1983) も、TR (trajector) とLM (landmark) という概念を使ってoverの意味を分析している。このTR (trajector) とLM (landmark) という考え方は、Langacker (1986) のfigureとgroundの区別を発展させたものである。どちらにしても、簡単に言えば、前置詞、副詞、接頭辞、小辞、形容詞として使われるoverのたくさんの意味を空間的にとらえようという試みである。そして、意義間の関係を示そうとしている。

　Lakoff (1987) では、overのたくさんある意義間の関係の分析が行われているが、我々の当面の関心事である「〜しながら」という意味の用法に関しての情報は、提供してくれていない。しかし、Brugman (1983) では、前置詞のoverを空間的にとらえて、意味を考察し、aboveとacrossという基本的意味をもっているとし、それをoverの比喩的な用法にも当てはめようとしている。そのなかでの例文では、次のようなものをあげている。

(33) 　*We heard a plane ***over*** lunch.

(34) 　We tossed *a ball/insults back and forth ***over*** lunch.

(35) ?*We wept ***over*** lunch.

(36) 　We had a good cry together ***over*** lunch.

Brugmanは、比喩的な用法のover、すなわち、「〜しながら」という意味overは、TR（すなわち、ある対象物を飛び越えるもの）がコミュニケーションの目的物である場合に限られるというRossの意見を紹介している。ある対象物を飛び越えるものは、「言葉に類するもの」でなければいけないとしているのである。(33)は、飛行機なので容認不可、(34)は、ボールはダメだが、侮辱は、言葉を使って侮辱するので容認されるというのである。また、(35)は、

II. 事例研究

「泣く」のだから言葉が関与しないため、容認不可になるとしている。しかし、Kay は、(36) の例をあげて、(35) より communicative なので容認可能だと言っていることを述べている。

確かに、例文を見ればそうである。そして、この分析の仕方は、1〜4 の b. 意味的制約の i)「over の後に来る名詞は、over の原義より、話し手の目の下に見えるものが来る」のとらえ方に似ている。しかし、ここで取り上げられている Brugman の例は、あまりに限られたものばかりで、この論文で扱った色々な例を説明するには、かなりの困難が予想される。relax over whisky などの例は、どう説明するつもりなのだろうか。また、主語が単数の場合にはどう説明するのかもはっきりしていない。

それでは、Brugman の例を関連条件で説明してみよう。(33) は、関連条件を考えれば簡単に説明がつく。「昼食を食べる」ということと「飛行機の音を聞く」ということの間には、何の関連もないから容認不可になる。しかし、関連条件では、(34) の容認度の説明に困る。また、(35) は、関連条件を考えれば簡単に説明がつく。「昼食をとること」と「泣くこと」の間には、関連性がないからである。(36) は、Kay がそう感じたということなので、個人差がありそうである。この個人差は、関連条件を使えばうまく説明がつくのではないかと考えられる。

空間的な用法と比喩的な用法の間に共通性を求めるのは、必要なことだと思うが、実際の用法から観察すると、別の基準によって容認度が決定されていることはよくある。認知意味論の見方と関連条件とを比べてみると、関連条件の方がより多用な例をうまく説明できる。それゆえ、認知意味論の方がもっと深い考察を加えないかぎり、認知意味論の方法論では、「〜しながら」という意味の over について満足な説明はできないと考えられる。

ただ1つ、心にとめておかなければならないことは、関連条件の長所であり、同時に欠点にもなりうる所は、その関連性の基準が相対的で曖昧なことである。

9．まとめ

　以上、「〜しながら」という意味の over の用法の特徴を考察してきたが、1〜4 で考察した制約に、今回考察した新しい制約を付け加え、新たに設けた関連条件を考慮にいれると、1〜4 で設けた制約のいくつかは、関連条件に吸収されてしまい、設定しなくてもよくなった。それでは、最終的な制約をまとめておくことにする。

a．統語的制約
　ⅰ) over の後には名詞が来て、動名詞は来れない。
　ⅱ)「over の後に暗示された動作が、動詞で示された動作に貢献している」と考えられる場合にのみ over 句の前置が可能。
　ⅲ) over の前の動詞の主語と、over の後の動作を暗示する名詞の意味的な動作の主体は一致する。
　ⅳ) over の前の動詞は動作動詞であり、状態動詞は来れない。
　ⅴ) over の後の名詞は特定のものになると容認度が下がる。

b．意味的制約
　ⅰ)「名詞で表される動作をすることと動詞で表される動作をすることの間に密接な関連がある」場合、特に「名詞で表される動作をすることが動詞で表される動作をすることに貢献する」場合にのみ over が使える。(関連条件)
　ⅱ) 名詞は、継続的な動作を暗示するものでなければならない。
　ⅲ) 動作の主体は移動してはいけない。

注
(0) この章は、奥田 (1982)「『〜しながら』という意味の over について」と奥田 (1993)「over 再考」に修正を加えたものである。
(1) 辞書でも簡単に取り扱われている。
　used as a function word to indicate the object of an expressed or implied occupation, activity, or concern <spent an hour over cards>, <trouble over money>

II. 事例研究

—— Webster 9th Collegiate Dictionary
(2) また、用例に出典が記されていないものは、ネイティブ・チェックによるものである。

7. Nice to meet you. という表現の語法学的分析

　一般的に、Nice to meet you. は、会った時に、Nice meeting you. は、別れ際に使われると説明されている。ところが、スパイダーマンの映画では、初めて会った人との別れ際に次のように不定詞が使われている。Peter が Harry のお父さんの Osborn 博士に会った時に Great honor to meet you. と言って、その後別れ際に次のような会話が交わされる。

　　Peter：Nice to meet you, ...
　　Osborn：See you again.
　　── *Spider-Man*〔映画シナリオ〕

　この映画を見た時に驚ろかされた。というのも to 不定詞はこれからの事を表し、動名詞はこれまでの事を表す時に使われると一般的には説明されているからである。英英辞典には次のように説明されている。

nice
　6 nice to meet you
　used as a friendly greeting when you meet someone for the first time
　Hello. It's nice to meet you at last.
　7 (it's been) nice meeting/talking to you
　used when you say goodbye to someone you have met for the first time
　── *LDOCE*[5]

　この *LDOCE*[5] の説明によると、初めて会った時の挨拶として使われるのが

II. 事例研究

nice to meet you で、別れの挨拶として使うのが nice meeting you という表現であることがわかる。また、meet は本当に一度目に会った時にしか使われないが、see は一度目でも二度目以降でも関係なしに使われる。それでは、なぜ別れ際に nice to meet you という不定詞の表現が使われる事があるのか、以下で考察してみる事にする。

1. Nice to meet/see you. vs Nice meeting/seeing you.

ここでは、Nice to meet/see you. と Nice meeting/seeing you. の用例を検討して行くことにしよう。まず、Nice to meet/see you. の例からだ。

(1) "*It's nice to meet you, Maureen*. And thanks for having us over." "Oh, it was my pleasure." She giggled. "We're just glad you could come. And I know that Sarah was glad, too."
   —— Nicholas Sparks, *A Bend in the Road*, p.72

(2) "My name's Maribeth."
   "I'm Tom. ***It's nice to meet you.***"
   "Thanks."
   —— Danielle Steel, *The Gift*, p.72

(3) "*It's nice to see you, Cliff*. Sit down."
   "Thanks, Jill." He took a seat across from her at a large wrought-iron table and studied her.
   —— Sidney Sheldon, *A Stranger in the Mirror*, p.169

(4) "Bonjour," Raoul said cheerfully. "*It's nice to see you again*. Mademoiselle DeFosse."
   —— Sidney Sheldon, *The Sand of Time*, p.125

以上の例を見れば分かるように、It's nice to meet/see you. は出会った時の挨拶として使われている。次の例は、その挨拶に対して Nice to see you, too.

7．Nice to meet you. という表現の語法学的分析

と答えている例である。

(5) Garvin shook hands with Sanders. "Tom. Good to see you. How are you holding up with all this?"
"I'm okay," Sanders said.
"Good, good." Garvin placed his hand in a fatherly way on Sanders's shoulder. "*It's nice to see you again.*"
"*Nice to see you too, Bob.*"
―― Crichton, *Disclosure*, p.229

以上の例を見ると、辞書の記述で間違いはないようである。次に Nice seeing you. の例を見てみよう。

(6) As he walked by her table, she looked up and immediately smiled. Rebecca introduced Clay to her two friends, and he explained that he was in the bar waiting for an old college buddy for dinner. The guy was running late, it might be a while, sorry for the interruption. Oh well, gotta run. *Nice seeing you.* ―― Cussler, *The Mediterranoian Caper*, p.372
(7) Fred and George looked quite as disappointed as Bagman, who was surveying Harry as though he had let him down badly.
"Well, I must dash," he said. "*Nice seeing you all*. Good luck, Harry."
He hurried out of the pub. The goblins all slid off their chairs and exited after him. Harry went to rejoin Ron and Hermione. ―― Lawling, *Harry Potter and the Goblet of Fire*, p.292
(8) I had to laugh. "For sure," I said. The "bar maid" set two Cokes on the counter and I paid her. "I have to get back to my date."
"*Nice seeing you*," he said. "You ought to come in sometime and talk to me." ―― Sue Grafton, *D is for Deadbeat*, p.117

Ⅱ. 事例研究

　この例では、下線を施した部分を見れば、すべて別れ際の挨拶として Nice seeing you. が使われているという事が分かるのである。もちろん以下のように Nice meeting you. という表現も別れ際の挨拶として使われている。

(9)　"How about if I meet you there at four?" she suggested.
　　"That's fine," he said. "But let me know what's going on, okay?"
　　"Like Rachel said, I'm sure she's fine. But I'm going to grab her notebook from the backseat, if that's okay."
　　"Yeah, of course."
　　She looked at Alvin. "***Nice meeting you, Alvin.***"
　　"You, too."
　　—— Nicholas Sparks, *True Believer*, p.203

(10)　I glanced at my watch. "I better go," I said. "I have an appointment in fifteen minutes on the other side of town." I was lying, of course, but these people were beginning to give me a stomachache. "Could you walk me out?" I asked.
　　Janice stood up when I did. "Be happy to," she said.
　　"***Nice meeting you***," I murmured to Mace as I departed.
　　"Yeah, ditto for sure."
　　—— Sue Grafton, *K is for Killer*, p.48

(9) も (10) もじっくり見ていただければ分かるように、別れ際の挨拶である。

2．It was nice to meet/see you. という表現

ところが、次の例を見ていただきたい。

(11)　At the end of the evening, when Sylva and her husband were leaving, Atilio said, "***It was nice to meet you.***"

"It was a pleasure."

Sylva took Oliver's hand in hers and said softly, "We look forward to seeing you again."

Their eyes met. "Yes."

―― Sidney Sheldon, *The Best Laid Place*, p.102

　この例は下線部を見てもらえば分かるように、別れ際の挨拶なのだが、不定詞の It was nice to meet you. という表現を使っている。これはどういうことなのだろうか。ここで注目していただきたいのは、It was と過去形になっているところである。上で見た不定詞の表現は It's nice to meet you. であった。現在形であれば to do と doing の違いが顕著に現れるが、過去形になればどちらの表現を用いても意味内容はそう変わらなくなるのである。そのために、別れの挨拶に It was nice to meet you. という表現が使えるのである。

　さらに、次の例を見ていただきたい。

(12) Dr. Patterson turned to Victoria and Katrina. "It looks like there's a beautiful gardenout there. Why don't you wait for me, and I'll join you with Ashley."

Victoria Aniston smiled. "Fine." She looked over at Otto Lewison. "***It was nice to meet you, Doctor***."

"Thank you, Miss Aniston."

Dr. Patterson watched the two of them leave. He turned to Otto Lewison. "Is there a problem?"

―― Sidney Sheldon, *Tell Me Your Dreams*, p.193

　この例も下線部のところから分かるように、別れ際の挨拶として It was nice to meet you. という表現が使われている。過去形で使われると、過去の時点に視点が移り、そこから前の事やその後の事を眺めるので、そんなに違和感

Ⅱ．事例研究

がなく受け取る事ができるのであろう。

　もちろんの事ながら、過去形で動名詞が使われる例は以下のように簡単に見つかる。当然の事ながら、この表現は別れの挨拶である。(13)は下線部で分かるであろう。

(13) They all seem so normal, Ashley thought.
Dr. Keller sat to one side, monitoring the conversations. Forty-five minutes later he rose. "I think it's time to go, Ashley."
Ashley stood up. "*It was nice meeting all of you.*"
Lame Man walked up to her and whispered, "Don't drink the water here. It's poisoned. They want to kill us and still collect the money from the state."
Ashley gulped. "Thanks. I'll? I'll remember."
── Sidney Sheldon, *Tell Me Your Dreams*, p.186

3．It's been nice to meeting/seeing you. という表現

　それならば、他の時制などで使われる事はないのか調べてみた。すると、完了形で使われる事が分かった。以下がその例である。

(14) Pitt laughed. "That's good enough for me." He swung the towel over his shoulder and pulled at his swim trunks. "Well *it's been nice talking to you* …"
"Airman Second Class Moody, sir."
── Clive Cussler, *Mediteranian Caper*, p.18

(15) "You leaving us?" Shack said.
"I have to meet someone. *It's been nice seeing you.*" "Don't rush off," he said. ── Sue Grafton, *O is for Outlaw*, p.232

現在完了形で使われる事があるのだが、その場合はすべて動名詞が使われている。現在完了の場合は、現在に視点を置き過去を眺めるので、これからの事を語る事はなく、動名詞だけが使われるのに納得できるであろう。

また、次のように完了不定詞が使われる事もある。

(16) She smiled again. "Go. The congressman hates it when you're late. ***Nice to have met you***, Commander. Maybe we might get together later this week? I would like to try to correct some misconceptions about my client, if you wouldn't mind?" ── Tom Clancy, *Net Force 07 : State of War*, p.213

(17) '***Nice to have met you, Mr McAllister***,' said the general. 'Someone else will take you back.' ── Robert Ludlum, *The Bourne Supremacy*, p.11

4．Nice to meet/see you. と Nice meeting/seeing you. という表現

冒頭にあげた Nice to meet you. という表現が別れの挨拶として使われる場合、その背景には It was nice to meet you. という表現があり、その It was が省略されたものとして使われているのではないかと推測される。ところが、その解釈でもうまく説明できない用例が散見される。つまり、Nice to see you. と Nice seeing you. を区別していないような例が最近のアメリカ英語で見られるようになってきたのである。特に、次のような対話の場合で、Nice to meet you. に対し、Nice meeting you. で答える事があるのだ。

(18) He smiled when he saw me, gesturing me over so he could make the introductions. "Kinsey, this is Mattie Halstead from San Francisco. She stopped off to see us on her way to L.A." And to Mattie, he said, "Kinsey rents the studio ──"

"Of course. ***Nice to meet you***. Henry's talked quite a bit about you."

"***It's nice meeting you, too,***" I said, with a sly glance at him. ── Sue

Ⅱ. 事例研究

    Grafton, *Q is for Quarry*, p.222

(19) He held his hand out, his wrist thin, his fingers long and slim. "***Nice to meet you***. I'm Beck to most."

    I put him in his thirties ── fine lines on his face, but no pouches anywhere. "***Nice meeting you, too***," I said, shaking hands with him.

    "Are you joining us?"

    "If you don't mind. I don't want to butt in."

    "We're just chatting," I said. "Have a seat."

    ── Sue Grafton, *R is for Ricochet*, p.83

(20) "Well, I missed you, too, but suppose one of Tracy's girlfriends is here." He steered her back to her chair, sending me a smile in the process. "***Good to see you again***."

    "***Nice seeing you***," I said, though it wasn't nice at all. Not surprisingly, my view of him had changed radically. When I'd met him in Rosie's, I'd thought he was handsome-long-limbed, loose-jointed, with that lazy half-smile. Even his eyes, which I'd thought were a rich chocolate brown, now looked as dark as volcanic stone. Seeing him with Onni, I could sense the trait they shared-both were opportunists.

    ── Sue Grafton, *R is for Ricochet*, p.209

さらに、これらと正反対の例が次のように見つかる。

(21) "She's in the bathroom," Bel said, and turned to me. "I didn't catch your name, dear."

    "Oh, sorry. I'm Kinsey. ***Nice meeting you***."

    "***Nice to meet you, too***." Her hair was sparse, a flyaway white with lots of pink scalpshowing through. Under her dark print housedress, her shoulders were narrow andbony, her wrists as flat and thin as the

7．Nice to meet you. という表現の語法学的分析

handles on two soup ladles. "How're you today?" she asked shyly, as she pulled the tarot deck together. Four of her teeth were gold.
—— Sue Grafton, *O is for Outlaw*, p.108

このような例は、Sue Grafton の作品の中で頻繁に出てきて、Nice to meet you. と Nice meeting you. が同じ意味で使われている。今のところ、Grafton の作品を中心に見つかるだけだが、この傾向は広まりつつあると考えられる。というのも、以下の例を見て欲しい。

(22) Violet: ***It was nice to meet you***.
Nathan: I'm Nathan Pilsman.
Violet: Violet Turner.
Nathan: ***It's nice to meet you***, Violet Turner.
—— *Private Practice*, Season 3, Episode 12 〔テレビドラマ　スクリプト〕

この例は、テレビドラマの一場面なのだが、別れ際の会話である。上で見たように、「会えてよかった」ということを過去形で表現しているので、Violet の言葉は理解できるであろう。でも、最後の Nathan の言葉は現在形で表現されていて、これまでの文法書や語法書の説明では理解できないであろう。さらに、次の例もテレビドラマからであるが、Nice to meet you. が会った時と分かれる時の２度使われている。つまり、別れの挨拶も Nice meeting you. でなくて、Nice to meet you. なのである。

(23) **Man**：Oh, no, no, no, no. Hold up. I want you to meet Kitty Walker. Kitty, Warren Salter. Warren's our blue chair guy.
Warren：***Nice to meet you***.
Kitty：Hi, ***nice to meet you***.
Warren：Red hot? Wow! So, I get blue.

223

Ⅱ．事例研究

>Kitty：Oh, don't even go there.
>Warren：I've heard your work.
>Kitty：Hmm. I've seen yours.
>Warren：So you know? I can be very mean.
>Kitty：Hmm. I can do mean.
>Warren：Could be fun.
>Man：Wow! See how great you two are together already? C'mon, it's insane!
>Warren：*Pleasure to meet you.*
>Kitty：*Nice to meet you.*
>—— *Brothers and Sisters*, Season 1, Episode 1 〔テレビドラマ　スクリプト〕

また、次のように会った時の挨拶として Nice meeting you. を使う事もあるようだ。

(24) She said, "Sorry. I hope you haven't waited long. I thought I'd get here before you did. I'm Kathy."
　"Hi, Kathy. I'm Kinsey. *Nice meeting you*," I said. "Your timing's perfect. I just arrived." —— Sue Grafton, *S is for Silence*, p.58

当然の事ながら、従来の文法書や語法書で説明のつく例もたくさんあるので、以下にあげておく。

(25) "How are you, Adele? We met at Edna's on Saturday. *Nice seeing you again*."
　"*Nice seeing you, too*." —— Sue Grafton, *Q is for Quarry*, p.537
(26) '*It's nice to see you again*, Jamie,' Kimm said.
　'I hope *it's nice to see you again* too,' Jamie replied, staring at the

detective. —— Jackie Collins, *Lethal Sedaction*, p.293

(27) For a moment their eyes met, and for a moment he saw Catherine in the darkness.

"I'd better get back," he said quickly, slightly uncomfortable. "I've got an early morning tomorrow." She nodded, and not knowing what else to do, Garrett held out his hand. "***It was nice to have met you, Theresa***. I hope you enjoy the rest of your vacation."

Shaking his hand felt a little strange after the evening they'd just spent, but she would have been surprised if he'd done anything different.

"Thanks for everything, Garrett. ***It was nice meeting you, too***."

—— Nicholas Sparks, *A Message in a Bottle*, p.64

5．まとめ

　従来から Nice to meet/see you. と Nice meeting/seeing you. の使い方の違いが説明されてきたが、最近になりこのルールを逸脱した使い方が目立ってきている。その具体例をあげ、その状況から要因を考え、この用法が将来には区別がなくなるのではないかという事を見た。

注

（0）この章はこの本のために書き下ろされたものである。

8．be interested to do の語法学的分析

　英語の表現の中で、多くの人がその用法を間違って理解しているというものがいくつかある。これは、ほとんどの場合、日本で出版されている辞書や文法書の記述の不十分さが原因なのだが、とりわけ、ある定形表現について解説される場合、別の表現について絶対に使われないような印象を与える取り扱いをしているからである。

　ここでは、そのような表現の1つである be interested to do という表現を取り上げることにする。この表現は、be interested in ... という表現が前面に押し出されて解説されるため、間違った用法のように思われているようである。しかし、現実はというと、be interested to do という表現も実際に使われているのである。ただ、その場合の意味に関しては、色々問題があり、考察する必要がある。そこで、この章では、be interested to do という表現を取り上げて、まず実際の言語活動で、be interested in doing だけでなく be interested to do という表現も使われているということを証明し、次にこの表現の意味についていくつかの問題点の考察を行うつもりである。

1．be interested to do という表現

　この be interested to do という表現については、頻繁には使われないため、この表現が現代英語で実際に使われていないのではないかと思っている人も多いようである。また、日本の英語教育の現場では be interested in doing の型だけが正しいかのように強調されているため、be interested to do という型の用法を知らない英語学習者も多いようである。そこで、まず、現代英語においてアメリカでもイギリスでも普通に使われているということを示すため、インターネットでの LINGUIST という言語学関係のグループでの電子メールからの例をあげておくことにする。

Ⅱ. 事例研究

(1) Colleagues might *be interested to know* that the following books were also shortlisted:
BRIAN STREET (1993) (ed), Cross-cultural Approaches to Literacy, Cambridge/New York : Cambridge University Press.
CLAIRE KRAMSCH (1993), Context and Culture in Language Teaching', Oxford/New York : Oxford University Press.

David Graddol
BAAL Publications Secretary
School of Education
Open University
Milton Keynes MK7 6AA
United Kingdom
── *LINGUIST List,* Sep. 21, 1994

この例は、イギリス人が使っていることから、イギリス英語では使われることがわかる。また、次の例はアメリカ英語の例である。

(2) I don't think that the word "informant" is necessarily a STRONGLY offensive word for most people under most circumstances, but in some cases it can convey the sense that a member of group A is "squealing" to a researcher from group B about group A's (linguistic) secrets, perhaps in exchange for money. Even when that is obviously not the case, I prefer the term "consultant," as do, I think, a very number of linguists in the United States and Canada, at least. I would *be interested to* learn to what extent the term "consultant" or its translation has caught on in other parts of the globe.

8. be interested to do の語法学的分析

Rex A. Sprouse
Indiana University
── *LINGUST List*, Sep, 19, 1994

　上の2つの例を見ることでわかるように、be interested to do という表現は、イギリス英語でもアメリカ英語でも、日常、普通に使われていることがわかる。しかし、この表現の意味に関しては、問題があるので以下で具体例に即して考察することにする。

2．be interested に続く形式と意味

　実際に be interested to do という表現が現代英語で普通に使われているということは、上で見たが、ここでは、be interested という表現の後にどのような形式が続き、どういう意味を持つのかに関して見ることにする。まず、英和辞典の記述を見てみよう。ここでは、一番新しい、研究社の『英和中辞典』と大修館の『ジーニアス英和辞典』を取り上げることにする。

in・ter・est・ed
【形】(more 〜；most 〜)1a 興味をもった；興味の色を浮かべた、興味深げな(cf. interest［他］1).
an 〜 look 興味深そうな顔つき．b[P][+in+(代)名]＜人が＞〔...に〕興味をもって(cf.→interest［他］1c)：I'm very (much) 〜 in music. 音楽にとても興味があります／I'm not much [very] 〜 in music. 音楽には、あまり興味がありません《★【用法】I'm much 〜 in music. のように much を単独に用いるのは、今では形式ばった表現》／I'm 〜 in learning French, フランス語を習いたいものだ．c[P][+to do]＜人が＞＜...するのに＞興味があって、＜...し＞たいもので：I should be 〜 to hear how the play ended. その劇がどんな結末になったか知りたいのです／I'm 〜 to learn French. フランス語を習いたいと思っている。d[P][+that]＜...というこ

229

Ⅱ．事例研究

とに＞興味があって、関心があって：He's ～ that she plays golf. 彼は、彼女がゴルフをやることに関心をもっている。 ――『英和中辞典』第6版 (1995)

in・ter・est・ed

【形】1⃞S＜人が＞興味を持った；[S is ～ in O [doing]/that 節 /to do] O＜物・事＞に [... することに / ... ということに / ... して] 興味 [関心] を持っている；[S will [would] be ～ to do] ... したいと思っている ‖ ～ collectors 関心のある収集家 /an ～ look 興味深げな顔つき /She is (very) much ～ to know the answer. 彼女は、その答えをとても知りたがっている《◆《略式》では、(very) much の代りに very を用いる》/I was ～ to lean the fact. その事実を知って興味がわいた /I'm more. [× interesting] in literature than (in) history. 歴史よりも文学が面白い (=Literature is more interesting to me than history.)/She's ～ that I kept studying history. 彼女は、私が歴史をずっと研究したことに関心を持っている。2〔 ... に〕(利害) 関係がある [in]；[限定] 私利私欲のある (⇔ disinterested)" ――『ジーニアス英和辞典』(1995)

この記述を見れば、be interested には、その後に in ... , in doing, to do, that ... という形式の表現が続くことがわかる。また、意味の面では、「O〈物・事〉に [... することに / ... ということに / ... して] 興味 [関心] を持っている〉という意味を持つことがわかる。そして、『英和中辞典』によると be interested to do は、「 ... するのに興味があって」「 ... したいもので」という意味であり、『ジーニアス英和辞典』によれば、特に S will [would] be ～ to do という形式の場合には、「 ... したいと思っている」という意味になるとわかる。それでは、その実例を見てみよう。

(3) I wasn't ***interested in*** an insurance man, though. ―― Walter Mosley,

A *Red Death*

(4) And I'm frankly not ***interested in getting*** myself in Dutch with the wrong folks. —— Scott Turow, *Pleading Guilty*

(5) Q. The A.N.C. and survivors in Boipatong say the killings were carried out by Zulus who support Inkatha.

A. How do they know? Is every Zulu who lives in that hostel a member of Inkatha ?Your question makes me despair. We are ***interested that*** the people who were responsible be tracked down and punished. I have never orchestrated violence, or taken one decision for anyone to he killed even on one occasion. The fact that members of Inkatha have been sucked into the violence is something that I regret. —— *Time*, July 6, 1992: Interview: Buthelezi

(6) "I would be very ***interested to see*** if some other Republicans do something like this," she said. —— *The Washington Times*, 09/10/1993

確かに、(3)(4)(5)は、in + 名詞、in doing、that 節の例で、「に [... すること に / ... ということに / ... して] 興味 [関心] を持っている」という意味で、(6)は、would be interested to do の形式で、「... したいと思っている」という意味を表していて、辞書の記述通りの形式と意味のようである。

3．be interested to do と文法書・語法書の記述

ここで、be interested to do という形式に関して詳しく見て行くために、文法書・語法書の記述を見てみることにする。Oxford Practical Grammar では、形容詞に続く前置詞句と不定詞句の意味の違いを次のように説明している。

(7) anxious, ashamed and interested

1．(a) We're ***anxious to find*** out the truth. (=We ***want*** to find out the truth.)

Ⅱ. 事例研究

> (b) Brian was ***anxious about speaking*** to a large audience.（=He was worried because he had to speak to a large audience.）
> 2．(a) I'm ***ashamed to tell*** you what I scored in the test.（=I ***don't want to*** tell you because I'm ashamed.）
> (b) I'm ***ashamed of getting*** such a low score.（=I'm ashamed because I got such a low score.）
> 3．(a) I'd be ***interested to meet*** your sister.（=I ***would like*** to meet her.）
> (b) My sister is ***interested in photography***.（=It is an intent/a hobby of hers.）
> —— John Eastwood, *Oxford Practice Grammar*, p.117

be interested to do という表現は、would like to do と同じ意味だということである。また、例文も上で見た would be interested to do という would のついた形である。ところが、*Collins COBUILD English Usage* には、次のように書かれている。

> (8) If you want to do something, you can say that you are interested in doing it.
> *I was <u>interested in seeing</u> different kinds of theatre.*
> *I'm only <u>interested in finding out</u> what the facts are.*
> You do not say that you are 'interested to do' something.
> —— John Sinclair (ed.), *Collins COBUILD English Usage*. p.328

この本によると、「…したい」という意味では、be interested to do は、使われないということであるが、(6)の例を見ればわかるように、この記述は誤りであることがわかる。今のところ、現実の用法を比較的よくとらえているのが *Practical English Usage*. Second Edition (1995) である。

(9) interested

To talk about reactions to things one learns, ***interested* + infinitive** is commonly used.

> I ***was interested to read*** in the paper that scientists have found out how to talk to whales.
> I'm ***interested to see*** that Alice and Jake are going out together.
> I shall be interested to see how long it lasts.

To talk about a wish to find out something, both *interested* + *-ing* and *interested* + *infinitive* are common.

> I'm ***interested in finding out/to find out*** what she did with all the money.
> Aren't you ***interested in knowing/ to know*** whether I'm pregnant?

To talk about a wish to do something, we usually use interested with an —ing form.

> I'm ***interested in working*** in Switzerland. Do you know *anybody* who could help me? (NOT ~~I'm **interested to work** in Switzerland~~ . . .)

── Michael Swan, *Practical English Usage*. Second Edition.

この本によると、be interested to do が普通に使われることがわかる。また、「自分の知ったことに対する反応」を表すときにだけ be interested to do が使われるということだ。「何かを見つけたいという望み」を表すときには、be interested in doing も interested to do も両方使われるとしている。しかし、「何かをしたい」という場合には、be interested to do ではなく be interested in doing の型を使うというのだ。この記述が間違っているのは、(6)と(7)3.a の例文を見れば明らかだろう。同じような記述が *ABC of Common Grammatical Errors* (1995)にも見られる。

(10) *The course is for anyone who is interested to learn about computers.

II. 事例研究

> The course is for anyone who is interested in learning about computers.
>
> I was interested in hearing that Simon has found a job at last.
>
> I was interested to hear that Simon has found a job at last.
>
> If we want to do something, we are ***interested in doing*** it: 'Douglas is interested in taking driving lessons.'
>
> If we find something that we hear interesting, we say that we are ***interested to hear*** it: 'I'd be ***interested to know*** what you think about the idea.' Compare: 'I am ***interested to see*** that the government is ***interested in building*** more hospitals."
>
> ── Nigel Turton, *ABC of Common Grammatical Errors*

つまり、「…をしたい」という場合には、be interested to do でなくて、be interested in doing が使われる。また「聞いたものがおもしろいとわかった」場合には、be interested to do が使われ、be interested in doing は、使えないというのだ。

以上の文法書の内容をまとめてみると、be interested to do という形式は次のような場合に使われることになる。

(11) (a) 「…をしておもしろく思った」という意味の場合。be interested in doing の形式は使えない。
　　 (b) 「…を見つけたい」という意味の場合。be interested in doing の形式も使える。
　　 (c) 「…をしたい」という意味では使えず、be interested in doing の形式が使われる。これに関しては、Eastwood のように認める人もある。

しかし、この記述では、不十分であることは、上の例からもわかることであるが、以下でさらに実際の用例を検討して be interested to do の用法について

8．be interested to do の語法学的分析

考察する。

4．be interested to do の実例の検討

上で見た(11)のまとめに関しては、(11)の(a)は正しい記述であるが、(11)の(c)に関しては、(6)のような反例があり、検討する必要がある。さらに、もう少し詳しく実例を見て行くと、以上の記述だけでは、解決できない例があることがわかる。そこで、be interested to do の使用例を、「1．過去時制の場合」、「2．現在時制の場合」、「3．助動詞が使われる場合」の3つの場合に分類してこの用法を検討することにする。

4．1．過去時制の場合

ここでは、過去時制で使われた場合を取り上げるのだが、be 動詞に続く場合に限定する。助動詞が使われた場合は4．3．で別に扱うからだ。

(12) I am a retired Navy officer. I ***was very interested to read*** your Nov. 25 story titled "Why did U.S. pass on the BCCI case?" It's about time someone told the other side. —— *The Washington Times*, 12/16/1992

(13) He recalled calling up a radio station to thank them for playing his song. "The DJ asked me, 'Say doc, I'm havin' this problem with my knee joint, What should I do?' So I started to answer his question and he interrupted me and said, 'How do you know anything about medicine?' and I explained that I am a real doctor. We went on the air and chatted for a while. He already liked my music and ***was very interested to know*** about this other side of me." —— *The Washington Times*, 07/ 15/ 1994

(14) I ***was interested to hear*** about the boycott of coffee from El Salvador [Nation, March 26]. I am grateful to know which brands are being boycotted. We don't usually drink much coffee, and I don't usually

235

Ⅱ. 事例研究

    buy those brands. However, I will, because I am eager to help out the people of El Salvador and their democratically elected movement. —— *Insight on the News*, 04/23/ 1990

(15) "Dear Mr. Postmaster General," writes Wyoming Sen. Malcolm Wallop to chief mail carrier Kenneth J. Hunter. "I ***was interested to learn*** about an effort by folks in Connecticut to honor Ella T. Grasso as the first elected female governor in the United States by commemorating her on a U.S. postage stamp. —— *The Washington Times*, 07/23/ 1993

(16) As a matter of fact, I almost puked on the way home today … I am a practical man, and for the life of me I cannot possibly understand why you should wish to speak Greek … I have read, in recent years, the deliberations of Plato and Aristotle, and ***was interested to learn*** that the old bastards had minds which worked very similarly to the way our minds work today. —— *Time*, August 9, 1982: Video; Shaking Up the Networks

(17) "Oh, please, Jack," his mother-in-law said, leaning on Susan. She stretched out a hand to him without looking at him, and I ***was interested to note that*** her eyes didn't turn red with crying. "I just don't have the strength to deal with Jill in one of her moods." However, she pulled herself into a sitting position, still holding on to Jack's hand, and looked at Jill earnestly. —— Sara Paretsky, *Indemnity Only*

以上の(12)～(17)は、「…して、興味深く思った」という意味で使われている。ここで注意したいのは、使われている動詞が「情報を得ることに関連する意味を持つ動詞」だということだ。また、(16)(17)のようにthat節が続き、情報の内容を示すこともある。だから、「…に関する［という］情報を得て、興味深く思った」という意味になる。それでは、この意味でしか使われないのだろうか。そうではないことは、以下の例を見ればあきらかだ。

8. be interested to do の語法学的分析

(18) "The Society for Electrical Development ***was interested to have*** as many people use electric lights at Christmas as possible," he said.
—— *The Washington Times*, 12/22/1994

(19) "I think they ***were definitely interested to sell*** it to a black-owned company," said Mr. Liggins, who called Radio One's bid competitive. "You can't ask somebody to subjugate their economic interest for social values." —— *The Washington Times*, 11/02/1994

(20) "We ***were not interested to*** go on with these talks in a give-and-take manner in front of everyone," said Elsadig Abdalla, information attache at the Sudanese Embassy here. —— *The Washington Times*, 09/09/1994

(21) "I'm quite interested in encouraging neighborhood watches to go on patrol [in Great Britain]·That's why I ***was very interested to see how*** this particular example is working out," he noted. —— *The Washington Times*, 01/08/1994

(22) Having just completed a term as chairman of the National Pharmaceutical Council, I ***was particularly interested to find out*** whether the provisions in the HAS matched the administrations promises. It wasn't even close. A careful reading of the 1,300-plus page document reveals a profound mistrust of markets and a bearish embrace of regulation. —— *The Washington Times*, 02/08/1994

以上の(18)～(22)の例は、「...したかった」という意味で使われている。この場合、動詞には、特別の制約はないようだ。上の(9)で見たSwan (1995)の説明では、(22)の用例のような find out に関連する意味を持つ動詞しか使われないように書いてあるが、(18)～(21)の動詞を見ればそうでないことがわかる。

Ⅱ. 事例研究

4．2．現在時制の場合

ここでも、4．1．と同様に、現在時制で使われる be 動詞の表現に限定する。動詞に注意しながら、以下の例を検討してみよう。

(23) "I'm very happy to see him and we are happy to welcome him." said Abdi Mohamed Abiiker Aodon, whose arms were barely thicker than Bowe's thumb. "He looks like he's ***really interested to see*** us." —— *The Washington Times*, 02/23/1993

(24) "That is true." she said, "but I wasn't hired to coach the football team. I was raised on football, my father worked at [North Carolina's] Kenan Stadium. I love football as much as basketball. and I love success as well. ***I'm interested to see what*** we can do here." —— *The Washington Times*, 08/ 16/ 1994

(25) "***I'm interested to see how*** we will react," Daly said. "We have not had to play very hard to win. Once we get to a certain margin, the game just slows down to a walk." —— *The Washington Times*, 08/06/1992

(26) "To me, there is a definite right way and wrong way to do things." said Skiles, the Magic's captain the past four years. "The right way is for everybody to be on time, do their job and be professional. I don't know if they've had those kinds of problems here, but ***I'm interested to find out***. I believe in the right way, and guys usually follow my lead." —— *The Washington Times*, 08/30/1994

(27) "She no longer has the profile and stature of a 19th- or 18th-century ship, so people ***are not as interested to come*** on board," Ms. Shawe says. "A lot of people don't even notice her." —— *The Washington Times*, 08/ 30/ 1994

(28) "I'll give NBC the benefit of the doubt," said jerry Dominus, senior vice president of broadcasting for the Madison Avenue ad agency, J.

Walter Thompson. "***I'm interested to hear*** what else they're planning to recoup the money beyond just advertising revenue." —— *The Washington Times*, 08/02/1993

(29) "We ***are interested to understand*** more and more the security needs of Israel in this second stage and... what we have to do together to overcome all these obstacles step-by-step," Mr. Arafat said. —— *The Washington Times*, 01/10/1995

これらの例を見ればわかるように、現在時制の is [are] interested to do という形は、「... したい」という意味の場合に限られるようである。動詞の制約もあまりないようだ。しかし、現在時制の is [are] interested to do という形は、「... したい」という意味に限られるのだろうか。そうではないことは、すでに上で見た(9)と(10)で見た次の例を見れば明らかだ。

(30)＝(9) I'm interested **to see that** Alice and Jake are going out together.
(31)＝(10) I am interested **to see that** the government is interested in building more hospitals.

この2つの例は、「... だということを知れば興味を覚えるだろう」という意味で使われている。(30)(31)は、(23)(24)(25)と同じように see という動詞が使われている。そして意味的には、(21)(25)と同様に「知る」という意味である。では、be interested to do の意味の違いを生むものは、何なのだろうか。これは、see の後に疑問詞が続くか that 節が続くかという違いなのだ。疑問詞が続くと「... かということを知りたい」という意味になり、that 節が続くと「... だということを知れば興味を覚えるだろう」という意味になる。

つまり、be interested to do が現在時制で使われた場合には、普通「... したい」という意味になるが、「情報を得ることに関連する意味を持つ動詞」の場合には、その後に that 節が続く場合に「... だということを知れば興味を覚

II. 事例研究

えるだろう」という意味になる。

4.3. 助動詞が使われる場合

ここで、もう一度、最初に見た(1)(2)の用例を見てみよう。

(32)=(1) Colleagues might **be interested to** know that the following books were also shortlisted.

(33)=(2) I would **be interested to** learn to what extent the term "consultant" or its translation has caught on in other parts of the globe.

(33)の例は、would が使われて「... したい」の意味で使われていることは、明らかだ。ところが、(32)の例は、じっくり見れば「... だと知れば興味を覚えるだろう」という意味で使われていることがわかる。つまり、助動詞が使われた場合にも、2つの意味で使われる可能性があるということだ。この後者の意味は、次のような例を見ればはっきりとわかるであろう。be shocked to do と並列して使われていることから、不定詞は「... すれば」という意味だということがはっきりとわかる。

(34) The weeds have overgrown his memory. I sometimes wonder if the kids who spend their lives out on that corner **would be shocked, or even interested, to know that** he had lived there once. — Kozol, *Savage Inequalities*

それでは、他にどんな特徴があるか、実例をもう少し検討してみよう。

(35) Q. What will you discuss with Bush?
A. I don't want to advance any agenda. I think that the U.S. **will be interested to know** the Spanish views on the process of unity in

Europe. We are one of the countries that are most determined to see a European unity, not only a free-trade zone. — *Time*, Oct. 4, 1989: Interview : Felipe Gonzalez

(36) And if you're shocked at the burst of government-funded anti-Americanism at a national museum, you **might be interested to hear of** the man Disney has chosen as chief historical consultant for the controversial "Disney's America," planned for the Civil War-battlefield area of Northern Virginia: Eric Foner. — *The Washington Times*, 08/29/ 1994

(37) "You'*ll be interested to know that* man who ordered you killed will soon be dead himself. He was stupid." — Robert Ludlum, *The Scarlatti Inheritance*

(38) Those who have lost bets on the smile of Ed McMahon, the pitchman for the Publishers Clearing House $1 million sweepstakes, **might be interested to know that** the bassooned-voiced Oz of fast, painless money feels a bit betrayed himself these days. — *Time*, Aug. 16, 1993

(39) Many Vietnam veterans, and their families **may be interested to know that** within the next few months the Supreme Court will decide whether veterans who fought for this country's freedoms will be allowed to enjoy some of the most important American freedoms-access to a court and the right to a jury trial-in connection with their Agent Orange claims. — *The Washington Times*, 01/ 17/ 1994

(40) If the receipt were placed in a sealed envelope with the gift, this problem would be solved for both parties. You **might be interested to know that** about 20 percent of all bridal gifts are returned or exchanged. — *The Washington Times*, 02/19/1994

以上の例は、「... すれば、興味を覚えるであろう」という意味で使われている。

II. 事例研究

助動詞は、will/would と may/might が使われているが、動詞は、「情報を得ることに関連する意味を持つ動詞」know や hear が使われる。

それでは、もう一つ別の意味の「... したい」という例を見てみることにしよう。

(41) "Well, these dinosaurs must be even more reluctant than lions and tigers. After all, they come from a time before human beings — or even large mammals — existed at all. God knows what they think when they see us. So I wonder: have they learned, somewhere along the line, that humans are easy to kill?"

　　The group fell silent as they walked.

"In any case," Malcolm said, "I ***shall be extremely interested to see*** the control room now?" —— Michael Crichton, *Jurasic Park*, p. 284

(42) "We will be interested to get firsthand information directly from Michael Fay, as we are from all victims who have endured human rights violations," said Curt Goering, deputy executive director of Amnesty International USA. —— *The Washington Times*, 06/20/1994

(43) Juneau said a few teams have called, "but it's kind of early to make a decision. I think I'***d be more interested to go play*** in Europe than the minor leagues here. We'll see. Something might happen in the next couple weeks." —— *The Washington Times*, 10/20/1994

以上の例を見てみると、「情報を得ることに関連する意味を持つ動詞」でない動詞の場合には、「... したい」という意味になることが分かる。では、「情報を得ることに関連する意味を持つ動詞」の場合には、「... したい」という意味にはならないのだろうか。次の例を検討しよう。

(44) Now that the county has suspended public art spending, Ewing says

8. be interested to do の語法学的分析

she ***is interested to see whether*** the remaining 1991 proposals will be approved. "The last vote that we had on this was done before we had actually enacted the furloughs," she says. "Now that we've done that, ***I will be interested to see if*** the council members continue to support funding for art in public places when you need money to keep people working and to continue to do the services that we're already doing. We're talking about not doing new things everywhere in government. Why should art be exempted from that?" At least three construction projects financed in 1991 are due to come before the council for arts funding approval. —— *Insight on the News*, 02/03/1992

(45) To be perfectly frank, I think you could skip the whole neighborhood and just let the politicians take care of us. ***I'd be interested to see how*** we all make out while you could concentrate on those areas which seem to have awful things happening to them most of time. The so called Holy Land comes to mind and then Yugoslavia and the complete mess there. —— *The Washington Times*, 12/21/1994

(46) "You keep hearing from some U.S. businesses that this will be the next Thailand, the next Singapore. but that's going to take some time," Mr. Snyder said. "***I'll be very interested to see if*** some of these people carry through with what they've been talking about." —— *The Washington Times*, 02/04/1994

(47) Many older women ***would have been interested to know whether*** taking aspirin would improve their chances of avoiding a heart attack. —— *Time*, March 5, 1990

(48) I am sure the residents of the area ***would be interested to learn what*** the "cop on the beat" knows what works and what does not work in controlling crime, rather than what some public relations type puts out to quiet the masses. —— *The Washington Times*, 09/12/1994

Ⅱ. 事例研究

(49) We'*ll be interested to see how* the city votes in a year. —— *The Washington Times*, 08/04/1994

(50) Both Amb. Albright and Mr. Wirth will soon have the opportunity. Olympia Snowe, the ranking Republican on the pertinent oversight committee of the House Foreign Affairs Committee, has just written the ambassador. Rep. Snowe-who is also the co-chair of the Congressional Caucus for Women's issues-told her, "[c]ertainly, through your leading role in the Administration, U.S. expertise on these issues should have been sufficiently demonstrated to other members of the world body to ensure U.S. reelection to the Commission." Senate-candidate Snowe then asks, "*I would be interested to know how* this disturbing incident could have occurred and what recourse, if any, the U.S. may now have to rectify this action." Many others on Capitol Hill are also interested and are eagerly awaiting Amb. Albright's response, which may come as early as today. She testifies before a House foreign affairs subcommittee on which Mrs. Snowe sits. —— *The Washington Times*, 05/17/1994

　これらの例を見ればわかるように、be interested to do が現在時制で使われた場合と同様に、「情報を得ることに関連する意味を持つ動詞」の場合には、その後に that 節が続く場合には、「…だということを知れば興味を覚えるだろう」という意味になり、wh- 節が続く場合には、「…したい」という意味になる。

　以上の例からわかるのは、助動詞に be interested to が続く場合には、その後の形式や動詞によって「…したい」と、「…すれば興味を持つだろう」の 2 つの意味を持つ。「情報を得ることに関連する意味を持つ動詞」でない場合には、「…を…したい」という意味になり、「情報を得ることに関連する意味を持つ動詞」の場合には、動詞の後に that 節が続けば「…を…すれば興味を持つだろう」という意味になり、動詞の後に wh- 節が続けば「…かどうかを、…を…したい」という意味になる。

ただし、「情報を得ることに関連する意味を持つ動詞」でない場合に関しては、「好奇心を持って」という文脈ならほとんど使用の制約がないということが言えるが、詳しいことに関しては、稿を改めたい。

5．まとめ

これまで考察してきたことをまとめると次のようになる。be interested to do の意味は、助動詞を伴う場合も伴わない場合も、
(1) 過去形で使われると「...して興味を覚えた」「...したかった」という意味になり、
(2) 現在形で使われると「...したい」「...すれば興味を覚えるだろう」という意味になる。この2つの意味の区別は、be interested to に続く動詞が、
(3) 「情報を得ることに関連する意味を持つ動詞」でない場合には、「…したかった」、「...を...したい」という意味になり、
(4) 「情報を得ることに関連する意味を持つ動詞」の場合には、
   (a) 動詞の後に that 節が続けば「...して興味を覚えた」「...を...すれば興味を持つだろう」という意味になり、
   (b) 動詞の後に wh- 節が続けば「...を...したかった」「...を...したい」という意味になる。

注
(0) この章は奥田（1995）「be interested to do の語法」に修正を加えたものである。

9. It's time ... という表現の語法学的分析

　It's time ... という表現については、今までいろいろ議論されてきたが、まだまだ分からないところが多い。そこでこの章では、具体例を通じ、かつ量的な情報も加味し、It's time ... 形式と修飾語句が加わった場合の意味の曖昧性に焦点を当てながら、It's time for ... to do と It's time (that) ... との意味と用法の違いを考察する。

1．It's time for ... to do と It's time (that) ...

　It's time の後には、次の例のように節と句が来ることは、よく知られている事実である。

(1) It's time for ... to do
　　'Well, I've told Miss Henderson and it's time for you to keep your part of the bargain,' she said brightly. —— Kerry Greenwood, *Murder on the Ballarat Train*, p.26

(2) It's time (that) ...
　　"Let's go indoors," he said. "It's time you and I had a serious talk, McCallum." —— James Anderson, *Murder of Sherlock Holmes*, p.52

　これまでは、ほとんど、この2つの表現形式には、意味の差がなく、単なる変種だと考えられてきた。そして、意味の違いがないことを前提に、2つの形式の選択を数的に考察し、It's time for ... to do の方が It's time (that) ... より使われる頻度が高いことから、次のような結論を出す人が出てきた。

　「特に It is time you went to school. などは、It is time for you to go to

Ⅱ. 事例研究

　　　school. と不定詞を用いるのが普通になってきており、こうなってくると仮定法を忌避しているとしか思われなくなってくる」(『英語教育』1983年9月増刊号：37)

この考察に対して、河上は、『英語教育』誌上で次のように述べている。

　「(1)型か(2)型かの選択は、仮定法を用いた従節を用いるか、不定詞を用いるかの選択ですが、(1)と(2)の間には、styleの差は、ありません。... (中略) ... 結論として、仮定法を用いた(1)型よりも不定詞を用いた(2)の型の方が普通だとか、仮定法が忌避されているとは言えません。」(『英語教育』1985年7月号クエスチョン・ボックス)

しかし、最近になってまた、八木 (1996：176) は、どちらの表現を使うかということに関して、コーパスを駆使して「to不定詞を取るものがthat節の約10倍ということになる」(p.175) ことから、次のような結論を出し、前の論を蒸し返している。

　「話し手にとっても法の選択が問題で、それを避けるためにfor ... to を使う傾向があると考えてよいであろう。」

本当にそうなのかを考察するために、八木が行ったようにコーパスを使って2つの形式の比較を行ってみることにする。使用するのは、1996年度の *Los Angeles Times* の一年分のデータである。八木は、to不定詞を取るものとして、for ... というものがないものも含めて計算しているが、ここでは、別にしておく。2つの表現形式の例は、次のようになっている。

　It's time for ... to do　　312例
　It's time (that) ...　　　122例

（It's time to do　751例）

たしかに、八木の述べているように It's time for ... to do の形式の方が It's time（that）... の形式より多く、3倍近い数である。しかし、「法の選択」が原因なのだろうか。そこで、過去時制の例を調べてみた。

It's time for ... to do　79例
It's time（that）...　9例
（It was time to do　333例）

過去時制の例を比較すると、2つの形式には、9倍の差がある。この現在時制と過去時制における2つの形式の頻度の差は、何を意味しているのであろうか。もし、「法の選択」が問題であれば、過去形で It was time for ... to do の形式の方がこんなに使用されているのに、現在形では、そうではないことが説明できないのではないだろうか。どうやら「法の選択」だけでは、説明しきれないようである。

2．2つの形式の意味の違い

辞書、文法書、語法書には、この2つの形式の表現を全く同じように取り扱っているものもある。しかし、本当に2つの型の間には、意味の差などはないのだろうか。この2つの型の意味の違いを説明しているのは Alexander（1988）などである。

(3) Compare the use of it's time in : We've enjoyed the evening, but it's time (for us) to go. (i. e. the time has now arrived for us to go) We've enjoyed the evening, but it's time we went. (i. e. we should probably have left before this) —— L. G. Alexander (1988 : 26)

(4) It's (high) time expresses a sense of urgency or irritation. Forms like

Ⅱ. 事例研究

it's time for us to go are also possible but do not have the sense of urgency. ── G. De Devitiis *et al.* (1989 : 61)

　これらによると、It's time for ... to do の方は、「... するときがまさにやってきた」という意味で、It's time (that) ... の方は、「しなければならない時は過ぎてしまっているのでもうそろそろすべきだ」という意味であるため「緊急」や「いらだち」という含みがあるということだ。
　確かにこの２つの意味があることは、認められるが、It's time for ... to do であれば必ず「... するときがまさにやってきた」という意味であり、It's time (that) ... の方は、必ず「しなければならない時は、過ぎてしまっているのでもうそろそろすべきだ」という意味であるとは言えないのではないだろうか。次の例文を見ていただきたい。

(5) I think that it is high time for elected officials to buy their own cars. They have been spoiled long enough. They make enough salary to do this and taxpayers don't have to subsidize them. ── *Los Angeles Times*, June 12, 1996

(6) Rider would like to strike a blow against the modern phenomenon of sports teams playing cities against each other to get the sweetest deal. "It's just time that some city stand up and say this is a crazy system that has gotten out of control," he said. ── *Los Angeles Times*, January 8, 1996

　この(5)の文は、It's time for ... to do という形式だが「... するときがまさにやってきた」という意味ではなく、「しなければならない時は過ぎてしまっているのでもうそろそろすべきだ」という意味である。また、(6)の例は、It's time (that) ... という形式だが「しなければならない時は過ぎてしまっている」という意味ではなく、「... するときがまさにやってきた」という意味である。

なぜこういうことになるのであろうか。ここで注意しなければならないのはtimeという語句についている修飾語である。(5)ではhighが、(6)ではjustが使われている。It's time ... という形式の場合にtimeにつく修飾語は、基本的には次の例文のようにjust, about, highが考えられる。

(7) "It's just time to stand up and be men," he said. —— *Los Angeles Times*, November 26, 1996
(8) "Sit down, Peggy. It's about time you faced the truth. It's becoming obvious to everyone else …." —— Sidney Sheldon, *Morning, Noon & Night*, p.104
(9) So much for self-regulation. It's high time Congress truly protected family values and banned ads for all alcoholic beverages from broadcasts. —— *Los Angeles Times*, August 4, 1996

また、timeの修飾語ではないが、It'sとtimeの間に次のようにnowという語も入ることがある。

(10) I feel that it is now time to do my small part, at first by just acknowledging my brother's death. —— *Los Angeles Times*, December 19, 1996

これらの修飾語とIt's time ... の形式の間に何らかの関係がありそうなので、1996年度分の *Los Angeles Times* の記事で使われたIt's time ... 形式の表現を現在時制と過去時制も含めてすべて調べてみた。以下がその結果を整理したものである。

Ⅱ．事例研究

表現	総数	to do	for ... to do	(that)節
1． It is [It's] time	1185	751	312	122
2． It is [It's] now time	16	9	6	1
3． It is [It's] just time	8	7	0	1
4． It is [It's] about time	73	9	4	60
5． It is [It's] high time	29	7	2	20
6． It was time	333	245	79	9
7． It was now time	1	1	0	0
8． It was just time	6	4	2	0
9． It was about time	11	2	4	5
10． It was high time	1	0	0	1

　以上の表を見る限り、time 前にどの語がつくかということと、後の形式の間に何らかの相関関係があるようである。まず It's time ... であるが、for ... to do が多いが、that 節の方も使われ、2 対 1 の割合である。次に、now や just がつくと、to 不定詞の形式が主体で、that 節が使われることは、まれである。ところが about では、両形式が使われるが、that 節の方が多く、また、high がつく場合も両形式が使われるが、節の形式の方が多い。いったいこの傾向は、どこから来ているのだろうか。

　これは、just, now, high, about という語の意味の違いから来ていると思われる。これらの意味の違いを図示すると、次のように考えられる。

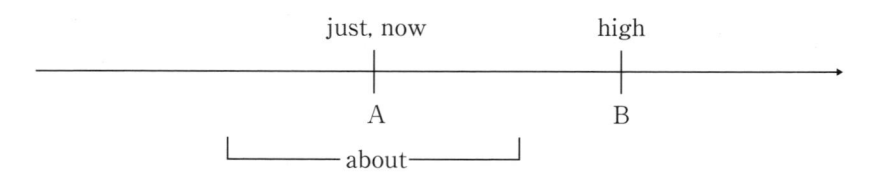

```
             just, now           high
                |                  |
────────────────┼──────────────────┼────────────▶
                A                  B
        └──────── about ──────────┘
```

時間軸を横に取り、左から右に時間は流れている。Aは、何かをする（または、しなければならない）時点を示している。just や now は、このAの時点を表すときに使われる。about は、このAの時点の前後までも含むことができる。一方 high の方は、COD^9が high time を a time that is late or overdue と定義しているように、Aの時点を過ぎたBという時点において使われる。これらの違いは、各語の基本語義から出てきているのは明らかであろう。

　この示す時点の違いと It's time ... という表現の意味が重ね合わされて、各表現形式と意味が決定されているように思われる。It's time ... という表現は、

曖昧な表現で、time の意味を「点」ととるか「ある幅を持った時期」ととるかで、「... するときがまさにやってきた」という意味と「そろそろ ... する（すべき）ときだ」という２つの意味が出てくる。それに、for ... to do と that ... という２つの形式が絡み、さらに修飾語が付加され意味が決定されているのではないだろうか。

つまり、形式の面では、It's time for ... to do という形式の場合「... するときがまさにやってきた」という意味を表す傾向があり、It's time（that）... という形式の場合には「そろそろ ... する（すべき）ときだ」という意味を表す傾向がある。

また、修飾語の now, just が使われると「... するときがまさにやってきた」という意味を表し、about の場合には、「... するときがまさにやってきた」という意味と「そろそろ ... する（すべき）ときだ」という２つの意味を表す。さらに、high の場合には、「そろそろ ... する（すべき）ときだ」という意味を表す。

まとめると、now, just の場合には It's time for ... to do という形式が使われ「... するときがまさにやってきた」という意味を表す。このことは、Now it's time for ... to do というふうに文頭に Now を持ってきた場合の例を調べると、大半が for ... to do という形式が続くことで明らかであろう。about の場合には It's time for ... to do と It's time（that）... の両形式が使われ、それぞれ「... するときがまさにやってきた」という意味と「そろそろ ... する（すべき）ときだ」という２つの意味を表す。high の場合には It's time（that）... の形式が使われ「そろそろ ... する（すべき）ときだ」という意味を表すということになる。

以上は原則的なことで、(5)(6)のように別の組み合わせも考えられる。その場合は、意味を決定する優先順位があるようだ。It's time for ... to do という形式の場合は修飾語の意味が優先され、It's time（that）... の形式の場合は、節の中が仮定法であれば形式の意味が優先されるが、そうでない場合は修飾語の意味が優先されるようである。

Ⅱ．事例研究

　ここで、上で提示しておいた現在時制と過去時制における 2 つの形式の頻度の差について考えてみよう。「法の選択」が要因ではないと指摘しておいたが、何が要因かと言えば「主観性」と「客観性」だと言えるのではないだろうか。というのも It's time (that)... の形式は about や high などと使われる可能性があることからも分かるように、「そろそろ...する（すべき）ときだ」という意味を強調する主観的な表現なので、現在時制の時には話者の主観を反映するために多用される。しかし、過去のことを述べる場合には客観的な描写が中心になるので It was time (that)... の形式の使用頻度が極端に少なくなると考えられる。

3．It's time の後の節の動詞の法について

　ここで、もう一度、上で見た(6)の例文を見てみよう。that 節の中が直説法になっている。この It's time (that)... の形式の節の中の時制については、今までかなり研究されてきている。一般的には、次の例文のように、過去形、原形、直説法が続くといわれている。

(11) 過去形："They aren't talking about tightening their belts," Campbell said. "They are talking about getting a new one. I'm not buying them a new one. It is time the fat cats went on a diet." ── *Los Angeles Times*, December 12, 1996

(12) 原形：Here's what I think should be done : First, the Ventura County school board must refer to whatever guidelines exist for public behavior by its trustees and censure these truant trustees accordingly, If no guidelines exist, it is time that they be established. ── *Los Angeles Times*, June 1, 1996

(13) 直説法：In this age of user-friendly software and user-friendly appliances etc., it is time that election materials and ballots are written in user-friendly language, ── *Los Angeles Times*, April 7, 1996

そこで、これも上で見たように実例を量的に比較してみることにする。先ほどのように各表現の後に続く動詞の形に注目して表にしてみた。

表現	総数	過去形	原型	直説法	原・直	過去・原
1. It is time	122	56	13	12	41	0
2. It is now time	1	0	0	1	1	0
3. It is just time	1	0	0	0	1	0
4. It is about time	60	39	1	11	9	0
5. It is high time	20	10	3	3	3	1
6. It was time	8	7	1	0	0	0
7. It was now time	0	0	0	0	0	0
8. It was just time	0	0	0	0	0	0
9. It was about time	5	5	0	0	0	0
10. It was high time	1	1	0	0	0	0

「原・直」「過去・原」というのは、次の例のように例文から「原形か直説法か判断が付かないもの」と「過去形か原形か判断が付かないもの」ということを示している。

(14) 原・直：Burrell, a professor of music and Director of jazz studies at UCLA, says the lines between musical categories are losing definition. "I see the distinctions becoming blurred. I think it's time we rethink the labels we have given things and then continue to grow in our views along with the music." —— *Los Angeles Times*, March 9, 1996

(15) 過去・原：It's high time someone cut Robert Hilburn some slack. For years, The Times' distinguished pop music critic has endured no end of criticism from irate readers who claim his reviews lavish praise on boring artists, are obsessed with meaningless numbers and rankings, and generally suffer from a hyperbole that could only be defined as large. —— *Los Angeles Times*, November 17, 1996

この表からわかるように、nowやjustの場合には、過去形が使われることがない。上で見たように「...するときがまさにやってきた」という意味と結びつきやすいからだ。それでは、仮定法現在、つまり動詞の原形を取る場合は、

Ⅱ．事例研究

どういう意味になるのだろうか。Declerck（1991：359）によると、「しなければならない時は、過ぎてしまっているのでもうそろそろすべきだ」という意味ではない場合は、不定詞か should を使うということだ。つまり、「should を使う」というのはイギリス英語の場合なので、アメリカ英語に当てはめると「仮定法現在の動詞の原形を使う」ということになる。ということは、「動詞の原形」の場合には、「しなければならない時は、過ぎてしまっているのでもうそろそろすべきだ」という意味は持たないということだ。過去形が使われる場合は、まさに「しなければならない時は過ぎてしまっているのでもうそろそろすべきだ」という意味になるので、「動詞の原形」の場合には、「しなければならない時は過ぎてしまっている」という意味合いはないが、「... したほうがいい」という意味と「... するときがまさにやってきた」という意味を表していると考えられる。直説法なら「... するときがまさにやってきた」という意味を表すと考えられる。

5．まとめ

以上のように、It's time ... という表現の意味と用法について考察を行ったが、表現形式と修飾語と that 節の動詞という 3 つの要素が絡み合っているためにこの表現をとらえにくくしていることがわかった。

表現形式：It's time for ... to do という形式は「... するときがまさにやってきた」という意味を表し、It's time (that) ... という形式は「そろそろ ... する（すべき）ときだ」という意味を表す傾向がある。

修飾語：now, just が使われると「... するときがまさにやってきた」という意味を表し、about の場合には、「... するときがまさにやってきた」という意味と「そろそろ ... する（すべき）ときだ」という 2 つの意味を表す。さらに、high の場合には「そろそろ ... する（すべき）ときだ」という意味を表す。

that 節の動詞：過去形ならば「しなければならない時は過ぎてしまっているのでもうそろそろすべきだ」という意味を表す。直説法なら「... するときがまさにやってきた」という意味を表す。「動詞の原形」の場合には「... したほ

うがいい」という意味と「...するときがまさにやってきた」という意味を表す。
　この３つの要素が絡み合い、意味を決定していると考えられる。

注
　(0) この章は奥田（1998）に修正を加えたものである。

10. be short of/on ... という表現の語法学的分析

　この章では、be short of ... と be short on ... という表現に関してその意味の違いと用法を考察する。特に「... が不足している」という意味の場合には、両方の表現にどのような違いが見られるかを検討してみたい。まず、八木克正著『ネイティブの直観にせまる語法研究』（以下、八木（1996））の記述を検討する。というのも、語法研究の中心的な学者であり、最新の語法研究の成果が載せられていると考えられるからである。次に、小西友七編『英語基本形容詞・副詞辞典』（以下、小西（1989））の記述を検討する。これは、short of/on ... という用法について八木（1996）以前のものでは、最も包括的に説明しているからである。最後に、be short of ... と be short on ... という表現の意味と用法を、実例を通じて詳しく考察し、この2つの表現の違いを探ってみることにする。

1. 八木（1996）の検討

　八木（1996）の中の記述を見てみよう。「... が不足している」という意味の be short of ... と be short on ... については、2つの表現の違いを前置詞の違いから説明しようとしている。

> 英和辞典では、「不足している」の意味の short が「... が不足している」のように、不足しているものを表す場合の前置詞は of/on の自由選択であるような印象を与える記述をされることが多い。実際は、この2つの前置詞は意味も用法も違うものである。── 八木（1996：72）

そして、まず short of について次のように説明している。

Ⅱ. 事例研究

　　of は、「隔たり」あるいは、「部分」をいう。short の前に不足の数量・分量が来ることができる。One of the students の of と同じで、of の後は不定のものが来ることはできない。

これに関して *LosAngeles Times*(1995)からの次のような例を3例あげている。

　　(1) ... but is still about 5% short of its goal.
　　(2) ... the House backed 227 to 204. short of the 290 needed to amend the Constitution.
　　(3) ... it was $370.48 short of the amount he should have received ...

「隔たり」を表すというのは当たっているが、「部分」を表すために「of の後は不定のものが来ることはできない」というのはどうであろうか。八木(1996)のあげている例では、of の後に the ... のように「不定でない」ものが来ていて、この指摘は当たっているようにみえる。しかし、辞書を引くとこれでは説明できない例がすぐに見つかる。

　　(4) I must hurry. I'm a bit short of time. —— *OALD*[5]
　　(5) She was short of ideas for her essay. —— *OALD*[5]

(4)と(5)の例を見れば of の後に「不定のもの」が来ている。それでは、我々が八木(1996)の説明を誤読しているのであろうか。「short の前に不足の数量・分量」を表す語がつく場合に「of の後は不定のものが来ない」と主張しているのかも知れない。しかし、この主張も当たっていないということが次の例(6)(7)によって分かる。

　　(6) "The budget was gone," the source said. "There was no capacity to create a repayment fund for the pool participants." The fund's losses-27

% of its participants' deposits-and the resulting loss of interest income have left the county $172 million ***short of*** a balanced budget in the year ending June 30 alone. — *Los Angeles Times*, January 15, 1995

(7) And this season, after moving to the point after two seasons as an off guard, Nash is the WCC's top scorer and playmaker, leading the conference with averages of 20.9 points and 6.5 assists. His three-point shooting percentage of .450 ranks second in the conference, as does his .880 free-throw percentage. After making all 15 of his free throws in Saturday's upset loss against Pepperdine, he has made 38 in a row, a school record and five ***short of*** a conference record. — *Los Angeles Times*, February 28, 1995

また、(1)(3)の用例をじっくり見てみるとわかるのだが、この short of ... の意味は「... が不足している」という意味ではなく、「... までには不足している」つまり「... に達していない」という意味なのである。「... が不足している」という意味であれば(4)(5)のような例について考察すべきである。

八木（1996）は short on について、

これに対して、short on の on は "as far as ... is concerned" という「関連」の意味である。on の後には、一般性のある不定のものが来る。そして、「ほかのものと比較して少ない、不足している」という意味を表すので、以下に見るように辞書などの例は別として long と対照的に使われるのが普通である。——八木（1996：72）

と述べて、次のような long on ... and short on ... という *Los Angeles Times* 1995からの対照例をあげている。

(8) His unconventional approach —— ***long on*** boosterism and ***short on***

II. 事例研究

   details —— seemed less successful with members of the City Council.

上の「long と対照的に使われるのが普通である」という指摘に関しては、*Los Angeles Times*（1995）の全用例を調べたところ、long on ... という表現が全部で16例あるが、全てその前後で、八木（1996）の言うように short on ... が必ず使われている。つまり、「long on ... という表現は、通例 short on ... とペアーで使われる」ということは言えるようだ。しかし、「short on ... という表現は long on ... とペアーで使われる」と結論するのはどうかと思われる。というのも、*Los Angeles Times*（1995）の全用例を調べると、short on ... は221例ある。しかし、long on ... とペアーで使われているのは16例なのだから1割にも満たない。つまり、long と対照的に使われない場合の方が多いことから、八木（1996）の指摘は当たっていないことが分かるであろう。八木（1996）が short on details の例を使用しているので、short on details が long on ... と対照的に使われていない例をあげておくことにする。

(9) For the first time in years, a plan to balance the federal budget is actually before Congress. It's far from perfect —— indeed, the GOP proposal is **short on** some key **details**. Nevertheless, Senate and House Republicans have presented an unprecedented framework to eliminate the deficit by the year 2002. Their deficit-cutting message is clear: no pain, no gain. —— *Los Angeles Times*, May 11, 1995

(10) They were **short on details**, but their words left little doubt that Medicare-as well as Medicaid, the federal-state health program for the poor-will come under intense scrutiny in the months ahead. —— *Los Angeles Times*, January 31, 1995

(11) Erbakan, the party's maverick 69-year-old leader, can turn a colorful phrase but is **short on details** about exactly how Islamic any "Just Order" will be. —— *Los Angeles Times*, December 22, 1995

10. be short of/on ... という表現の語法学的分析

　さらに、八木（1996）は、上の「on の後には、一般性のある不定のものが来る」という指摘と、「ほかのものと比較して少ない、不足している」という意味を表すということから、

　short of money が可能で、*short on money が不可、short of/on cash が可能であるということにもその違いが反映している。Cash は、預金・小切手などと対比してお金の種類を表しているのに対して、money は、そうではない。short on cash は、「現金に関しては、不足している」であり、お金が総額として不足しているということではない。これと対照的に、種類の意味を持たない money が種類を表す名詞を要求する on の後に来ることができないから *short on money が容認されないのである。—— 八木（1996：72）

としている。この指摘は、ここだけ読めばそういうものなのかと思われるかも知れないが、八木（1996）の用例の出所である *Los Angeles Times*（1995）を見るだけで、当たっていないことが分かる。というのも、short on money という表現が実際に使われているからである。*Los Angeles Times*（1995）には、7例あるのだが、全てあげておく。

(12) Goins owned apartment buildings in Inglewood, Los Angeles and Hollywood and had a reputation as a kind man among his tenants, Enyeart said. Goins was known to waive security deposits and even loan money to renters who were **short on money**. —— *Los Angeles Times*, October 31, 1995

(13) What a relief for President Clinton. I-le must be dancing up and down Pennsylvania Avenue. The man he feared most-if we can believe that man-has withdrawn from the presidential race. **Short on money** and support, not to mention respect, Wilson has decided he'll settle for the job Californians elected him to do. —— *Los Angeles Times*, October 9,

Ⅱ. 事例研究

1995

(14) In addition to sharing the workload, parents should also share problems with kids. "Talk to your kids about your life's problems and how you solve them," Brutaco says. "It's OK to say we're a little **short on money** this month because our income is down a bit and we had this extra expense, so here's how we're going to deal with it." —— *Los Angeles Times*, September 27, 1995

(15) The government is **short on money** and the Hudson center is just one of 34 clinics and health centers scheduled to close Oct. 1, wiping out 1.8 million doctor visits a year for people who often have nowhere else to go. —— *Los Angeles Times*, August 22, 1995

(16) Increasingly, say those seeking homes for students, would-be host families are pressed for time, **short on money** and generally reticent about making the 11-month commitment. Competition between exchange groups complicates the problem. And in Orange County, the bankruptcy hasn't helped, leaving some families in financial uncertainty or worse. —— *Los Angeles Times*, July 29, 1995

(17) The major shortcoming of the job is that the Park Service is **short on money**, long on needs, Werner and Esperanza say. —— *Los Angeles Times*, May 22, 1995

(18) Soon after the Jenkinsons married, they quit their haircutting jobs to start their own salon. Although the newlyweds were **short on money**, the idea for a Santa Monica salon proved popular with friends, who staked them 80% of the start-up capital. Loans provided the rest of the money, and a dozen clients-from architects to real estate agents-chipped in their professional services in return for free haircuts. —— *Los Angeles Times*, April 12, 1995

10. be short of/on ... という表現の語法学的分析

　以上の例により、八木（1996）の説明の前提となる「short of money が可能で、*short on money が不可」というもの自体が崩れてしまうのである。それでは、「on の後には、一般性のある不定のものが来る」という指摘は当たっているかどうかというと、これも次のような不定でないものの例があるので、的確でないと言うことができる。

(19) News From La Croisette: Miramax is reportedly planning to announce a major first-look deal with international box office star Sharon Stone, who will be just about the biggest celeb to come to this paparazzi-infested beach resort when she arrives to promote "The Quick and the Dead" (which closes the Cannes festival) and a benefit for the American Foundation for AIDS Research. The festival, which historically attracts such heavyweights as Madonna, Arnold Schwarzenegger, Sylvester Stallone and Clint Eastwood, ***is short on*** that kind of star power this year. —— *Los Angeles Times*, May 19, 1995

　以上のように、八木（1996）は short of/on ... という表現に関して最新の語法研究の成果を提示しているかのように見えるが、実際は分析に失敗しているのである。

2．小西（1989）の検討

　それでは、次に八木（1996）以前のものでは、最も包括的に説明している小西（1989）の記述を検討してみたい。小西（1989）は、be short of ... と be short on ... の違いを次のように説明している。

　　on を用いるのはくだけた言い方[*COD*[7];*LD*]。なお short on O の O には、通例好ましい内容の語がくることが多い [*LD*[2]]：She's a nice person, if a bit short on good looks. —— *CULD*彼女は顔はあまり良くないが性格はよい。

265

Ⅱ. 事例研究

　ちなみに *NWD²* には short on money の例があげてあるが、Wilson & Mushiaki では、I am short on time. とは言っても I am short on money. とは言わないとしている。インフォーマントも大半が short on money を不自然とし、第6例の Cash のような具体性に富む名詞であれば可能とする。以上のことから一般に short on money は避け、代りに short of money を用いる方が無難と言える。

　また第6例のように long と対比的に用いられる場合にも前置詞は on になる：(He is) long on ideas but short on knowledge. ── *Web.3* 彼は着想は、豊かだが知識に欠ける。[小西 (1989), p.p.1634-5]

　まず「on を用いるのは、くだけた言い方」ということは、最新の英英辞典にも informal の記述が見られ、ある程度当たっていると思われる。しかし、次の例は、*Los Angeles Times* の staff writer である Eleanor Randolph によって書かれた記事で、このような例が *Los Angeles Times* には少なからず見られ、informal と考えるには問題が残るようである。少し長いが文脈が分かるように始めから short on の現れる箇所まで引用しておく。

(20) THE SIMPSON TRIAL AFTERMATH By Surprising Reporter With Call, Simpson Kept Detail Out of Story NEW YORK ── For OJ. Simpson and his advisers, the best journalist may be an unprepared journalist.

　On Wednesday afternoon, after Simpson abruptly canceled his planned interview with NBC, where a news team had spent several days getting ready for an hour long exchange, the former football star opted instead for a surprise telephone call to a New York Times reporter who had not been covering his trial.

　Times television writer Bill Carter said he picked up his phone shortly after Simpson had canceled his NBC encounter and heard the ex-television sports commentator ready to talk on the record. Carter did not have time to gather questions or even to tape the interview. Instead, he took notes and scrambled to produce a story from what was available.

"Needless to say, I was not as prepared as Tom Brokaw and Katie Couric (of NBC) would have been to question him about the evidence," Carter told Larry King on King's CNN television program Wednesday night.

As a result, Carter's piece on the front page of Thursday's New York Times was ***short on detail*** about the trial and lacked many of the answers to questions that had been flooding into NBC studios from the public and press around the world. —— *Los Angeles Times*, October 13, 1995

次の「short on O の O には、通例好ましい内容の語がくることが多い」ということについては、小西 (1989) は、*LDOCE*[2]の without very much or enough of (esp. adesirable quality) というのを根拠にしているが、*LDOCE*[3]には to have less of something than you should have : Sometimes I think he's a little short on common sense. となっていて、esp. adesirable quality という部分がはずされたが、定義が変わり「備えているべき何かが少ない」ということなので、実質的にはあまり変わっていない。しかし、次のように、「好ましい資質」や「備えているべき何か」でないような例もあることを忘れてはならないであろう。

(21) FULLERTON - Fullerton may have established itself as the team to heat in the Freeway League with its 22-0 victory over Troy before 1,200 Friday night at Fullerton High.

Fullerton (5-1, 1-0) wore out Troy with a sturdy ground game led by John Wilkie (167 yards in 17 carries). His one touchdown, a 34-yard run two minutes into the third quarter was the game's final score.

The other touchdowns came courtesy of David Barrios, who scored

II. 事例研究

> from nine yards out in the first quarter and threw a 37-yard half-back option pass to receiver Michael Garner with less than a minute to play in the first half.
>
> But what may separate Fullerton from the pack is a rock-solid defense that is long on experience and **short on mistakes**. —— *Los Angeles Times*, October 14, 1995

また、八木も取り上げていた short on money という表現に関しては、小西 (1989) の時点では、「*NWD²*には short on money の例があげてある」とあるように、用例は1つの辞典にしか載せられていなかったようだが、次のようにその後発行された辞書にも short on money の例が見られる。

(22) always short on money —— *Random House Webster's Dictionary of American English* (1997)

(23) I'm short on money. —— *The Newbury House Dictionary of American English* (1996)

また、*TIME* でも次のように short on money の例を見つけることもできる。

(24) "We're just trying to slog our way through, doing it case by case," says U.N. spokesman Joseph Sills. "We are being asked to do jobs of greater size and scope than ever before, but we are short on manpower, **short on money** and short on troop contributions." The lack of resources is mainly the result of some member nations' being delinquent in paying their dues. —— *TIME*, Jan. 18. 1993

このように最新の辞書が例文として用いていることと、上で見た(12)〜(18)と(24)の例文から判断すると、short on money という表現も不自然ではない

10. be short of/on ... という表現の語法学的分析

と言えるのではなかろうか。「インフォーマントも大半が short on money を不自然」としたということに関しては、この表現が「くだけた言い方」であるということが関係していると理解できる。また「cash のような具体性に富む名詞であれば可能とする」という記述があるが、これをもとに八木が上で見た結論を導き出したと推測できる。この「具体性に富む」というのは、「cash は預金・小切手などと対比してお金の種類を表しているのに対して、money はそうではない」と八木が説明しているようなことであろう。ところが、short on ... に関しては *Los Angeles Times* の1995年度分だけを見ても「具体性に富む名詞」かどうか判断に苦しむ以下のような例がたくさん見られる。

(25) The Road Company Theatre's wildly ambitious two-part staging applies traditional performance, dance and song to Arthurian scholar Tankred Dorst's cautionary reworking of familiar and lesser known Round Table myths, filtered through contemporary philosophical issues. ***Short on resources*** but long on ingenuity and sustained energy, "Merlin" proves inspired, engaging, exasperating and bewildering in equal measure. — *Los Angeles Times*, September 6, 1995

(26) When Ann Hadsell's parents bought their $14,000 Westchester home in the 1950s, it took them three years and a lot of overtime to save the $1,000 down payment.

There was no such struggle for their daughter. She recently bought a $190,000, four-bedroom home in Santa Clarita with no down payment at all.

"It's nearly impossible to save a down payment today," said Hadsell, 42, who only had to pay closing costs on her house. "By the time you make your car payment, pay bills and go out to dinner, there's nothing left."

Like Hadsell, many Southern Californians are ***short on savings***, so

Ⅱ. 事例研究

lenders are adapting to the new environment. — *Los Angeles Times*, December 11. 1995

(27) BRINGING JUICE? Writer Dominick Dunne's career got a boost with his coverage of the Menendez brothers' trial for Vanity Fair. Now, thanks to Judge Lance Ito, Dunne has a prime seat at the O.J. Simpson trial... So Dunne, above, isn't likely to be ***short on material*** when he speaks Thursday night at the Calvin Klein boutique at South Coast Plaza. It's an invitation-only bash put on by Vanity Fair. Afterward, says a magazine spokeswoman, it's "cocktail reception and shopping." — *Los Angeles Times*, February 28, 1995

　以上の例の resources, savings, material などは、money と cash の関係における cash のような「具体性に富む名詞」とは言いがたいであろう。むしろ money の方の性格を持つような名詞と言えるのではなかろうか。このように見てくると、小西（1989）の記述も不十分だと考えられる。それでは、be short of ... と be short on ... との違いは、どこにあるのだろうか。以下で意味と用法の観点から考察することにしたい。

3．be short of ... と be short on ... の意味と用法の違い

　be short of ... という表現は、上でも見たようにいくつかの意味を持っている。大まかに分けて次の２つが考えられる。

(a) (時間、金額など) が不足している、... が足りない：
　(ⅰ) I'm a little short of money at the moment. — *LDOCE*[3]
　(ⅱ) Your little girl's not short of confidence. — *LDOCE*[5]
　(ⅲ) I must hurry, I'm a bit short of time. — *OALD*[5]
(b) (場所、額) に達していない、... に及ばない：
　Our car broke down two miles short of the town. — *LDOCE*[3]

10. be short of/on ... という表現の語法学的分析

　この２つの意味以外にも nothing [little] short of ... というような表現で使われ「... に他ならない」というような意味も持つが、基本的には上の２つと考えてもよいであろう。また、run, fall, stop などという動詞と一緒に使われ short が副詞として働くことも多いが、その場合にも基本的には、上の２つの意味から派生した意味を持つ。

　一方、be short on ... という表現は、be short of ... と違い、意味的には「... が不足している」という意味しか表さない。つまり、上で見た（ａ）の意味である。ここが上で見た八木の論考の出発点であった。それでは、「... が不足している」という意味の場合、be short on ... と be short of ... は、どう違うのであろうか。of と on の後ろに来る名詞の特徴を見てみよう。

　まず of の方であるが、八木は「of の後は、不定のものが来ることはできない」という結論を下した。このことには、上で反論しておいたが、次例を見てみよう。

(28) "What needs to happen is a migration of buyers from one category to next," he said. "Because people have been so ***short of money***, those who would buy are sitting tight. New home sales and move-up sales just haven't been happening." — *Los Angeles Times*, December 6, 1995

(29) The supervisors indicated that they expect to approve a bare-bones budget Monday even though they are far ***short of the money*** needed to make it work, especially in health services. — *Los Angeles Times*, July 29, 1995

　このように、of の後には、「不定のもの」も「不定でないもの」も来るのである。反対に short on と money の結びついた例は、上で見た(12)(18)の例だが、すべて定冠詞はついていない。つまり、結論的に言うと of の方には定・不定の制限はなく「on の後には、不定のものしか来れない」という方が正しいことになる。現に short on の例を検索してみると、すべて定冠詞がついていない。

Ⅱ. 事例研究

しかし、これでも正しいとは言えない。というのも「on の後には、不定のものしか来れない」というのであれば、不定冠詞のついた例が出てきそうであるが、出てこないのである。次の detail の例を見てみよう。

(30) When he learned the speech was ***short on details***, Svorinich was disappointed. "You know I'm very supportive of the mayor," he said. "I never want him to be in a position where people say, 'Where's the meat?' I cringe when they say it isn't there." — *Los Angeles Times*, March 24, 1995

(31) As a result, Carter's piece on the front page of Thursday's New York Times was ***short on detail*** about the trial and lacked many of the answers to questions that had been flooding into NBC studios from the public and press around the world. — *Los Angeles Times*, October 13, 1995

上の detail のように、名詞であっても複数形か不定冠詞がつかない単数形が用いられる。単数形であって不定冠詞がつかないということは不可算名詞だということだ。detail の可算名詞の用法では、普通、複数形で使われるが、不可算名詞の用法もあり、その場合は当然のことながら不定冠詞がつかない。もう少し例をあげよう。

(32) A coaching switch helped Winnipeg because the Jets are loaded with skill players, giving Simpson plenty to work with. It won't help the Kings because they're ***short on skill***, long on plodders and glaringly lacking leadership. — *Los Angeles Times*, April 25, 1995

(33) Barry Melrose's big-is-better philosophy with the Kings (7-11-4) misfired because many of the big guys are ***short on skills***. Wayne Gretzky was often noticeable only when he let second-rate forwards get away from him. He seems to have lost his enthusiasm. With some of the

moves the club has made, who can blame him? —— *Los Angeles Times*, March 14, 1995

(34) The house, at 605 S. Irving Blvd., may have been long on history —— it was once leased to John Barrymore and Dolores Costello, and those who have crossed its portals include Prince Charles and the prime minister of Japan —— but it was woefully ***short on amenities***. It was purchased in the '70s by Getty Oil, which hoped to buy surrounding properties and build new headquarters. But neighbors blocked that move, and the Getty Foundation gave the house to Los Angeles in 1976. —— *Los Angeles Times*, November 4, 1995

(35) But what about this team, the one that will face Fresno City (26-10) in the quarterfinals tonight at 8, the one with 10 freshmen and only three sophomores —— two of them in their first season in a Ventura uniform, the one that marched into battle in November with all that raw talent but was dangerously ***short on experience***? —— *Los Angeles Times*, March 9, 1995

(36) LONDON —— Concerned international partners for peace agreed Saturday on a sweeping menu for reconstruction in Bosnia-Herzegovina that establishes ambitious goals for social, economic and political rebirth but is ***short on specifics*** of how to achieve them. —— *Los Angeles Times*, December 10, 1995.

以上の例から「on の後には、不可算名詞か可算名詞の複数が使われる」とまとめることができる。これに対し、of の後の名詞には、「可算名詞の単数・複数、不可算名詞が使われる」とまとめることができる。しかし、これでも両方に「可算名詞の複数」と「不可算名詞」が使われることから、きちんとした区別ができない。上で見たように、on はくだけた表現で使われるだけで後の名詞には違いがないのであろうか。いや、そうでもないようである。というの

II. 事例研究

も、上であげた(30)～(36)の名詞は、of の後では使われていないのである。反対に、共通に使われるのは上で見た money, cash, funds, time などである。例をあげておこう。

(37) While a home can say a lot about a person, it isn't all psychological, she says. For example, if you need a new rug but are **short of cash**, you may have to wait to buy it until you're more solvent. —— *Los Angeles Times*, December 2, 1995

(38) Shoppers **short on cash** can use American Express, Visa or Master Card to charge their animals or purchases of good-luck sprays, colognes that chase away evil spirits or herbs for Santeria rituals. Lastra's store, which sells ducks for $10 each and goats for $70 each, even delivers. —— *Los Angeles Times*, December 31, 1995

(39) Unfortunately, projects in those two cities have stalled because the developerswere **short of funds**. But Fullerton and Irvine officials would do well to ask successful developers elsewhere to take on projects in their cities, or at least advise the cities how to get the SROs built. —— *Los Angeles Times*, August 27, 1995

(40) Even without such challenges to its jurisdiction, the 2-year-old tribunal will be fighting long odds in trying to bring the war criminals of the Balkans to book. It is **short on funds**; it lacks its own complement of arresting officers; it is powerless to conduct trials in absentia, and the lawyers and judges on its international staff come from a range of incompatible legal traditions. —— *Los Angeles Times*, August 30, 1995

(41) This procedure is especially good if a patient is **short of time** —— "you're getting married on Saturday and you've only got four days, or you're going away on a business trip," suggested Dr. George Freedman of Toronto, a prominent cosmetic dentist and industry consultant. ——

Los Angeles Times, May 26, 1995

(42) If you're ***short on time***, you can buy an already prepared mole paste, available in most Latino markets. Heat the prepared sauce, then add the shredded chicken and cook it long enough for the meat to absorb the flavor of the mole. —— *Los Angeles Times*, November 9, 1995

以上のように、money, cash, funds, time のような時と時間に関する名詞は、両方の形で使われ、あまり違いがないように思われる。それでは、上の on の後にしか使われない(30)～(36)の名詞はどうだろうか。ここで、上で見た *LDOCE*³ の short on の定義を思い出していただきたい。to have less of something than you should have となっていた。「備えているべき何かが少ない」ということだったが、(29)～(35)を見ると分かるように、「備えているべき何か」ではなく「備えていれば好ましいと思われる」何かが不足しているという場合に使われるようである。「提案など具体的なことがら」(details、specifics)、「人の技能や経験」(skills、experience)、「施設などの設備」(amenities) など「備えていれば好ましいと思われる」何かに対して short on が使われるようである。特に、不可算名詞や可算名詞であっても不定冠詞がつかない名詞が使われることからも分かるように、抽象度の高いことがらに使われる。反対に short of の方は、定冠詞がつくことから、具体性の高いことがらを中心に使われると結論づけていいであろう。

4．まとめ

以上のことがらをまとめると、次のようになる。

1．意味

意味的に見ると、short of ... は、「(a)(時間、金額など)が不足している、... が足りない」と「(b)(場所、額)に達していない、... に及ばない」の2つの意味で使われるが、short on ... の方は、「(時間、金額など)が不

Ⅱ．事例研究

足している、…が足りない」という意味でのみ使われる。
2．後続の名詞の文法的性格

後続の名詞については、short of の後には「不定のもの」も「不定でないもの」も使われるが、short on の後には不定のものしか使われない。また、short of の後の名詞には「可算名詞の単数・複数、不可算名詞」が使われるが、short on の後には「不可算名詞か可算名詞の複数」しか使われない。
3．後続名詞の性質

short of は、不足している具体的なものに関して使われるが、short on に関しては「時と時間に関する名詞」と「備えていれば好ましいと思われる抽象度の高い何か」を表わす場合に普通使われる。

注
(0) この章は奥田（1997）「be short of/on … という表現について」を修正したものである。

11. According to me の語法

　According to ... という表現は、「... によると」という意味でよく使用されている。この表現の後には、典拠とされるものが示され、自分が今から述べることは、正当なことだということを相手に伝えるための手段だと思われる。ところが、According to の後には、典拠とされるものであれば何でもいいのかというと、そうではなく、いくつかの制約があるようである。その1つに、「According to me, ... とは、言わない」というものがある。ところが、実際には、この表現が使われることがある。この章では、この制約に注目し、どういう場合に、According to me, ... という表現が可能なのかを探ってみたいと思う。

1. According to me という表現

　一般的に、According to me という表現は、不可とみなされている。例えば、Swan（1980：7）は、次のように述べている。

> *According to* X means 'in X's opinion', 'if what X says is true'.
>   ***According to Harry***, *it's a good film.*
>   *The train gets in at 8.27,* ***according to the timetable***.
> We do not usually give our own opinions with *according to*. Compare:
>   ***According to Ann***, *her boyfriend is brilliant.*
>   (= If what Ann says is true, ...)
>   ***In my opinion***, *Ann's boyfriend is an idiot.* (NOT ~~According to me,~~ ...)

　つまり、自分の意見を表明する時には、according to me ではなくて、In my opinion を使うというのである。同様のことが、木塚・バーダマン（1997：

277

Ⅱ. 事例研究

5）にも書かれている。

　× According to me, university tuitions are too high.
● In my opinion, university tuitions are too high.
● I think university tuitions are too high.
（大学の授業料は、高すぎると思います）
　☞ according to ～は、それ自体ですでに、他者からの情報を伝えるという機能を含んでいるため、その後に me, us など一人称の代名詞が続くことはない。

これに対し、According to me という表現の可能性を Ross (1970 : 235) は、遂行分析を使い、次のように示している。

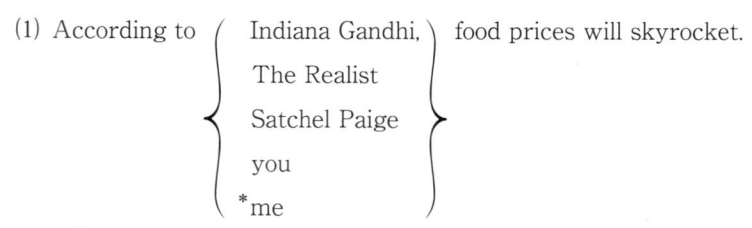

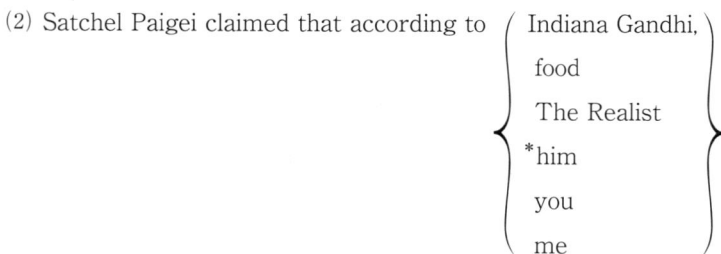

(1) According to $\left\{\begin{array}{l}\text{Indiana Gandhi,}\\ \text{The Realist}\\ \text{Satchel Paige}\\ \text{you}\\ \text{*me}\end{array}\right\}$ food prices will skyrocket.

(2) Satchel Paigei claimed that according to $\left\{\begin{array}{l}\text{Indiana Gandhi,}\\ \text{food}\\ \text{The Realist}\\ \text{*him}\\ \text{you}\\ \text{me}\end{array}\right\}$

　　　prices will skyrocket.

そして、次のような制約をあげている。

11. According to me の語法

> (3) No well-formed deep structure may contain according to-phrase if the NP in that phrase is identical to any NP belonging to the first sentence above the one containing the phrase.

つまり、「according to 句の中の名詞句が、according to 句が埋め込まれている文の最初の文の名詞句と同一指示の時には非文になる」と述べている。例文で見ると、(2)のように、埋め込まれた文の中のaccording to 句の中の名詞句、Indiana Gandhi, him, you, me が、主節のSatchel Paige と同一指示の場合、この場合は、him と同一指示なので、この him が使われた文が非文になるというのである。それでは、(1)のような文をどう説明するかというと、この文は、遂行分析により、I say that というような文がもともとあり、それが表面に現れていないと考えるのである。それで、この文のaccording to 句も埋め込まれていると考え、I と同一指示にあたる me が使われた場合非文になると説明できるのである。

しかしながら、Ross (1970：236) 自身も指摘しているように、(3)のような条件では、次の(4)が非文であり、(5)が正しい文だということが予測できないのである。

> (4) *Satchel Paige$_i$ stated that it was not true that according to him$_i$ food prices would skyrocket.
>
> (5) Satchel Paige$_i$ drives a truck that gets, according to him$_i$, 37.8 miles per gallon.

(4)は、2重に埋め込まれた文のため、"NP belonging to the first sentence above the one containing the phrase" の部分に抵触しないため(3)の条件をすり抜け、正しい文だと予測することになる。反対に、(5)は正しい文なのに、(3)の条件に当てはまり、非文だと予測してしまうことになるのである。これに対し、Ross (1970) は適切な代案を提出できなかった。

II. 事例研究

　これを、遂行分析を使わずに説明しようとしたのが、Leech（1980: 70）である。彼の結論は、以下のようなものである。

(6) In a statement modified by a phrase "according to x", "x" cannot refer to the speaker of the statement.

つまり、according to x という表現を用いた文では、x は、常にその文の発話者であってはならないというのである。これによれば、(1)(2)の同一指示の名詞句に当てはまるだけでなく、(4)(5)に関してもうまく説明できる。

3．Leech（1980）の条件でも説明できない according to me

　Macleod（1985：335）は、以下のような実例をあげて、Leech（198）の不備を指摘している。

(7) From a novel, That Uncertain Feeling:
　　"Yes, I know a bit of chasing round after other women now and then doesn't matter, according to you. Well, *according to me a bit does matter, a bit too much*. Any at all's too much, so it's over, there's nothing left of the whole bloody issue." She began crying. "*Anything at all of that sort matters. According to me.*"（Amis（1975：199））

(8) From the transcription of an interview：
　　Q. Would you call *One Fat Englishman* an American novel because it's set in America?
　　Amis：I don't think one can quite say that. It would be very difficult to say what Englishnessand Americanness are. *I think that one of the reasons why, according to me, the English novel has got it over the American novel at the moment* is because of things like English snobbery, and English conservativism, and English class consciousness, and living

in the past, and all that kind of thing.（Firchow（1974：35））
(9) From an article on detective stories：
I must explain at once that, when writing under his pseudonym of Carter Dickson, John Dickson Carr uses a detective called Sir Henry Merrivale, or H.M., *who according to me is an old bore.*（Amis（1970：23））

(7)(8)(9)で使われている according to me は、上で見た用法とは、全く異なっているため、Leech（1980）の考え方ではうまく説明がつかないのである。Macleod（1985：335）は、これらの例における according to me を次のように説明している。

(10) ... the speaker uses the phrase to signal awareness of the unexpectedness or the controversialness or the individuality（or simply, the contrastiveness）of view that is being expressed.

つまり、according to me という表現は、話者が自分の考えの「突飛さ」や「議論の余地があること」や「個性的であること」には、気づいていることを示すために使っているというのである。

4．実例による検討

According to me という表現は、上で見たような Leech（1980）と Macleod（1985）の説明で解決できるのであろうか。実例を取り上げてさらに検討したい。

4．1．埋め込み文での用例

According to me という表現は、(2)で見たように、埋め込み文では主語と同一指示でなければ何の問題もなく使用される。次の用例はこのことを示す例である。

(11) Mr. Taylor says that ***according to me*** "fewer than one-third of the

Ⅱ. 事例研究

    companies that gointo Chapter 11 ever emerge alive." That figure includes Texaco and Eastern. In "A Feast for Lawyers" I point out that a much smaller percentage of medium and smaller companies survive the Chapter 11 "hospital." Their odds for survival are less good than those of someone playing Russian roulette with a six-shooter. —— *New York Times*, January 21, 1990

しかし、以下の例は、埋め込み文で、主語と同一指示なのに使用されている。これは、どう考えればいいのであろうか。

(12) According to the Tesla Memorial Society of New York (www.teslasociety.com (http://www.teslasociety.com)) it is: "essentially a high-frequency air-core transformer. It takes the output from a 120vAC to several kilovolt transformer and driver circuit and steps it up to an extremely high voltage. Voltages can get to be well above 1,000,000 volts and are discharged in the form of electrical arcs."
    If you understood that: jolly good. If you didn't then let me tell you that ***according to me***, it's an improbable looking contraption that generates pretty purple lightning at the flick of a switch. —— *The Daily Telegraph*, 25 Sep 2008

これは、Macleod (1985) の考え方でなんとか説明がつくかもしれない。しかし、ここでもう少しじっくり用例を見ていただきたい。その上のパラグラフを見ると、According to the Tesla Memorial Society of New York という表現があるのがわかる。つまり、普通では、使われない埋め込み文での according to me を許しているのは、先に According to ～ という表現が出てきており、それと対照的に使っているからではないであろうか。

4.2. 対照的に使われた例

4.1. で、対照的に使われた according to me の例を見たが、この表現を許す背景に「対照」ということがあるのではと考え、もう少し用例を見て行くことにする。

(13) "Several years ago, there was a contract that was going to be entered into with Boeing which, because of my knowledge and background and experience, was going to cost the taxpayers — not *according to me,* but *according to the Government Accountability Office* — an additional $6.2 billion," Mr. McCain said. "I fought against that contract because I thought it was wrong. It ended up, two Boeing executives ended up in federal prison. It was a scandal of great proportions." — *New York Times*, March 12, 2008

(14) Ross has been struggling academically, and there are different opinions why. **According to his teacher and the school principal**, it is because of Ross's laziness and bad attitude. **According to me** and several learning specialists attending the meeting, it is because the demands on his reading and writing have increased, placing extra stress where he is weakest. The school's rigid attitude has not helped things, either, in my opinion. — *New York Times*, April 13, 2003

このように、not ... but 〜 という構文を使い、対照的に使われる場合には、according to me という表現が抵抗なく使われるようである。この文章の最後で either, in my opinion と使われていることからもわかるように According to me は、ここでは in my opinion と同じ意味で使われている。このような現象は、他の語句の用法でもしばしば見られる。また、次の例のように but 以下が示されない場合にも容認されるようである。

Ⅱ. 事例研究

(15) My way of locating the Karoo is as follows. I picture the Cape Province as a very swollen head, with Cape Town as its chin. Then the Karoo is, roughly, the space between its ears. Achingly empty, **according to some**; packed with the most extraordinary stories, people and scandal, **according to me**. I go to the hot high northern Karoo, of stony lunar landscapes and little lost towns. Great parched spaces where, if they didn't put up fences to keep in the sheep, then the lunatics would go rolling across the hot red plains, like the tumbleweed does, all the way to the sea. —— *The Daily Telegraph*, 18 Sep 2000

(15)の場合も、according to some と according to me が対照的に使われている。そのため、普通の表現になっている。

(16) HERE are some odds and ends to make note of as the business-travel season begins with the imminent end of summer: More business travelers are driving rather than flying, **according to Enterprise Rent-a-Car**. Well, duh, **according to me**. Increased drivingto avoid airports and crowded airplanes has been the case for nearly two years now, after the airport experience —— never a barrel of laughs to begin with —— started toresemble the incoming processing center at a medium-security prison.—— *New York Times*, September 9, 2003

(16)でも、according to Enterprise Rent-a-Car. と according to me が対照的に用いられている。

(17) Zoom The family camera when I was growing up in the 1950s was the Argus C3. I can still see the camera in its leather case, even though the camera and many of the pictures taken with it have vanished. Years

later, cameras, photographs and prints had become digital, and the means of producing and distributing a photograph had changed radically once again. But what does this mean for posing? Does it mean that because of changing technology that images have become more truthful? More candid? Less posed? More true?

According to Susan Sontag, yes.

According to me, no.

Photographs are neither true nor false. Sentences can be true or false, but the truthfulness of a sentence does not depend on whether it is reproduced on a wet-collodion plate or in a digital file. Is a sentence in color more truthful than a sentence in black and white? — *New York Times*, December 16, 2007

(17)では、According to Susan SontagとAccording to meが対照的に使われ、その後にyesとnoがさらに対照的に使われている。このように、対照的な表現があれば、かなり自由にAccording to meという表現は使われているようである。もう一例見てみよう．

(18) One good thing about getting older is that hay fever and other allergies finally go away. ***Not according to me***. I'm allergic to all pollens and most drugs. A couple of years ago, I even turned out to be allergic to Flonase, which was until then my allergy medicine. — *New York Times*, May 6, 2007

この(18)の例では、According to ～ という対照的に使われている表現が示されていないが、Notをaccording to meに付けることによって、対照的に使われたのと同じような働きをさせていると考えることができる。

以上のように、対照的なAccording to ～ が使われている文脈では、抵抗な

Ⅱ. 事例研究

く According to me という表現が使われているようである。このことを考慮して、Macleod (1985) のあげている (7) の用例を見てみよう。

(7) "Yes, I know a bit of chasing round after other women now and then doesn't matter, according to you. Well, according to me a bit does matter, a bit too much. Any atall's too much, so it's over, there's nothing left of the whole bloody issue." She began crying. "Anything at all of that sort matters. ***According to me***." —— Amis (1975 : 199)

この例文の中でも、according to me が according to you と対照的に使われているのが分かるであろう。つまり、according to me という表現が用いられる背景には、「対照」という要素が大きな役割を果たしているのである。

4.3. 補足（afterthought）的な用法

もう一つ、あまり取り上げられていないが、文尾に使われる according to me の実例を見て行くことにしよう。

(19) Remembering the night in 1997 when he met Emily Phillips Pennington at a party givenby a friend, Mr. Boucher said: "We liked each other right away, ***according to me***. But it wasn't mutual by any means." —— *New York Times*, July 9, 2000

(20) This new recording is very much in that tradition —— the right one, ***according to me***. That is, it uses Rachmaninov's Piano Concerto No 2 in C Minor not as a score to be performed reverently, note for note, but as a treasure house of suitable themes to transform into jazz. The result, however, sounds not like JR Morton but similar to the late, lamented Modern Jazz Quartet (or MJQ). —— *The Daily Telegraph*, 15 Apr 2006

(21) "You can't always play like you'd like to. We didn't pass the ball

enough, ***according to me***. We have to play with the ball more in all areas of the pitch. That was the onething I didn't like [against Belgium]." ―― *The Daily Telegraph*, 16 Jun 2000

(22) In one sense it is a little odd that Mr. Berio should have spent so much time writing virtuoso showpieces, since through most of history progressive composers have been identified with reaction against the performing virtuoso. "I don't think of them as showpieces," said Mr. Berio, "but I like a virtuoso. These are virtuosos not only of the fingers but of the mind, not like a 19th-century idiot playing a narrow repertory. Eliot Fisk isnot this. Musically and technically he passes Segovia, ***according to me***." ―― *New York Times*, January 13, 1989

これらの例を見ても分かるように、according to me は、ここでは、補足的に付け加えられて、「これは、あくまで私見ですが」という意味内容を表していると考えられる。これは、位置的なものが大きく関与していて、文頭に使われた According to ... が、情報源をあげることによって権威づけたり、責任回避をしたりする性格とは、反対のものである。

4.4. その他の例

以上で見た例と違う例を見ておこう。

(23) In a boxing farce worthy of a Bernie Mac routine, Mike Tyson reversed his decision on Monday to cancel his fight Saturday night against Clifford Etienne, only to be trumped by Etienne's decision hours later to back out.

Etienne's adviser, Les Bonano, made conflicting remarks on whether his fighter wouldreverse course and agree to fight. Tyson's manager, Shelly Finkel, said of Etienne in a phone interview last night: "As far as I

Ⅱ．事例研究

know, he is out. I'm trying to get him in."
　　Rather than having the flu, as Tyson cited for backing out on Monday, Etienne was a victim of the Tyson cancellation blues.
　　"I have people in my camp who've already left," Etienne told ESPN early yesterday. "***According to me***, the fight is still off."
── *New York Times*, February 19, 2003

文脈が分かるように長く引用したが、この例は、マイク・タイソンと対戦するエティエンの発言であるが、この According to me は、「俺様に言わせれば」とエティエンが、「自分が権威である」ということを示そうとして使っている。
　また、次の例は、挿入的に用いられているが、これは、上で見た補足的に使われる文尾の according to と同じような意味を表していると考えられる。

(24) "Basically, ***according to me***, it came from Eldawoody," Mr. Siraj said. "He was the one who want to do these things." ── *New York Times*, May 16, 2006

5．まとめ

　この章では、According to me という表現について、先行研究を整理し、用法を考察した。一般的な文の中では、Swan (1980) などが述べているように、通例、使用できない。ところが、埋め込み文では主語と同一指示でない限り使用できることは確認されてきた。さらに、話者が自分の考えの「突飛さ」や「議論の余地があること」や「個性的であること」には気づいていることを示すような、特別な場合には使えることがわかった。
　さらに、実際の例を見つけ according to me が使用される文脈をじっくり観察してみると、この表現が用いられる背景には「対照」という要素が大きな役割を果たしていることが分かった。また、補足的な用法の according to me というものも使用されていることが分かった。

注

(0) なお、according to me という表現を説明するのに、もっと広い視点から according to の持つ2つの意味(「〜によれば」、「〜に応じて」)をも含めて、統一的に説明しようという試みが Bolinger (1990) で行われている。

12. 連語研究と語法学的分析

　英語では、声の描写に使う形容詞が豊富であるが、日本語の方は、あまり多くはない。この章では、英語における voice という語を使った声の描写の表現を、小説からの実例を中心に取り上げ、英語の表現で使われる形容詞の種類の豊富さを見るとともに、声の描写の表現形式について考察する。

1. 日英語の大きな違い

　日本語の「声」という語と英語の"voice"という語の用法における大きな違いは、まず、日本語では、「声が…と言った」というのはおかしく、「…という声が聞こえた」というが、英語では、voice が擬人化され、次のように The voice said [asked, told, explained etc.] … という表現が普通に使われるということである。

(1) A voice told us to come in. —— Sara Paretsky, *Guardian Angel*
(2) "Who is it?" a careful voice asked. —— Walter Mosley, *White Butterfly*
(3) "Hypsilophodonts are not especially bright animals," the voice explained. —— Michael Crichton, *Jurassic Park*
(4) There was a gunshot nearby and a voice cried out, "Women and children only. Be orderly." —— Robert Butler, *Tabloid Dreams*
(5) A voice answered softly, and she stepped into the room. —— John Grisham, *The Pelican Brief*

　この場合の特徴は、例文からもわかるように、動詞は、伝達動詞が中心に用いられることである。ただし、次のように擬人化がさらに進み、伝達動詞以外の動詞が用いられることもある。

Ⅱ．事例研究

(6) "Luke?" came the voice from the boat. ―― John Grisham, *The Pelican Brief*

2．voice と結びつく形容詞

日本語では、「声の大きさ」や「声の質」を中心に描写されるが、英語では、声のどのような側面を中心に描写されるのかを見るために、まず、voice と結びつく形容詞を考察してみる。形容詞には限定用法と叙述用法があるので、限定用法から見て行くことにする。

A．… voice

(1) Her hoarse voice shredded words like a cheese grater. ―― Sara Paretsky, *Guardian Angel*

(2) "Thanks for your help …. You have a beautiful voice, you know. Do you sing?" ―― Sara Paretsky, *Guardian Angel*

(3) I dialed their number and got put through to Sukey's deep, sweet voice. ―― Sara Paretsky, *Guardian Angel*

(4) Roper's dull, nasal voice, and his excited repetitions made me want to jump up and strangle him. ―― Sara Paretsky, *Guardian Angel*

(5) "Yes?" a nervous voice asked from inside. ―― John Grisham, *The Pelican Brief*

(6) Then a puzzled voice said, "Sounds like some damn kid." ―― Michael Crichton, *Jurassic Park*

(7) "That's the thing," the older woman broke in in an anxious voice. ―― Sara Paretsky, *Guardian Angel*

(8) There was a flash of lightning, followed by a long sizzle of radiostatic, then Arnold's tense voice. "―― where are ―― ou ―― " ―― Michael Crichton, *Jurassic Park*

例文の形容詞を観察すると、(1)～(4)で使われている形容詞は「声の質」を表す形容詞だが、(5)～(8)で使われている形容詞は種類が違うことがわかる。よく見ればわかるように、これらの形容詞は声によって伝えられる「主語の心的態度」を表しているのである。このように、限定用法では、英語の voice は、2種類のタイプの形容詞と結びついて用いられるのである。それでは、叙述用法の場合はどうか見てみることにする。

B. voice is ...

(1) His voice was rough, but friendly, Benji decided. —— Allison Thomas, *Benji*

(2) His voice was suddenly hard. —— Sidney Sheldon, *The Naked Face*

(3) The voice was clear, articulate, and appeared to be intelligent. —— John Grisham, *The Pelican Brief*

(4) Number One's voice was still quiet. —— Harold Robbins, *The Betsy*

(5) "Hello." Her voice was soft and sweet and inviting. —— Walter Mosley, *White Butterfly*

(6) I had my knee socks and running shoes on before he answered, his voice hoarse beyond recognition. —— Sara Paretsky, *Guardian Angel*

(7) Her voice was happy but she didn't look me in the eye. —— Walter Mosley, *White Butterfly*

(8) Max voice wasn't altogether jocular. —— Sara Paretsky, *Guardian Angel*

例文からわかるように、叙述用法の場合はたいてい「声の質」を描写する形容詞が用いられるが、(7)(8)の例のように「主語の心的態度」を表す形容詞が用いられることもある。さらに、次のように、この2つの種類の形容詞が and で結ばれて同時に用いられることもある。

II. 事例研究

(9) The voice on the other end was low and timid. —— John Grisham, *The Pelican Brief*
(10) My voice was small and careful. —— Walter Mosley, *White Butterfly*

だが、その場合には順序があるようで、一般的には、「声の質」を表す形容詞の後に「主語の心的態度」を表す形容詞が続くのである。

まとめると、英語では限定用法、叙述用法に関係なく、「声の質」を表す形容詞だけでなく「主語の心的態度」を描写する形容詞も同様に用いられるということだ。

それでは、日本語では、「声」には、「声の質」を表す形容詞だけしか用いられないのに、英語では、"voice" という語を修飾するのに「声の質」を描写する形容詞だけでなく「主語の心的態度」を表す形容詞も用いられるのは、なぜであろうか。この日英の違いは、上で見たように、英語では、voiceを擬人化して動作主とすることができるのに、日本語では「声」を擬人化して動作主とすることができないことと関係があるようだ。つまり、voiceを動作主にできるため、動作主の描写に使われる「主語の心的態度」を表す形容詞がvoiceと結びつくことが可能になっているのである。

3. voice と動詞

voiceと動詞との連語関係を考えてみると、voiceが主語として用いられる場合とvoiceが目的語として用いられる場合で異なるが、動詞の種類は、典型的なものに限られていることがわかる。

(1) Olson talked to the lady behind the window, and he raised his voice but Darby couldn't understand him. —— John Grisham, *The Pelican Brief*
(2) "And then I realized I was holding the revolver in my hand," said the boy, lowering his voice as if someone might hear him. —— Mario Llosa, *Death in the Andes*

(3) He did not recognize the voice. —— Scott Turow, *Pleading Guilty*
(4) I could hear her movements through another door or two and thought. detected her voice. —— Scott Turow, *Pleading Guilty*
(5) My voice went up half a register. —— Sara Paretsky, *Guardian Angel*
(6) "Save yourself! Flee ——" His voice trailed off: "I made preparations——"
 —— John Rechy, *Our Lady of Babylon*
(7) His voice had sweetened. —— Mario Llosa, *Death in the Andes*
(8) She hesitated. "I don't think so." The voice was cracking. —— John Grisham, *The Pelican Brief*

以上の例より、voice が目的語として用いられる場合は、(1)〜(4)からわかるように、「声を察知する」または「声の調子を変える」という意味の動詞が用いられる。また、voice が主語として用いられる場合には、(5)〜(8)からわかるように、「声の調子が変わる」または「声が聞こえなくなる」という意味の動詞が使われる。

4．声を描写する表現形式

声を描写する表現形式には、上で見たような日本語でも見られるようなものと、英語特有のものがある。ここでは、英語特有のものを考察することにする。

A. Voice is ... with 〜

(1) DeMarco's voice was thick with rage. "You're a liar!" —— Sidney Sheldon, *The Naked Face*
(2) His voice was heavy with conviction. —— Sidney Sheldon, *If Tomorrow Comes*
(3) "Gan!" T'Gatoi called, her voice harsh with urgency. —— Octavia Butler, *Bloodchild*
(4) His voice was light with sarcasm. —— Sara Paretsky, *Guardian Angel*

II. 事例研究

　このAの形式のものを見るとわかるように、まず形容詞は「声の質」を表していて、名詞がその「声の質」の原因を表している。これらの名詞はよく見てみると「主語の心的態度」と関係がある。つまり、「心的態度を表す名詞」だと言える。

B． There is … in one's voice.
　(1) There was steel in her voice. —— Sidney Sheldon, *Windmills of the Gods*
　(2) "What the hell you think you doin', Easy?" Regina screamed. There was fear in her voice. —— Walter Mosley, *White Butterfly*

　このBの形式で用いられる名詞もまた、よく見てみると「主語の心的態度」を表している。Steel は比愉的に使われているが、「心的態度を表す名詞」だと言ってよいであろう。

C． voice is filled with …
　(1) Kate's voice was filled with distress.
　　—— Sidney Sheldon, *Master of the Game*
　(2) His voice was filled with pain.
　　—— Sidney Sheldon, *Master of the Game*
　(3) It was the grandfather's voice, filled with warmth and understanding.
　　—— John Grisham, *The Pelican Brief*

　このCの形式で用いられる名詞も同様に、「主語の心的態度」を表していると考えてよいであろう。

D． Put … into one's voice
　(1) Judd put surprise into his voice. —— Sidney Sheldon, *The Naked Face*

(2) It was as though, all at once, a fuzzy veil had fallen off her face, leaving all her features clear and sharp, putting color into her cheeks, life into her eyes, the vibrations of something approaching excitement into her voice. —— Isaac Asimov, *The Dead Past*

E. **keep ... out of one's voice**
 (1) I tried to keep the edge of jealousy out of my voice. —— Harold Robbins, *The Betsy*
 (2) If she was trying to keep the contempt out of her voice she did not succeed. —— Anne Perry, *Weighed the Balance*
 (3) I stiffened, but kept the anger out of my voice. —— Sara Paretsky, *Guardian Angel*
 (4) He couldn't keep the satisfaction out of his voice. —— Michael Crichton, *Jurassic Park*
 (5) I managed to keep the excitement out of my voice as I said, "I forget his first name but the bartender kept callin' him Mr. Saunders." —— Walter Mosley, *White Butterfly*

F. **keep one's voice ...**
 (1) I kept my voice humble. —— Sara Paretsky, *Guardian Angel*
 (2) Rudy tried to keep his voice casual, not speaking the great wild whoop of elation that rang inside him. —— Barbara Hambly, *Mother of Winter*
 (3) I tried to keep my voice normal but it lowered when I named that name. —— Walter Mosley, *White Butterfly*
 (4) I kept my voice gentle. —— Sara Paretsky, *Guardian Angel*

上のD、Eの形式で用いられる名詞も「主語の心的態度」を表している。Dは、「自分の感情を声に込める」場合に、Eは「感情を声に表さないようにする」

Ⅱ. 事例研究

場合に用いられる表現である。また、Fは形容詞が用いられているが「感情を声に込めた状態を保つ」場合に用いられる表現である。

次のGの形式の表現では、「声の質を表す」形容詞と「心的態度を表す」形容詞の両方が用いられている。これは形容詞の限定用法のところで見た形式に前置詞のinが付けられたものなので、当然両方が可能なことは理解できるであろう。

G. in a ... voice

(1) Number One asked in a quiet voice. —— Harold Robbins, *The Betsy*

(2) "I'm not afraid any more." The girl made the statement in a flat, dull voice, her face expressionless. —— Arthur Hailey, *Overload*

(3) "Velociraptor," Alan Grant said, in a low voice. —— Michael Crichton, *Jurassic Park*

(4) "What?" she asked in a timid little voice. —— Walter Mosley, *White Butterfly*

(5) But Joan's query, uttered in a high, soft voice nothing like my own, could not be so readily dismissed. —— Nancy Mairs, *Waist-High in the World*

(6) "Roger Stockton," I answered in a loud, hollow voice that I used sometimes. —— Walter Mosley, *White Butterfly*

だが、次のHの形式の表現では、「心的態度を表す」名詞しか用いられない。声に込められた感情を描写しようとする表現形式なのだから当然のことだとわかるであろう。

H. ... in one's voice

(1) I grinned at the eagerness in his voice. — Sara Paretsky, *Guardian Angel*

(2) After glaring at me a minute to see if I would respond to the challenge in his voice, he went on. — Sara Paretsky, *Guardian Angel*

(3) The sudden urgency in her voice sounded real. — Octavia Butler, *Bloodchild*

(4) She had the disdain of a woman in her voice. — Walter Mosley, *White Butterfly*

(5) Mr. Garnett had tears in his voice. — Walter Mosley, *White Butterfly*

(6) "Oh!" she exclaimed with a laugh in her voice. — Walter Mosley, *White Butterfly*

(7) Grant said something that Tim didn't hear, he only heard the tensionin his voice. — Michael Crichton, *Jurassic Park*

(8) "Vic, don't!" I flinched from the sharpness in her voice. — Sara Paretsky, *Guardian Angel*

(9) The bitterness in my voice startled Mrs. Tertz, who snatched the flyer from me. — Sara Paretsky, *Guardian Angel*

(10) The surprise was clear in her voice. — Harold Robbins, *The Betsy*

(11) "Excuse me, Henry," Hammond said, with an edge of impatience in his voice. — Michael Crichton, *Jurassic Park*

以上のように、声を描写する表現形式を見てみると、「心的態度を表す名詞」というのが voice という語と密接に結びついているのが理解できるのである。このように表現形式に目を向けると、voice という語については、従来からの形容詞、動詞との連語関係だけでなく、「心的態度を表す名詞」との連語関係が浮かび上がってくるのである。

Ⅱ．事例研究

5．まとめ

　この章では、voice という語を使って表す声の表現を見てきた。そして、日本語の「声」という語には、原則として「声の質」を表す形容詞しか結びつかないが、英語の voice には、「声の質」と「主語の心的態度」の両方を表す形容詞が結びつくことがわかった。さらに、声を描写する場合に voice という語の取る表現形式を考察することにより、どの形式にどちらのタイプの形容詞が使われるかが明らかになった。また、従来の連語関係の研究は「形容詞と名詞の関係」と「動詞と名詞の関係」を中心に行われてきたが、この章では、それをもっと範囲を広げることによって、意味と表現形式の対応関係を考察し、新しい表現研究の可能性を提示した。そして、voice と「心的態度を表す名詞」との関係を表現形式の観点から考察した。

注

(0) この章は、奥田（1995）「英語における声を表す表現 - voice を中心に」に加筆修正を加えたものである。

　現代小説などでは、翻訳の影響を受けて、若い作家の中には、「声」を擬人化して動作主とすることがある。そのため、将来において「主語の心的態度を表す形容詞」が「声」と結びつくことが日本語でも可能になってくるかもしれない。

参考文献

Aijmer, K. & B. Alterberg (eds). 1991. *English Corpus Linguistics*. Longman.

Allsop, J. 1983. *English Grammar*. Cassell.

Allsop, J. *Cassell's Students' English Grammar*. Cassell Ltd.

Alexander, L.G., Allen, R.A. Close & R.J. O'Neill. 1975. *English Grammatical Structure*. Longman.

Amberg, J. S. & D. J. Vause. 2009. *American English: History, Structure, and Usage*. Cambridge University Press.

Allerton, D.J. 1982. *Valency and the English Verb*. Academic Press.

安藤貞雄. 1969. 『英語語法研究』研究社.

安藤貞雄. 1983. 『英語教師の文法研究』大修館.

浅田壽男. 1981. 「ENVYの語法」『英語教育』1981年2月号. 大修館.

Benson, M., E. Benson and R. Ilson. 1986. *The BBI Combinatory Dictionary of English*. John Benjamin Publishing Company.

Biber, Douglas *et al.* 1999. *Longman Grammar of Spoken and Written English*. Longman.

Biber, D., S. Conrad & Reppen. 1994. "Corpus-based Approaches to Issues in Applied Linguistics," *Applied Linguistics*, vol.15, No.2, pp.169-189

Bolinger, D. 1967. "Adjectives in English: Attribution and Predication" *Lingua* 18 pp.1-34.

Bolinger, D. 1975. *Aspecks of Language*, 2nd, NewYork: Harcourt Brace Jonovanovich

Bolinger, D. 1990. "According to." *Journal of English Linguistics* 23. pp.225-238

Bolinger. D. & A. Sears. 1981. *Aspects of Language*[3]. New York: HBJ.

Bresnan, J. *Contraction and the Trzmsformotionat Cycle in English*. (IU Linguistic Club 1978)

Brugman, C. M. 1983. *Story of Over*. Indiana University Linguistics Club.Carrol, J. M. and M.D. Lasher. 1977. "Fronted Adjectives and Adjectives Left" *Working Papers in Linguistics*. The Ohio State University.

Butler, C.S. (ed.). 1992. *Computers and Written Texts*. Blackwell.

Carrol, J. M. and M. D. Lasher. 1977. "Fronted Adjectives and Adjectives Left" *Working Papers in Linguistics*, The Ohio State University.

Chalker, S. 1990. *English Grammar*. Word by Word. Nelson.

Chalker. S. 1984. *Current English Grammar*. Macmillan.

Chambers, J. K. 1995. *Sociolinguistic Theory*. Oxford: Blackwell.

Chambers, J. K. 2004. "Dynamic typology and vernacular universals." in Bernd Kortmann, ed. *Dialectology meets typology: Dialect grammar from a cross-linguistic perspective*, 128-45. Berlin and New York: Mouton de Gruyter.

Chomsky, N. 1957. *Syntactic Structures*. Mouton & Co.

Chomsky, N. 1965. *Aspects of the Theory of Syntax*. MIT.

Chomsky, N. 1977. "On Wh-movement." in Culicover, Wasow & Akmajian eds. Formal Syntax. Academic Press.

Close, R.A. 1975. *Reference Grammar for Students of English*. Longman.

Close, R.A. 1981. *English as a Foreign Language*. (3rd Edition) George Allen & Unwin.

Cole, P. 1975. "The Synchronic and Diachronic Status of Conversational Implicature." in Cole & Morgan eds. Syntax and Semantics 3 : Speech Acts. Academic Press.

Copperud, R.H. 1982. *Webster's Dictionary of Usage and Style*. Avenel.

Crystal, D. and D. Davy. 1969. *Investigating English Style*. London: Longman.

Dalgish, G. (ed.). 1997. Random House Webster's Dictionary of American English. Random House.

Eastwood, J. 1992. *Oxford Practice Grammar*. Oxford University Press.

Epstein, E. L. 1978. *Language and Style*. London: Methuen.

Fillmore, C. I. 1972. "On Gencrativityf" in Peters ed. Goats of Linguistic 'Dreary. Prentice-Hall.

Fodor & Smith. 1978. "What Kind of Exception is ilave Got ?," *Linguistic liaquiry* 9. pp. 45-66.

Fowler, H. W. 1965. *A Dictionary of Modern English Usage*. 2nd Edn. Oxford.

深谷輝彦. 1994. 「コーパス言語学入門」(口頭発表) 第26回白馬夏季言語学会.

Gannon, P & P. Czerniewska. 1980. *Using Linguistics: An Educational Focus*. Arnold.

Gleason, H. A. 1965. *Linguistics and English Grammar*. Holt, Rinehart and Winston, Inc.

Green, M. G. 1974. *Semantics and Syntactic Regularity*, 出版社

Greenberg, J. H. 2005. *Genetic Linguistics: Essays on Theory and Method*. Oxford University Press.

Halliday, M.A.K. 1967. 'Notes on transitivity and theme in English, Part I' *Journal of Linguistics*. pp.37-81.

服部四郎．1968．『英語基礎語彙の研究』三省堂．

Hornby, A. S. 1975. *Guide to Patterns and Usage in English*. 2nd ed. Oxford University Press.

Huddleston, R. 1971. *The Sentence in Written English*. Cambridge University Press.

Huddleston, R. & G. Pullum. 2002. *The Cambridge Grammar of the English Language*. Cambridge University Press.

Hunston, S. 2002. *Corpora in Applied Linguistics*. Cambridge University Press.

市橋敬三．2005．『間違いだらけの英語辞典』実業之日本社．

市橋敬三．2007．『話すためのアメリカ口語表現辞典』研究社．

市川繁治郎編．1995．『新編英和活用大辞典』研究社．

井上和子．1978．『日本語の文法規則』東京：大修館．

井上永幸．1998．「コーパスと統計資料」小西友七編．1998．『現代英語の語法と文法』pp.20-28所収．

Jespersen, O. 1927. *A Modern English Grammar*, Part III. Allen & Unwin.

Johansson, S. & A. Stenstron (eds.). 1991. *English Computer Copora — Selected Papers and Research Guide*. Mouton de Gruyter.

Joos, M. 1967. *Five Clocks*. New York: HBJ.

Joseph, B. 1976. "Envy: A Functional Analysis", *Linguistic Inquirly*. 7.3, pp.503-508.

Joseph H. Greenberg. 2005. *Genetic Linguistics: Essays on Theory and Method*. Oxford University Press.

ジョイス，コリン（森田浩之訳）2011．『「イギリス社会」入門　日本人に伝えたい本当の英国』NHK出版．

要素子．1980．「Comparativeについての問題点」『語法研究と英語教育』第3号 pp.31-51．山口書店．

柏野健次．2010．『英語語法レファレンス』三省堂．

柏野健次．2011．『英語語法ライブラリ』開拓社．

柏野健次．2012．『英語語法詳解 英語語法学の確立に向けて』三省堂．

河野一郎．『翻訳上達法』講談社．

キーティング，ジェームズ．2000．『英語正誤用例事典』ジャパンタイムズ．

木塚晴夫・J. バーダマン．1997．『日本人のための米語正誤チェック辞典』マクミラン・ランゲージハウス．

衣笠忠司．1979．「時を表すas」『語法研究と英語教育』No.2．山口書店．

児玉徳美. 2004. 『意味分析の新展開』開拓社.
児玉徳美. 2008. 『ことばと論理』開拓社.
小西友七. 1964. 『現代英語の文法と背景』東京：研究社.
小西友七. 1970. 『現代英語の文法と語法』東京：大修館.
小西友七. 1976. 『英語シノニムの語法』東京：研究社.
小西友七. 1981. 『実用高等英文法』英宝社.
小西友七編. 1985. 『英語基本動詞辞典』研究社.
小西友七編. 1989. 『英語基本形容詞・副詞辞典』研究社出版.
小西友七. 1994a. 「歓迎会は、a welcome party か a welcoming party か」『英語教育』大修館書店. 1994年1月号.
小西友七. 1994b. 「歓迎会は、a welcome party か a welcoming party か（その2）」『英語教育』大修館書店. 1994年6月号, pp.62-64.
小西友七. 1997a. 『英語への旅路』大修館書店.
小西友七. 1997b. 「辞書にSDを導入した初の試み」小西友七. 1997a. pp.304-7. 所収.
小西友七. 2002. 「私と辞書のことなど」、「『アンカー英和』のこと」KELCエッセイ. 関西英語辞書学研究会. http://www.geocities.jp/kansailex/
小西友七. 2004. 「according to my friend's report は、なぜ不可なのか」『英語教育』2004年9月号. Question Box 35, pp.67-68.
国広哲弥. 1967. 『構造的意味論 - 日英両語対照研究』三省堂.
国広哲弥. 1973. 「日英語の比較 Ⅰ 語彙・文法などについて」石橋幸太郎他編『現代英語学辞典』成美堂所収.
国広哲弥. 1978. 「日英両語比較研究の現状」「現代の英語教育. 8 日英語の比較」研究社. 所収.
国広哲弥. 1982. 『意味論の方法』大修館.
Kuno, S. 1990. *Functional Syntax*. Chicago University Press.
黒川省三. 1978a. 『日本語と英語の間』ナツメ社.
黒川省三. 1978b. 『アメリカ人からみた日本人の英語』ジャパンタイムズ.
Lakoff, G. 1970. *Irregularity in Syntax*. New York. Holt, Rinehart and Winston, Inc.
Lakoff, G. 1987. *Women, Fire, and Dangerous Things*. Chicago University Press.
Langacker, R. 2000. *Grammar and Conceptualization*. Mouton de Gruyter.
Leech, G. 1980. *Explorations in semantics and pragmatics*. Amsterdam: John Benjamins.

Leech, G. and Smith, N. 2005. "Extending the possibilities of corpus-based research on English in the twentieth century: A prequel to LOB and FLOB". *ICAME Journal 29*, pp. 83-98.

Leech, G. and Smith, N. 2006. "Recent grammatical change in written English 1961-1992: some preliminary findings of a comparison of American with British English". In Renouf, A. and Kehoe, A (eds.) *The Changing Face of Corpus Linguistics*. Rodopi, Amsterdam and New York.

Todd, L. & I. Hancock 1986 *International English Usage*. Routledge.

LeSourd, P. "Got Insertion." *Linguistic Inquiry* 7, pp. 509-516 1976.

Macleod, N. 1985. "According to me, sentences like this one are O.K." Journal of Pragmatics 9 pp.331-343

Maynard, R. A. J.1985. 『ナチュラル・イングリッシュ』大修館書店.

McCawley, J. 1973. "Quantitative and Qualitative Comparison in English" in *Grammar and Meaning*. Tokyo. Taishukan.

Meyer, Charles F. 2002. *English Corpus Linguistics: An introduction*. Cambridge University Press.

宮地裕, 甲斐睦朗監修. 2003. 「コーパス言語学」『日本語学』 4月臨時増刊号. 第22巻第5号. 明治書院.

森本勉. 1987. 『入門 オージー・イングリッシュ―オーストラリア英語の口語表現』研究社.

森本勉. 1994. 『オーストラリア英語辞典』大修館書店.

村田勇三郎. 2000. 「Question Box 28. She die lonely は誤りか」『英語教育』2000年8月号. pp.72-73 大修館書店.

中右実. 1994. 『認知意味論の原理』大修館書店.

Nanni, D.L. 1980. "On the Surface Syntax of Constructions with easy-type Adjectives" *Language* Vol.56 No.3 pp.568-581.

Nevalainen, T. et al.(2006) *Types of Variation: Diachronic, dialectal and typological interfaces*.

Nevalainen, T., J. Klemola & M. Laitinen (eds). 2006. *Types of Variation: Diachronic, dialectal and typological interfaces*. Amsterdam/ Philadelphia: John Benjamins Publishing Company.

西川盛雄. 2009. 「一英語学徒の歩み(時の記憶);認知と言語: 語からみた英語の世界(平成20年度最終講義)」http://reposit.lib.kumamoto-u.ac.jp/bitstream/2298/

11452/1/Nishikawa.pdf.

O'Donnell, W. R. and L. Todd. 1980. *Variety in Contemporary English*. London : George Allen & Unwin.

Ohashi, Y. 1978. *English Style: Grammatical and Semantic Approach*. Newbury House Publishers, Inc.

O'Keefe, A. et al., *Introducing Pragmatics in Use*. Routledge.

Okuda, T. 1979. "Simplicity in American English." *Rokko Review* No. 1, pp. 42-81. Rokko Linguistics Circle.

織田稔. 1982.『存在の様態と認識』風間書房.

奥田隆一. 1979. "Simplicity in American English" *Rokko Review* No.1 pp.42-81.

奥田隆一. 1980.「現代アメリカ英語における簡略化の傾向」『語法研究と英語教育』No.3 山口書店. pp.25-34.

奥田隆一. 1981.「形容詞の前置と後置」『近畿大学教養部研究紀要』第13巻 第2号 pp.27-36.

奥田隆一. 1981. "On Adverbial please" T. Konishi (ed.) *Studies in Grammar and Language*. Kenkyusha. pp.94-102.

奥田隆一. 1981.「文法理論とその資料」『近畿大学教養部研究紀要』第13巻 第1号 pp.23-34.

奥田隆一. 1982.「スピーチレベルと容認度」近畿大学教養部研究紀要. 第13巻第3号.

奥田隆一. 1982.「『～しながら』という意味のoverについて」『語法研究と英語教育 No.5』山口書店. pp.33-42.

奥田隆一. 1982.「現代英語に於けるworthの語法」『近畿大学教養部研究紀要』第14巻 第2号 pp.49-60.

奥田隆一. 1983.「同語反復とA is A is A構文」『近畿大学教養部研究紀要』第14巻 第3号 pp.69-81.

奥田隆一. 1983.「Likelyの意味と用法」『時事英語学研究』No.XXII pp.31-39.

奥田隆一. 1984.「『envyの語法』をめぐって」『近畿大学教養部研究紀要』第16巻 第2号 pp.59-70.

奥田隆一. 1984.『ENVYの語法』をめぐって』「近畿大学教養部研究紀要」第16巻第2所収.

奥田隆一. 1985.「現代英語のpleaseの用法」『時事英語学研究』No.XXIV pp.93-101.

奥田隆一. 1986.「語法研究の新しい方向」『語法研究と英語教育』No.8 山口書店

pp.10-18.

奥田隆一. 1987.『日英比較・語法英作文』弓プレス.

奥田隆一. 1988.「『the ＋形容詞』表現の意味と用法」六甲英語学研究会編『現代の言語研究』金星堂. pp.215-225.

奥田隆一. 1993.「英語教育への対照言語学的・語用論的観点の導入」『日本英語コミュニケーション学会紀要』第2号.

奥田隆一. 1993.「Over 再考」『近畿大学教養部研究紀要』第25巻　第1号　pp.21-36.

奥田隆一. 1993.「日英語の違いと英語教育」『近畿大学語学センター紀要』第2巻　第1号　pp.75-87.

奥田隆一. 1993.「英語教育への対照言語学的観点の導入」『日本英語コミュニケーション学会紀要』第2巻　第1号　pp.1-6.

奥田隆一. 1993. "Contrastive Analysis of the Use of please and Its Japanese Equivalent *douka/douzo*"『近畿大学教養部研究紀要』第25巻　第2号　pp.15-27.

奥田隆一. 1994.「Envy の語法的分析」『近畿大学教養部研究紀要』第25巻　第3号　pp.1-11.

奥田隆一. 1994.「コーパス言語学の問題点」『近畿大学語学センター紀要』第3巻　第2号　pp.107-116.

奥田隆一. 1995.「be interested to do の語法」『近畿大学教養部研究紀要』第26巻　第2号　pp.35-51.

奥田隆一. 1995.「英語における声を表す表現 – voice を中心に」『英語表現研究』第14号 pp.35-51.

奥田隆一. 1997.「be short of/on …という表現について」『近畿大学教養部研究紀要』第29巻　第1号 pp.31-45.

奥田隆一. 1998.「It's time …という表現について」小西先生傘寿記念論文集編集委員会[編]『現代英語の文法と語法』大修館書店 pp.39-46.

奥田隆一. 2000.「翻訳のわかりにくさ」藤本昌司監修『言葉からみた人間』鳳書房 pp.247-258.

奥田隆一. 2007.「語法研究, ここがたまらない！」『英語教育』Vol.56, No.4 pp.32-34

奥田隆一. 2008.「英語リーディングの授業における英語学的知識の活用について」『和歌山大学教育学部紀要. 人文科学』Vol.58, pp.73-80

奥田隆一. 2009.「時代の変化に対応する和英辞典を求めて―アメリカ英語における携帯電話の英語表現」『関西大学外国語教育研究』第17号 pp.1-15

奥田隆一. 2010.「According to me の語法」『関西大学外国語学部紀要』 第 1 号 pp.3-12

大石強. 1971.「「the ＋形容詞」について」『英語学』開拓社.

太田朗 他. 1972.『文法論Ⅰ』東京：大修館.

大塚高信 編. 1970.『新英文法辞典』三省堂.

大塚高信，小西友七編. 1973.『英語慣用法辞典』三省堂.

Palmer, F. 1974. *The English Verb*. Longman.

Plank, F. 1984. *Objects: Toward A Theory of Grammatical Relations*. Academic Press.

Pooley, R. C. 1974. *The Teaching of English Usage*. National Council of Teachers of English.

Quirk, R., S. Greenbaum, G. Leech & J. Svartvik. 1985. *A Comprehensive Grammar of the English Language*. Longman.

Renouf, A. and A. Kehoe (eds.). *The Changing Face of Corpus Linguistics*. Rodopi, Amsterdam and New York.

Reppen, R., S. M. Fitzmaurice & D. Biber. 2002. *Using Corpora to Explore Linguistic Variation*. John Benjamins Publishing Company.

Rideout, P. (ed.). 1996. *The Newbury House Dictionary of American English*. Heinle & Heinle Publishers

Ross, J. R. 1970. "On declarative sentences". In R.A. Jacobs and P.S. Rosenbaum, eds, 1970. pp. 222-273

Rundell. M. (ed.). 1987^2, 1995^3, 2003^4, 2009^5 *Longman Dictionary of Contemporary English*. Longman.

Sadock, I. 1974. *Toward a Linguistic Theory of Speech Acts*. Academic Press.

齋藤俊雄、中村順作、赤野一郎編. 1998.『英語コーパス言語学』研究社出版.

Schlesinger, I. 1995. *Cognitive Space and Linguistic Case*. Cambridge U.P.

Silva, C. M. and A. N. Zwicky. 1975. 'Discord' in R. W. Fasold & R. W. Shuy (eds.). 1975 *Analyzing Variation in Language*. Georgetown University Press.

Sinclair, J. 1991. *Corpus, Concordance, Collocation*. Oxford University Press.

Sinclair, J. *et al.* 1990. *Collins COBUILD English Grammar*. Collins.

Sinclair, J. (ed) 1992. *Collins COBUILD English Usage*. Harper Collins Publishers.

Smith, N. 2003. "A quirky progressive? A corpus-based exploration of the will + be + -ing construction in recent and present day British English." In Archer, D. P.

Rayson, A. Wilson and T. McEnery, eds. *Proceedings of the Corpus Linguistics 2003 Conference*: 714-723. Lancaster University:UCREL Technical Papers.

鈴木孝夫. 1973.『ことばと文化』岩波書店.

Stein, G. 1979. *Studies in the Function of the Passive*. Gunter Narr Verlag Tubingen.

杉浦正利. 1994.「コーパス利用の英語教育」(口頭発表) 第26回白馬夏季言語学会.

Swan, M. 1980. *Practical English Usage*. Oxford University Press.

Swan, M. 1984. *Basic English Usage*. OUP.

Swan, M. 1995. *Practical English Usage*. Second Edition. Oxford University Press.

田島松二編. 1995.『コンピューター・コーパス利用による現代英米語法研究』開文社出版.

高橋邦年. 1984.「『ENVYの語法』について」『英語教育』1984年6月号 大修館.

滝沢直宏他. 2000-2001.「コーパスと英文法(1)〜(12)」『英語教育』2000年4月号〜2001年3月号. 大修館書店.

Terttu Nevalainen "Vernacular universals?" in Nevalainen, T. et al.(2006)

Thayne, D. & 小池信孝. 2003.『その英語、ネイティブにはこう聞こえます』主婦の友社

Thomas, J. & M. Short. 1996. *Using Corpora for Language Research*. Longman.

Thomson, A. J. & A. V. Martinet. 1986. *A Practical English Grammar*. Oxford.

Thomson, A. J. & A. V. Martinet. 1990. *Oxford Pocket English Grammar*. Oxford University Press.

豊田昌倫. 1981.『英語のスタイル』東京:研究社.

Turton, N. 1995. *ABC of Common Grammatical Errors*. Macmillan.

内木場努. 2004.『「こだわり」の英語語法研究』開拓社.

Verspoor, M. 1996. "The story of *-ing*: A subjective perspective" in Putz & Dirven (eds.). 1996. *The Construal of Space in Language and Thought*. Mouton de Gruyter.

Walter, E. *et al.* (eds) 2005. *Cambridge Advanced Learner's Dictionary*. Cambridge.

Watkins, G., 河上道生, 小林功. 1997.『これでいいのか大学入試英語(上)』大修館書店.

八木克正. 1981.「虚構の語法」帝塚山短期大学紀要第6号.

八木克正. 1983.「『語法』とは何か」帝塚山短期大学紀要第20号.

八木克正. 1996.『ネイティブの直観にせまる語法研究』研究社出版.

八木克正. 2007.『世界に通用しない英語―あなたの教室英語、大丈夫?』開拓社.

八木克正. 2011.『英語の疑問　新解決法』三省堂.
矢野文雄. 1980.『知っておきたい英語の諺』三友社.
矢野文雄. 1982.『知っておきたい英語の諺Part2』三友社.
安井泉. 2010.『ことばから文化へ』開拓社.
安井稔・秋山怜・中村捷. 1976.『形容詞』研究社.
安井稔編. 1987.『〔例解〕現代英文法辞典』大修館.
淀縄義男. 2007.『現代英語の語法・文法に関する情報』新生出版.

あ と が き

　近年、英語教育でコミュニケーション力の向上が強調されてきて、大学英語教育の分野では TOEIC のスコアを上げる事が英語の力を上げる事のように考えられつつある。読む事に関しても速読などに焦点が当たり、おおざっぱに英文の内容が分かればいいというのが主流である。聞く事に関しても、だいたいの内容が分かればいいことになってきている。アウトプットが重視されて、話す事が苦手な学生が減ってきている。そのため、全般的な英語の力が上がったかのように見える。しかし、最近の学生が書いた英文を読むとそのひどさに驚いてしまうのである。基本的な文法の誤り、スピーチレベルの無視、内容のレベルの低さなどに驚かされる。

　では、なぜこのような状況になったのであろうか。話す事ばかりに重点を置きすぎたために、口語的でインフォーマルな表現ばかりを身につけ、フォーマルな表現との区別がつかない学生が多く生まれてきたからだと思われる。また、話す場合、文法的に間違えていても相手に理解してもらえるのでいつまでたっても文法的に正しい文が書けないのである。さらに、文法を細かく学ぶ事もなく、少し硬い文体で書かれた内容のあるエッセイなどをじっくり精読する事も減ってきていることも原因の一つだ。

　また、英語教育という学問分野が盛んになり、教授方法ばかりがクローズアップされ、かつてのように英語自体に関して分析する事は英語教育でないようになってきている。また、そのような英語教育の専門家からの教育を受けて、文法・語法などの知識が不足している現場の教員が増えつつある。さらに、英語学が専門なのに英語の文法や語法についてきちんと理解していない研究者が増えつつある。コーパスが普及していて、自分で資料を集めたりじっくり分析したりする事が減ってきたためであろう。

　この状況において強調したいのは、現代英語をもう一度きちんと観察して、その文法と語法をとらえ直す必要性である。言語学、英語学、英文学、英語教育の専門家、現場の英語教員などが協力して、日本人にとって必要不可欠な「現

あとがき

代英語の現状」の理解をして行くことが重要であろう。その時に役に立つのが「英語語法学」という観点だと思われる。この本で提起した「英語語法学」というものが、日本人の英語の理解や英語でのコミュニケーションの促進に少しでも役に立てれば幸いである。

奥田隆一

索 引

【あ】
新しい用法　29
新しい用法の発見　57
アメリカ英語　4, 117, 143
ある幅を持った時期　253

【い】
言うか言わないか　2
言えるか言えないか　2
イギリス英語　5, 117, 143
一般的な解釈　97
一時的な状態　113
一般的な用法　29
意味拡張　31
意味素性　90
意味的制約　198
インフォーマント　iii, 189
インフォーマント・チェック　ii

【え】
演繹的手法　16
婉曲語法（euphemism）　4

【お】
オーストラリア英語　18

【か】
確立表現　102, 179
過去時制　251
可算名詞　273
仮主語の it　75
慣用法　2
関連条件　212
関連条件（relatedness condition）　197, 208

【き】
疑問詞　239
客観性　254
休暇　124
共時的　1

【く】
くだけた会話　31

【け】
掲示板　60
ゲルマン語源の単語　6
原義　191
言語使用域（register）　4
現在時制　239, 251
現実世界の出来事　99
限定用法　107, 173
限定用法（predicative use）　92, 102, 105-107, 173, 292-294

【こ】
考察基準　104
後置用法　105
声の質　294
声の質を表す　298
コーパス　ii, 51, 52
黒人英語　45
コップ1杯の水　57
語と表現の選択　28
語法　2
語法研究　9
語法書　11
語法変化の要因　35
ゴミ箱　124
誤用　49
語用論的　192

【し】
シノニムの存在　171
修飾語　251, 256
主観性　254
主語の心的態度　294, 296
衝突（conflict）　100, 114
情報を得ることに関連する意味を持つ動詞　242
叙述用法（attributive use）　92, 102, 105-107, 173, 174, 184, 292-294
心的態度を表す　298
心的態度を表す名詞　296

【す】
遂行分析　278
スピーチレベル　34, 69, 91

索　引

【せ】
正文　49
正用法　49
前置詞がついたもの　75
前置用法　105

【そ】
総称的解釈　103
総称的な意味　94
相補分布（complementary distribution）　49
粗から密へ　149
粗密の情報構造　150, 159

【た】
対応する語　101
対句的使用　93
体系化　31
対照的　261, 262
単純化　34
単数扱い　96

【ち】
チェックイン　59
抽象概念　95

【つ】
通時的　1
使い手の違い　38
使う状況の違い　38

【て】
データ　51
点　253
電子掲示板　62

【と】
同意の類似表現　95
統語的制約　198
掉尾文　75
特殊な解釈　97
特定的解釈　103

【な】
内在的・永続的性質　113

【に】
2 週間　124
二人称複数の yous（e）　20
ニュージーランド英語　19
ニュースキャスター　123
認知意味論　205, 211, 212

【ね】
ネイティブ・スピーカー　ii, 52
ネイティブ・チェック　51, 98, 167

【は】
話し言葉の英語（spoken English）　14
話し手の視点　150, 151, 159
ハワイ英語　54

【ひ】
非確立表現　102, 179
否定副詞（句）の前置　77
ビデオカメラ　123
ビデオレコーダー　123
非人称構文　74
非標準（non-standard）　47
非標準英語　48
非文　49, 279
表現形式　256
標準（standard）　1
品詞の転用　93, 100
頻度（frequency）　53

【ふ】
フードプロセッサー　123
フォーマル　27
フォーマルさの度合い　72, 76
不可算名詞　273
複数扱い　92, 96
不定でないもの　271
不定のもの　271
文尾に置く but　18

【へ】
変種（varieties）　1

【ほ】
他の表現　171
補助部（complement）　105

索　引

【む】

無標　41

【め】

名詞性と形容詞性　99

【ゆ】

有標　41

【よ】

容認可能（acceptable）　41
容認度　102, 171, 205
容認度（acceptability）　47, 53, 69, 76
用法　2
用法拡張　31
用法の普遍性　9
用法の変化の観察　57
用例カード　ii, 51

【ら】

ラテン語源の単語　6

【り】

リストアップ　54
リュックサック　124

【る】

類似の表現　29
類似表現　88
類推　149, 158
類推（analogy）　155

【れ】

レンジ　123

【ろ】

労働者の英語の特徴　22
ロッカー・ルーム　122

【わ】

別れ際の挨拶　218

【A】

a cup of water　57
a glass of water　57
about　252, 253
According to me　277

animate　91
are not　74
aren't　74
arrive　74
at night　6

【B】

ballpoint pen　27
be interested to do　227
be short of …　259
be short on …　259
because　75
biro　27
BNC（British National Corpus）　16, 53
Brown　135
bulletin board　60

【C】

cell phone　136
cine-camera　123
COCA　16
Collins COBUILD Corpus　53
contracted form　78
cooker　123
copy　29
crazy　128
cuff　5

【D】

die alone　64
die lonely　64
different than　46
difficult　5
discord　76
dustbin　124

【E】

electronic bulletin board　62
end　5

【F】

feel alone　64
feel lonely　64
FLOB　135
food mixer　123
fortnight　124
fortune　5
Frown　135

索　引

【G】

get　74
go for　77
got to　74
gotta　74
+gradable　90
graduate　31

【H】

hard　5
Have Got　42
have to　73
He is not what he was.　17
He is not who he was.　17
high　252
holiday　124
hoover　123
how much　176, 177

【I】

I haven't seen you for a long time.　4
I haven't seen you in years　4
if you are not　73
if you please　77
I'm not here for　26
I'm not here to　26
I'm not here.　22
in my opinion　283
in the morning　6
interested in　77
It was nice to meet you.　221
It's time (that) …　247, 253
It's time for … to do　247, 253

【J】

job　5
jumper　122
just　252, 253

【K】

kilos　56

【L】

Let's　42
lexical blocking　67
LOB　135
luck　5

【M】

mad　128
mobile phone　136
morning　36
must　73

【N】

neutral　77
news reader　123
Ngram Viewer　135, 143
Nice meeting you.　215
Nice to meet you.　215
No matter what …　73
notice board　60
now　252, 253
nuts　128

【O】

odor　5
over　187

【P】

please　77
profession　5

【R】

Roger,　30
rucksack　124

【S】

shaved ice,　54
smell　5
so　75
stove　123

【T】

terminate　5
that 節　239
that 節の動詞　256
the ＋形容詞　87
thermos　5
thermos flask　5
trainer　122
trash can　125
turn-up　5

【U】

unless you are　73
usage　2

【V】

vacation　124
VCR　123
vernacular universals　22
very easily　74

【W】

what　176, 177
Whatever …　73
wh-movement　46
with great ease　74

【Y】

yesterday　28
you have　74
You never saw me.　23
you've　74

■著者紹介

奥田隆一（おくだ・たかいち）
　1952年 大阪府堺市生まれ。1979年 神戸市外国語大学大学院修士課程修了。1980年〜1999年 近畿大学教養部助手・講師・助教授。1990年〜1991年 ハーバード大学言語学科客員研究員。1999年〜2008年 和歌山大学教育学部教授。2008年〜2009年 関西大学外国語教育研究機構教授。現在 関西大学外国語学部教授。

　著書:『英語観察学』(鷹書房弓プレス) 辞書（分担執筆）:『英語基本動詞辞典』、『英語基本形容詞・副詞辞典』、『英語基本名詞辞典』（以上、研究社出版）、『ランダムハウス和英大辞典（第2版）』（小学館）翻訳（共訳）: ND・タートン『ロングマン英語正誤辞典』（金星堂）

英語語法学をめざして

2013年3月31日　発行

著　者　　奥　田　隆　一

発行所　　関 西 大 学 出 版 部
〒564-8680　大阪府吹田市山手町3-3-35
電話06(6368)1121　FAX06(6389)5162

印刷所　　㈱NPCコーポレーション
〒530-0043　大阪市北区天満1-9-19

Ⓒ 2013 Takaichi OKUDA　　　　　　　　　Printed in Japan

ISBN978-4-87354-561-5　C3082　　　　　落丁・乱丁はお取替えします。